東洋文庫 875

海東高僧伝

覚訓 著

小峯和明
金英順 編訳

平凡社

装幀　原　弘

凡例

一、本書は、十三世紀高麗時代に作られた『海東高僧伝』の現代語訳・注釈と、その史的意義について述べた解説とからなる。

一、本書は、浅見倫太郎本（カリフォルニア大学バークレー校東アジア図書館所蔵）を底本として、奎章閣《けいしょうかく》本（ソウル大学奎章閣研究院蔵）、高麗大学本、崔南善本（東国大学図書館蔵）、大蔵経本（『大正新修大蔵経』巻五〇所収本）を対校本とした。ただし、浅見本は電子版および章輝玉編『海東高僧伝――現代的な解釈と注釈』（民族社、一九九一年）所収の影印本に拠り、崔南善本は同書の翻刻本に拠った。必要に応じて、大日本仏教全書本、国訳一切経本も参照した。

一、注解は、各僧伝ごとに、現代語訳、漢文本文、訓読、語注、解説の順で示し、出典・同類話・関連資料のリストと関連原文を提示した。訓読は漢文を読み下し、段落に分け、会話、心内語、引用などに「」を施し、適宜漢字と仮名の表記を改めるなど、読解の便宜を考えて改訂した。

一、本文、関連資料の漢字表記は新字体に改めた。

一、ルビは適宜、補った。

一、諸本の校異は紙数の都合で割愛し、原則として本文の解釈上問題となるもののみ語注に示した。

一、本書の主要引用テキストは、以下を使用した。

『新羅殊異伝』…小峯和明・増尾伸一郎編訳『新羅殊異伝』（平凡社東洋文庫、二〇一一年）

『三国史記』…韓国精神文化研究院編『訳注三国史記』（以会文化社、一九九六年）

『三国遺事』…韓国精神文化研究院編『訳注三国遺事』(以会文化社、二〇〇二年)
『高麗史』…国書刊行会編『高麗史』(国書刊行会、一九七七年)
『梁高僧伝』『続高僧伝』『宋高僧伝』…『大正新修大蔵経』巻五〇「史伝部二」所収本(大正一切経刊行会、一九三二年)
『大唐西域求法高僧伝』(『求法高僧伝』と略称する)『大唐西域記』…『大正新修大蔵経』巻五一「史伝部三」所収本(大正一切経刊行会、一九三二年)

目次

本書の出版に当たっては、韓国文学翻訳院の助成を受けた。

海《かい》東《とう》高《こう》僧《そう》伝《でん》

覚《かく》訓《くん》 著

小《こ》峯《みね》和《かず》明《あき》
金《キム》英《ヨン》順《スン》 編訳

序

海東高僧伝

　京北五冠山霊通寺の住持、教学賜紫沙門臣《しししゃもん》、覚訓が王の命によって撰じ奉る

流通一の一

　論じていうに、仏陀の教えというものは、仏の存在は永遠不変であり、衆生を救う思いが深く大きい。過去から未来までを見極め、至るところに広く行き渡っている。その恵みはすべてを潤し、その教えはあまねく響きわたる。直接赴かなくとも到達し、急がなくともすばやい。あらゆる眼を用いてもその姿を見ることはできず、どんなに弁舌をふるってもそのかたちを語ることはできない。その仏の真の姿は去ることもなく来ることもなく、報身の姿では生滅を繰り返す。

　よって、我らの釈迦如来は、兜率天《とそつてん》から栴檀《せんだん》の楼閣に乗って、摩耶《まや》夫人の胎内に宿る。周の昭王の甲寅二十六年（紀元前一〇二七）四月八日に、ついに右脇を開けて、浄飯王の宮殿で生

まれた。その夜、五色の光が走って、太微星をつらぬき、西方に飛んだ。昭王が長官の蘇由《そゆう》に訳を尋ねると、「大変優れた人が、西方に生まれました」と応えた。その関係を尋ねると、「今すぐには問題ありません。一千年後に仏の教えが広まるでしょう」と言う。始めは宮中で成長し、俗世一般と変わらなかった。やがて昭王四十二年（紀元前一〇一二）甲申四月八日に、仏が三十歳（十六歳か）の時に、城を脱出して出家し、ついに菩提樹下に座して悟りを開き、人々に教えを説き広め、救済するが、優曇花《うどんげ》が三千年に一度花開くのに出会うようなものだった。初めは華厳《けごん》を説き、ついで小乗を説き、あるいは般若《はんにゃ》、瑜伽《ゆが》や唯識、あるいは法華や涅槃を機会によってあまねく語り広め、衆生の能力や個性にあわせて教えさとした。あたかも一陣の風が吹くとたくさんの穴が音を発し、一個の月がたくさんの江川に映し出されるように、仏の教えが行き渡る。このように四十九年間、衆生を救い出した。

『列子』にいう、「西方に聖人が現れる」とは、このことを指している。この時、文殊は目連と一緒に王に変化して、姿を中国にとどめた。釈迦は七十九歳で、穆《ぼく》王の五十二年壬申（紀元前九四九）の二月十五日、沙羅双樹で入滅した。白い虹が十二本かかり、連夜消えなかった。王は太史の扈多《こた》に尋ねて聞くと、「西方の大聖人がまさに亡くなったのです」と応えた。こうして、阿難たちは仏の言葉を集めて詳しく貝葉《ばいよう》に記録し、経律論や戒定慧《かいじょうえ》など三蔵・三学の教えをまさしく実践し、広めた。しかしながら、さまざまな教えや普遍の教えが龍宮に隠れてしまい、邪宗が群がりはびこり、部派が分裂し百家争鳴する。そして、馬鳴《めみょう》菩薩が奮起して大乗の教えを広め、陳那《ちんな》菩薩も護法（達磨波羅）もこれに唱和して、邪教を廃して正教をあらわし、正しい宗義を説き広め、さらにこれが伝わって西域にも及び、まさに待望されて仏法が東に広まろうとした。

仏滅から百十六年、東天竺の阿育《あいく》王は仏舎利を収め、鬼神を駆使して八万四千の宝塔をたくさん造り、閻浮提《えんぶだい》にあまねく行き渡った。時に、周の敬王二十六年丁未（紀元前四九四）に当たる年であった。塔は周の時代に建てられた。二十二代の王を経て、秦の始皇帝の三十四年（紀元前二一三）になって、典籍を焼却し、阿育王の宝塔もこのために湮滅《いんめつ》した。この時に際して、沙門利方ら十八人の賢者が仏経を携えて、咸陽《かんよう》宮にやってきた。始皇帝はこれを認めずに牢獄に入れた。夜に金剛の丈人（仏）が現れ、獄舎を破り、彼らを連れ出して去った。やはりまだ機縁が熟していなかったからである。後漢の永平十三年（西暦七〇）になって、摩騰《まとう》・竺法蘭《じくほうらん》の二人が宮中にやってきて、慈悲の雲があまねく広がるように、真理の雨が世界にそそがれるように仏法が広まった。ところが、霍去病《かくきょへい》の伝記を見ると、「休屠《きゅうと》王の持っていた金の仏像を手に入れた」とある。仏像が先に砂漠に入ったようだ。また、前漢の哀帝の時代、秦景が月氏国に赴き、仏法の経典を伝えたという。それで分かるのは、前漢にすでに仏法が行われていたことである。その六十三年後に、後漢の明帝がまさに仏の夢を感得したにほかならないのだ。

我が海東（高麗）においては、すなわち高句麗の解味留《けみる》王の時代、順道が平壌《へいじょう》城まで来て仏法を伝え、これについで摩羅難陀《まらなんだ》がいて晋から百済《くだら》国に来た。まさに枕流《ちんりゅう》王の時である。その後、新羅《しらぎ》第二十三代の法興王が即位した後、梁の大通元年丁未（五二七）三月十一日に阿道が来て、一善県に止まり、信者の毛礼にかくまってもらい、ちょうど呉の使者が来たので、阿道がお香に火をともして仏を供養する儀礼を示した。それによって、王宮に仏法が広まった。しかし、その教えはまだ充分行き渡らず、舎人《しゃじん》の厭髑《えんどく》は誠心をこめて、人々の疑問を解決した。「ああ、厭髑がいなかったならば、私はいったい何の教えに従えばよいのだろうか」と王は言った。

それより円光・慈蔵たちは、中国に渡って仏法を伝授して戻り、上下身分を問わず信じ敬い、内外に教えを広めた。先に呼んで、後で応え、月日をかさねてますます人々を利益《りやく》した。ついに三韓や我が聖祖太祖の旧い形を改めて、最も仏法を尊崇させて、仏法を体制に多く組み込んで、代々の法を守り、祖先の業を継ぐ王たちが仏法を大切に伝えてゆるがなかった。考えてみるに、太祖四代の孫である大覚《だいかく》国師が、宣王の三年乙丑（一〇八五）四月に求法のために航海し、東に行き海を越え、仏法の百派、大小乗、円頓《えんどん》などの五教を導入し、おのおのその所を得て、また正しい教えにたどりついた。それで、仏法は周に始まり、漢に広まって分派し、晋魏に大きく広がり、隋唐に満ち広がった。これが宋にも行き渡って、海東にも深く根付いたのである。

総じて計算すると、仏入滅から今の乙亥年（一二一五）に至るまで二千一百六十四年、滅後千十四年を過ぎて後漢に伝わり、今に至るまで千一百五十一年、順道が高句麗に入ってから今に至るまで八百四十四年。だから、仏道は自然に広まるわけではなく、これを広めるのは人によるのである。それ故、流通篇をまとめて、それを後世に示そうと思う。昔の梁・唐・宋代の三つの高僧伝を検証すると、すべて訳経篇がある。我が高麗では、翻訳の事業がなかったために、この篇目が存在しないのである。

順道　亡名　義淵　曇始《どんし》　摩羅難陀　阿道〈黒胡子、元表〉　玄彰《げんしょう》

法空　法雲

海東高僧伝

京北五冠山霊通寺住持教学賜紫沙門臣　覚訓奉宣撰

流通一之一

論曰、夫仏陀之為教也、性相常住、悲願洪深。窮三際遍十方。雨露以潤之、雷霆以鼓之。不行而至、不疾而速。五目不能覩其容、四弁莫能談其状。其体也、無去無来、其用也、有生有滅。故我釈迦如来、従兜率天乗栴檀楼閣、入摩耶胎。以周昭王甲寅四月初八日、遂開右脇、生於浄飯王宮。其夜五色光気、入貫大微、通於西方。昭王問太史蘇由曰、有大聖人、生於西方。問利害曰、此時無他。一千年後、声教被此土焉。始処宮中、亦同世俗。粤四十二年甲申四月八日、仏年三十、踰城出家、遂坐樹成道、転法利生、如優曇花時一現耳。初説華厳、次説小乗、或般

若深密、或法華涅槃、随機普被、任器方円。其猶一風而万竅斉号、孤月而千江皆現。四十九年、度脱群品。列子所謂西方有聖人者是也。是時文殊与目連、為化人、亦迹于震旦。仏年七十九、以穆王壬申二月十五日、入滅於双林。白虹十二道、連夜不滅。王問太史扈多曰、西方大聖人、方滅度耳。於是阿難等、結集金言、具載貝牒、経律論、戒定慧、爰方啓行。然雑華恒常之説、隠入于虬宮、邪宗蚖肆、異部蛙鳴、既而馬鳴屹起挺生、及陳那護法唱之和之。推邪現正、演義申宗、広大悉備乎西域、将有待而東駆矣。自仏滅一百十六年、東天竺国阿育王、収仏舎利、役使鬼兵、散起八万四千宝塔、偏閻浮提。時当周敬王二十六年丁未也。塔興周世。経二十二王、至秦始皇三十四年、焚焼典籍、育王宝塔、由是隠亡。当是時、沙門利方、十八賢者、賷持仏経、来化咸陽。秦始皇不従而囚之。夜有金剛丈人、破獄出之而去。蓋機縁未熟故也。及後漢永平十三年、摩騰竺法蘭、来儀漢庭、慈雲布九州、法雨灑於四海。然按霍去病伝云、得休屠王祭天金人。則像設似先入於沙漠矣。又前漢哀帝時、秦景使月氏国、来伝浮屠経教。乃知前漢已行。六十三年而後、明帝方感金人夢耳。若我海東、則高句麗解味留王時、順道至平壌城、継有摩羅難陀、従晋来于百済国。則枕流王代也。後於新羅第二十三法興王践祚、梁大通元年丁未三月十一日、阿道来止一善県、因信士毛礼隠焉。属有呉使者香道指其焚点之儀。由是延致王宮。然其教未闡、舎人厭髑、赤心面内、勇決国人之疑。噫微夫子、吾当従何教也。自爾円光慈蔵之徒、西入伝法、上下信敬、内外奉行。先呼而後応、日益而月増。遂使於三韓及我聖祖、革旧鼎尤尊仏教。凡制度多用仏教、守文継体之君、伝而不失。惟太祖四代孫大覚国師、於宣王三年乙丑四月、航海求法、東至于洋。導其百派、大小、始終、頓、円之五教、各得其所、復帰于正。然源乎周、派乎漢、汪洋於晋魏、汗漫於隋唐。波之於宋而淵沄於海東也。都算仏入滅至今乙亥二千一百六十四年、滅後第一千一十四年、入後漢至今一千一百五十一年、自順道入句高麗、至今八百四十四年矣。且道不自弘、弘之由人、故著流通篇、以示于後。按古梁唐宋三高僧伝、皆有訳経。以我本朝、無翻訳之事故、不存此科也。

順道　亡名　義淵　曇始　摩羅難陀　阿道（黒胡子、元表）　玄彰
法空　法雲

海東高僧伝巻第一

京北(1)五冠山霊通寺住持、教学賜紫沙門臣、覚訓(2)宣撰し奉る

流通一之一

論(3)じて曰く、夫《そ》れ仏陀(4)の教えたるや、性相常住(5)にして、悲願洪深(6)たり。三際(7)を窮め十方に遍《あまね》し。雨露(8)、以て之を潤し、雷霆《らいてい》(9)、以て之を鼓す。行かずして至り(10)、疾《はや》からずして速し。五目(11)にてもその容を覩《み》ること能わず、四弁(12)にても能《よ》くその状を談ずること莫《な》し。その体(13)や、無去無来、その用や、有生有滅なり。

故に我が釈迦如来、兜率天(14)より栴檀(15)の楼閣に乗り、摩耶(16)の胎に入る。周の昭王(17)の甲寅(18)四月初八日を以て、遂に右脇(19)を開き、浄飯王《じょうぼん》(20)の宮に生まる。その夜、五色の光気(21)、入りて太微(22)を貫き、

西方に通ず。昭王、[23]太史蘇由に問うに曰く、「[24]大聖人有り、[25]西方に生まる」と。利害を問うに、曰く、「この時他なし。[26]一千年の後、[27]声教、この土を被わん」と。始めは宮中に処し、亦《また》、世俗に同じ。粤《とき》に[28]四十二年甲申四月八日、[29]仏、年三十に、[30]城を踰《こ》えて出家し、遂に[31]樹に坐して成道し、[32]転法利生《りしょう》すること、[33]優曇花の時に一たび現るがごときのみ。初めは[34]華厳を説き、次に[35]小乗を説き、或いは[36]般若・[37]深密、或いは[38]法華・涅槃など、機に随って普《あまね》く被い、[39]器に任せて方円となる。それ猶《なお》一たび風ふきて[40]万竅《ばんきょう》斉《ひと》しく号《さけ》び、[41]孤月にして千江に皆現るがごとし。[42]四十九年、[43]群品を度脱す。

『[44]列子』に所謂《いわゆる》、「西方に聖人有り」とはこれなり。この時、[45]文殊、目連《もくれん》とともに、[46]化人となりて、迹《あと》を[47]震旦《しんだん》に示す。[48]仏、年七十九、[49]穆王の壬申二月十五日を以て、[50]双林に入滅す。[51]白虹十二道あり、連夜滅せず。王、太史の[52]扈多に問うに曰く、「西方の大聖人、方《まさ》に滅度するのみ」と。ここにおいて、[53]阿難等、[54]金言を結集して、具《つぶ》さに[55]貝牒に載せ、[56]経律論、[57]戒定慧、爰《ここ》に方に啓行す。然るに[58]雑華、恒常の説、[59]虬宮《きゅうきゅう》に隠れ入り、邪宗は[60]蚢肆《こうし》し、異部は[61]蛙鳴せるも、既に[62]馬鳴、[63]屹起して[64]挺生し、[65]陳那[66]護法に及び之に唱えて之に和す。[67]邪を推して正を現し、[68]義を演《の》べ宗を申《の》べ、広大悉く[69]西域に備わり、将《まさ》に[70]待つこと有りて、東に駆らんとす。

[71]仏滅より一百十六年、[72]東天竺国の[73]阿育王、[74]仏舎利を収め、[75]鬼兵を役使し、[76]八万四千の宝塔を散起し、[77]閻浮提に遍し。時に[78]周の敬王二十六年丁未に当たるなり。塔は[79]周の世に興《おこ》れり。[80]二十二王を経て、[81]秦の始皇三十四年に至り、[82]典籍を焚焼し、育王の宝塔も、これに由《よ》りて[83]隠亡せり。

この時に当たり、沙門[84]利方ら、十八の賢者、仏経を[85]賚持《きょうじ》し、[86]咸陽に来化す。秦始皇、従わずして之を囚《とら》う。夜、[87]金剛丈人有り、獄を破り之を出して去らしむ。蓋《けだ》し、[88]機縁未だ熟せざる故なり。[89]後漢の永平十三年に及び、[90]摩騰・竺法蘭、[91]漢庭に来儀し、[92]慈雲、九州に布《ひろ》し、[93]法雨、四海に灑《そそ》ぐ。然るに[94]霍去病伝を按ずるに云《いわ》く、「[95]休屠王の[96]祭天の金人を得」と。則ち[97]像設して先に沙漠に入るに似たり。又、前漢の[98]哀帝の時、[99]秦景、[100]月氏国に使し、来りて[101]浮屠の経教を伝う。すなわち知る、前漢に已《すで》に行われしを。[102]六十三年にして後、[103]明帝、方に[104]金人の夢を感ぜしのみ。

我が[105]海東の若《ごと》きは、則《すなわ》ち[106]高句麗の[107]解味留王の時、[108]順道、[109]平壌城に至り、継いで[110]摩羅難陀有り、[111]晋より[112]百済国に来る。則ち[113]枕流王の代なり。後、[114]新羅、[115]第二十三法興王の[116]践祚《せんそ》せる[117]梁の[118]大通元年丁未三月十一日に、[119]阿道来り、[120]一善県に止まり、[121]信士の毛礼に因《よ》りて隠る。属に[122]呉の使者有り、[123]香道の[124]焚点の儀を指す。これに由りて、王宮に延致す。然るにその教え未だ闡《き》かず、[125]舎人の厭髑、[126]赤心、内に面し、国人の疑を勇決す。「噫、[127]微《いや》しき夫子たる吾は当《まさ》に何《いず》れの教えに従うべきや」と。

爾《こ》れより[128]円光・慈蔵の徒、西に入りて法を伝え、上下信敬し、内外奉行す。先に呼びて後に応じ、日益《ま》して月増す。遂に[129]三韓及び我が聖祖をして[130]旧鼎《きゅうてい》を革《あらた》めて尤も仏教を尊ばしめ、凡そ[131]制度に仏教を多く用い、[132]守文、継体の君、伝えて失わず。惟《おも》うに[133]太祖四代の孫、[134]大覚国師、[135]宣王の三年乙丑四月、航海求法し、[136]東して洋に至る。その[137]百派、大小、始終、頓、円の五教を導き、各《おのおの》その所を得て、復《ま》た正しきに帰せり。然れば、[138]周に源し、[139]漢に派し、[140]晋魏に[141]汪洋《おうよう》たり、隋(142)唐に汗(143)漫たり。之を宋(144)に波して、海東に淵(145)沄《えんうん》せるなり。
都《すべ》て算するに、仏(146)入滅より今乙亥(147)に至るまで二千一百六十四年、滅後第一千一十四年に後漢に入りて、今に至るまで一千一百五十一年、順道、高句麗に入りてより、今に至るまで八(148)百四十四年。且《か》つ、道(149)は自ら弘まらず、之を弘むるは人に由る。故に流(150)通篇を著し、以て後に示さんとす。古(151)の梁、唐、宋三高僧伝を按ずるに、皆訳(152)経有り。我(153)が本朝にては、翻訳の事無きを以ての故に、この(154)科を存せざるなり。

順道　亡名　義淵　曇始　摩羅難陀　阿道〈黒胡子、元表〉　玄彰

法空　法雲

語注

（1）京北五冠山霊通寺……霊通寺は、朝鮮半島の黄海北道、高麗の都開城の北郊、五冠山麓、月古里（現、朝鮮民主主義人民共和国）にあった華厳宗の大寺院で、高麗の顕宗十八年（一〇二七）に創建され、朝鮮王朝が清朝の侵略を受けた丙子《へいし》胡乱《こらん》（一六三六）の際に焼失した。二〇〇五年に韓国天台宗団体の援助によって再建。縁起や寺暦は明確ではないが、十一世紀後半から末期にかけて活躍した名高い大覚国師義天（一〇五五―一一〇一年）の住持した華厳寺院として知られる。

（2）覚訓……出自、経歴は詳らかではないが、高麗中期、十二世紀末期から十三世紀にかけての李奎報『東国李相国集』巻一六・古律詩に「次韻文禅師哭覚月首座」「師曽修高僧伝」、李仁老『西河集』巻二・古律詩六三「贈月師幷序」に「興王寺月上人者頗聰恵而喜文章」、崔滋『補閑集』下に

「華厳月首座、余事亦深於文章、有草集伝士林、嘗撰海東高僧伝」「自号高陽酔髠」とあり、覚訓が「覚月首座」「月師」「月上人」「華厳月首座」と呼ばれ、文臣との文芸をめぐる交流も深く、『高僧伝』の編纂が話題になっていたことが知られる。覚訓の詩文集は現存しない。「首座」は最高の法階「僧統」に次ぐ地位で、王師に相当する。「賜紫沙門」の称号は、唐の『弘賛《ぐさん》法華伝』巻一〇「書写」八に高麗の高僧で睿《えい》宗の王師となった徳縁などにも見える（『高麗史』巻一四・睿宗十二年）。

（3）論じて曰く……教義、教理について解釈、解説することを「論」といい、経・律・論を三蔵とする。

（4）仏陀……釈迦、釈迦牟尼、釈迦如来、釈尊、世尊、瞿曇《くどん》、能仁とも。Buddhaの音写。ゴータマ・ブッダ、もしくはシッダルタ（悉達多）。ゴータマは姓、シッダルタが名前。釈迦は一族の名、その聖者を意味する。紀元前四六三―前三八三頃。他に紀元前五六六―前四八六年、南伝説に紀元前六二四―前五四四年頃という。仏教の創始者。カピラエ国（迦毘羅衛国）の王シュッドーダナ（浄飯王）、母マーヤー（摩耶）の王子として生まれ、人生の苦悩にめざめて出家苦行、苦行では悟り得ないことを悟ってブッダガヤで瞑想にふけって悟りを得て、輪廻を脱して涅槃に入る教義を確立、弟子を集め布教活動を始め、王や長者たちの帰依を受けて教団を形成、平等主義や戒律を貫き、やがてクシナガラで入滅した。その生涯は釈迦八相という八段階で示されることが多い（下天、託胎、出胎、出家、降魔《ごうま》、成道《じょうどう》、転法輪、涅槃）。

（5）性相常住……「性相」は根本の真理と多様な現象、または存在の本性とその姿をいう。「常住」は永久に存在すること。仏性常住説にもとづく。

(6) 悲願洪深……衆生済度の願いが深く大きい様。
(7) 三際……過去・現在・未来の三世に同じ。「三際一切善根」(『往生要集』中巻・四)。
(8) 雨露……雨露が万物を潤すことから恩沢、恵みを表す比喩。
(9) 雷霆……かみなりから転じて、眠りをさます意か。ここは鼓を激しく打つように教えがとどろき響く様をいう。
(10) 行かずして至り、疾からずして速し……典拠の有無は未詳。
(11) 五目……五眼に同じか。肉眼、天眼、慧眼、法眼、仏眼。『大方広仏華厳経随疏演義鈔』「五目不能覩其容在言裏也、四弁莫能談其状」(『宗鏡録』も)。
(12) 四弁……四種の弁舌。小弁、大弁、双弁、無量弁。
(13) その体や、無去無来~有生有滅……体は体性で、用は作用、報身をさす。「化仏有生有滅、真仏無去無来、無去無来、遍満三界。愚無慧眼不能見」(『真言要決』巻一・三)。
(14) 兜率天……都率、覩史多天などとも。欲界の第四天。将来、仏となるべき菩薩が住む天で、釈迦や弥勒がいた。弥勒の兜率天浄土をめぐる上生、下生信仰が特に知られる。
(15) 栴檀の楼閣……栴檀は香木の一種。赤、白、紫などあり、仏教に縁が深い。降臨説の一般は白象に乗るか、白象そのものに変化するのが定型。『仏祖統紀』巻三四、法運通塞志一七・一「菩薩已従此没、生於人間浄飯王家。乗栴檀楼閣、処摩耶夫人胎。華厳経栴檀香木此云与楽」、『大方広仏華厳経』も同じ。
(16) 摩耶……マーヤー。釈迦の母。シャカ族近隣のコーリヤ族出身。シャカを産んで一週間後に亡くなり、忉利天《とうり》に転生。仏伝では、釈迦が悟りをひらいた後、弟子とともに忉利天に赴き、教化し、涅槃に際しては天上界から降臨して再会。釈迦がやおら起きあがり最後の対面をしたともいう。釈迦八相図や「釈迦金棺出現図」などでも知られる。

(17) 周の昭王……第四代王。姫瑕。康王の子。在位期間は紀元前九九三―前九八五年。即位後、准夷の反乱が発生したが平定、積極的な南方遠征で東夷を従わせ、さらに楚への遠征を実施するが、途中、行方不明となる。

(18) 甲寅四月初八日……中国仏伝での通説。紀元前一〇二七年。『仏祖統紀』巻五四「周昭王二十六年甲寅四月八日、仏従母夫人右脇而出。自行七歩」、また、『釈迦方志』巻下では「周昭王即位二十四年、甲寅歳四月八日」に江河泉池が忽然と溢れ出で山川震動し、五色の光が太微を貫き、西方に青虹色が覆い、太史蘇由が大聖人が西方に生まれ、一千年後も教えが広まると予言したという。原拠は『周書異記』とされるが偽書。国訳本は『破邪論』を重視する。本書の義淵伝にも「仏以姫周昭王二十四年甲寅歳生、十九出家、三十成道」云々と仏伝の概要が示される。

(19) 右脇……ルンビニ園の無憂樹下がその場所。右脇からの誕生は古代インドの地母神ヤクシー神話にもとづく。

(20) 浄飯王の宮……『仏祖統紀』にこの語句なし。浄飯王は北天竺迦毘羅衛《かびらえ》国の王。獅子頬王の子。

(21) 五色の光気……『仏祖統紀』巻五四「四月八日、五色光気入貫紫微」。

(22) 太微……底本「大微」を奎章閣本、崔南善本で改める。星座名。獅子座の西端に当たり、北斗星にも近い。

(23) 太史蘇由……未詳。『三国志』に登場する人物がいるが、時代が合わない。太史は暦を司る長官。語注18参照。
(24) 大聖人……ここでは釈迦をさす。
(25) 西方……聖なるものは西から来るという思想による。
(26) 一千年……周昭王二十六年から一千年後は後漢明帝の時に当たる。後出。
(27) 声教……仏の教え。
(28) 四十二年甲申四月八日……「甲申」は「庚午」の誤り。「甲申」とすれば、紀元前九九七年。この方が「三十歳」の年齢には合う。「庚午」とすれば、「十六歳」となる。「十九歳」説なら、昭王四十四年（前一〇〇九）壬申。
(29) 仏、年三十……出家は一般に十九歳、ここは次の成道の年齢をさすが、二十五歳、二十九歳説などもある。
(30) 城を踰えて出家……唐の王勃『釈迦如来成道記』（宋・道誠注解本）や朝鮮王朝の『釈譜詳節』でいう釈迦八相は、兜率来儀相・毘藍降生相・四門遊観相・踰城出家相・雪山修道相・樹下降魔相・鹿苑転法相・双林涅槃相とされ、「踰城出家」の呼称が流通していた。
(31) 樹……菩提樹をさす。畢婆羅《ひつばら》樹とも。桑科の喬木。
(32) 転法利生……転法輪、「鹿苑転法相」に相当。利生は衆生済度に同じ。
(33) 優曇花……ウドンバラの花。桑科の常緑樹。イチジクの一種で花が外部から見えにくいため、三千年に一度咲く珍しい花とされ、仏の出生との遭遇をはじめ稀有なものの比喩に使われる。
(34) 華厳……宇宙に遍満する毘盧遮那仏を教主とし、あらゆるものは無縁の関係性（縁）によって成り立っている「法界縁起」を説く。東晋の六十華厳、唐の八十華厳、四十華厳など漢訳が複数ある。十段階を経て菩薩が仏に至る階梯を説く十地品、善財童子が五十三人を相手にめぐり歩いて悟りの道を聞いて廻る入法界品などは特に有名。以下、天台五時八教説にもとづく。天台大師智顗《ちぎ》が説いた説で、釈迦の生涯と教説の展開を対応させたもの。華厳・阿含《あごん》・方等・般若・法華涅槃時に大別される。

(35) 小乗……阿含経をさす。「阿含」は「アーガマ」の音写。伝承された教説の意で、初期経典の総称。四諦や十二因縁などを説く。『法句経』や『本生経』など。

(36) 般若……はじめての本格的な大乗経典で六波羅蜜のひとつ、般若波羅蜜すなわち智慧を説く。実体論を否定する空の思想による。小品、大品以下、多くの漢訳経典があり、玄奘《げんじょう》訳の六〇〇巻の『大般若経』、短く要約した『般若心経』がことに有名。

(37) 深密……解深密経。瑜伽や唯識を中心に実性や現象を説く。玄奘訳で知られる。

(38) 法華・涅槃……『法華経』と『涅槃経』のこと。天台宗の教義ではこれを究極の経典とする。前者は二乗作仏、久遠実成、方便即真実などを説く。経典中、最も著名。鳩摩羅什訳の『妙法蓮華経』八巻で有名。後者は仏の入涅槃とその折りに説いた教説。曇無讖訳四〇巻本と法顕訳の改訂本三六巻本がある。

(39) 器に任せて方円となる……『菩薩本生鬘論』巻三「無尽過去之因遇縁而起方円任器、智慧了知寂然無禍」、「煩悩如来永断澄静如月方円任器」、『韓非子』外儲説伝一「水随方円器」。

(40) 万竅……竅はキョウ、穴。一陣の風がたくさんの穴を通って音を発するように教えが広まる意。

(41) 孤月にして千江に……月はひとつだが、それが水面にたくさん映し出されるように仏の教えがゆきわたるとの比喩。出典があるか未詳。
(42) 四十九年……釈迦八相のひとつ、教えが広まる転法輪をさす。釈迦の四十九歳。
(43) 群品を度脱す……衆生済度のこと。
(44) 列子……春秋戦国時代の人、道家の列御寇《ぎょこう》(河南鄭州人)の著書。別名『冲虚至徳真経』。『漢書』芸文志に列御寇の著『列子』八巻とあり。『天瑞』『黄帝』『周穆王』『仲尼』『湯問』『力命』『楊朱』『説符』からなり、多くの寓言により、道家的思想を伝える。『荘子』等の内容を引くなど、単独の著者によるものではないとの説が有力。現存本は魏晋代以降の偽書ともいう。引用は、仲尼篇の一節。『広弘明《こうぐみょう》集』巻一「丘聞、西方有聖者焉。不治而不乱。不言而自信。不化而自行。蕩蕩乎人無能名焉。抛斯以言、孔子深知仏為大聖也」、『仏祖統紀』巻三四「穆王時、西極之国有化人、来入水火、反山川千変万化不可窮極。穆王敬之、若神事之若君。臨終南之上、筑中天之台、高千仞列子」など。
(45) 文殊、目連とともに……文殊は文殊師利、妙首、妙吉祥とも。般若と縁が深く、釈迦如来の左脇侍《わきじ》として智慧を司る菩薩として信仰を集める。五台山は文殊信仰を核とする。目連は目犍連。仏十大弟子の一人で神通第一。もとバラモンだったが、舎利弗《しゃりほつ》と親交あり、後に釈迦に帰依、餓鬼道に堕ちた母の救済を説く盂蘭盆会の起源や飛行など数々の逸話で知られる(『仏祖統紀』巻三四、『律相感通伝』も同様)。
(46) 化人……前注の『仏祖統紀』によれば、王に変化し、迦葉《かしょう》仏説法処を造ったといわれる(『天人感通伝』に依拠)。
(47) 震旦……中国の古称。真丹、振旦、神丹など。インドから見て東方にあり、日が出る地。

(48) 示す……「示」は底本「迹」。崔南善本によって改める。
(49) 穆王の壬申二月十五日……一般に周穆王五十二年とされる。穆王は周五代の王。前九八五―前九四〇年。中国全土を巡る特別な馬「穆王八駿」で知られ、呂侯による「呂刑」という刑法を定めたり、西方の崑崙《こんろん》山で西王母に会う『穆天子伝』も有名。神話、伝説が多い。
(50) 双林……大蔵経本は「瓊林《けいりん》」。瓊は美しい珠で、沙羅双樹の形容とみることもできるか。鶴林、堅固林とも。
(51) 白虹十二道……白い虹。十二道は十二本であろう。「白虹貫日」で、天が感応したさま。『仏祖統紀』巻三四「穆王壬申歳二月十五日、暴風忽起発屋折木、山川震動。西方有白虹十二道、南北通貫。王問太史扈多、対曰、西方大聖人終亡之相。周書異記」。
(52) 扈多……未詳。
(53) 阿難……アーナンダ。阿難陀。釈迦の従兄弟で十大弟子の筆頭。多聞第一とされ、仏典結集に中心的な役割を果たす。美男とされる。
(54) 金言……釈迦の言説。ここは王舎城での第一次の仏典結集をさす。都合、四回行われた。
(55) 貝牒……貝葉に同じ。紙がない時代の経典は貝多羅樹の葉に書かれたため。葉は棕櫚に似る。幅二、三寸、長さ一尺五寸から二尺で、竹筆や鉄筆で経典を書写した。『一切経音義』巻一九「貝牒貝北蓋反牒徒頰反貝、謂貝多樹葉、意取梵本経也」。
(56) 経律論……仏典全体を仏の教説「経」、戒律の「律」、経典の注釈「論」の三部に分けていう。合わせて三蔵。
(57) 戒定慧……仏道で必ず修める基本の修行。戒学、定学、慧学合わせて三学といい、三蔵にそれぞれ対応する。戒は戒律（戒禁）で身口意《しんくい》の三善をなすこと、定は禅定で心の散乱を防いで安静にすることと、慧は智慧を身につけること。

(58) 雑華……さまざまな経典、教えの意か。『華厳経』の異名とも。

(59) 虬宮……龍宮のこと。海底にあった娑竭羅《しゃから》龍王の宮殿でこの宝蔵に経典が納められていた。それを開いて大乗仏典を持ち帰った龍樹菩薩の説話で有名。

(60) 蚢肆……「蚢」は奎章閣本・崔南善本「蚖」。蛇が群がり集まるように異端の宗派が競いあうさまをいうか。国訳本は「魧」とし、大きい貝とする。肆はほしいままにする意。

(61) 蛙鳴……仏滅後、大小、二十派に部派が分裂、異なる宗派が蛙の鳴き声のようにかまびすしいさまをいう。『仏国禅師語録』巻上「傍観者云蛙鳴非版也」。

(62) 馬鳴……馬鳴菩薩。中天竺舎衛国の人。初めバラモンだったが後に仏に帰依、カニシカ王に伴い、北天竺月氏国に赴き、仏法を広めた。『仏所行賛』『大荘厳論経』など。『馬鳴菩薩伝』あり。「三智人以為親友第一名馬鳴菩薩、第二大臣字摩吒羅」（『雑宝蔵経』）。

(63) 屹起……山のごとく屹立すること。ここは大乗教の隆盛をさす。

(64) 挺生……ぬきんでる意。『仏祖統紀』巻三五「霊聖之所降集、賢懿之所挺生、神迹詭異」。

(65) 陳那……陳那菩薩。五世紀末期から六世紀中期、南天竺案達羅《あんだら》国の人。あらたな因明学を樹立。唯識でも見・証・自証の三分説をたてる。『観所縁論』『掌中論』など。『宗鏡録』巻六一「心為難陀菩薩所破、乃至陳那菩薩執有三分体用」。

(66) 護法……達摩波羅。六世紀半ば、唯識十大論師の一人。南天竺達羅毘荼《だらびだ》国の大臣の子だが、陳那に師事。那爛陀《ならんだ》寺に入る。著述に『成唯識論』など。

(67) 邪を推して正を現し……異端派をしりぞけ、正統を説いた。
(68) 義を演べ宗を申べ……正しい説を説き、宗の枢要を説いた。
(69) 西域……中国から見ての西方地域。『漢書』巻九六・列伝六六「西域伝」が初例。現在のタリム盆地、東トルキスタンから西トルキスタン、北インド、イラン等々を含む広範な地域。いわゆるシルクロードの国々で仏教が栄えた。
(70) 待つこと有りて……待望のこと。仏法東漸を意味する。
(71) 仏滅より一百十六年……仏入滅後百年に鉄輪聖王が出現し、仏塔を建立することを釈迦が予言。『雑阿含経』巻二三、『阿育王経』『阿育王伝』など。
(72) 東天竺国……マガダ国（摩訶陀国）をさす。
(73) 阿育王……アショーカ王。無憂王とも。紀元前二六八―前二三二年。中天竺マガダ国パータリプトラ（現在のビハール州パトナ）を都とし、古代インド最初の統一国家を樹立、仏教の庇護者として知られ、第三次の仏典結集を行った。八万四千塔の供養は特に有名。伝記に『阿育王経』『阿育王伝』などがあり、日本では『今昔物語集』巻四・三―五話。
(74) 仏舎利……設利羅とも。仏を荼毘にふした後の遺骨。これをめぐる信仰が高まり、天竺中で舎利の争奪戦まで起きる。
(75) 鬼兵を役使……阿育王が阿闍世《あじゃせ》王伝来の舎利を奪い返すため鬼神を駆使して探し出したという。『阿育王伝』他。
(76) 八万四千の宝塔……集めた舎利が八万四千粒あり、一塔に一粒ずつ安置したという。ある后が産んだ王子を、他の后たちが猪子といつわったことに怒った王が后全員を殺害、堕地獄を恐れた王がその供養に建てたという（『今昔物語集』他）。

(77) 閻浮提……瞻部州とも。仏教の宇宙観で人が住む世界。中心の須弥山《しゅみせん》の南側に浮かぶ大州、島。仏に会い、法を聞くに優れた世界とされる。

(78) 周の敬王二十六年丁未……『広弘明集』巻一一「塔焉育王起塔之時、当此周敬王二十六年丁未歳也、塔興周世経」。

(79) 周の世……中国古代の王朝、紀元前一〇四六—紀元前二五六年頃とされる。殷を倒して王朝を開いた。「周代」と言えば、紀元前一〇四六年頃から、遷都して東周となるまでの紀元前七七一年の間のことをさす。国姓は姫《き》。周代に中国高文明が成立したと見られている。

(80) 二十二王を経て……春秋戦国時代に至り、周は前二五六年に秦に滅ぼされる。

(81) 秦の始皇三十四年……始皇帝は秦王として紀元前二四六年に即位し、前二二一年に史上初めて中国を統一した。郡県制、度量衡、貨幣などを制定、焚書坑儒の弾圧や万里の長城、兵馬俑坑など土木事業、不老不死の徐福伝説でも有名だが、息子の二世で滅亡。仏教史では仏教弾圧者として名高い。前二一〇年没。『広弘明集』巻一一「経二十余王、至秦始皇三十四年。焚焼典籍、育王諸塔由此淪亡」（『釈迦方志』、『破邪論』下も同）。

(82) 典籍を焚焼し……いわゆる焚書坑儒のこと。前二一三年、四書五経を焼き、翌年に儒者四〇〇人を穴埋めにした。

(83) 隠亡……阿育王の塔は中国では一九箇所にあったとされ、それが湮滅《いんめつ》し、後に見つかったという逸話あり。慧達が地中から鐘の声を聞いて発掘したという阿育王寺の縁起など。

(84) 利方……利房、利防とも。『広弘明集』巻一一「有外国沙門釈利防等、一十八人賢者、賷持仏経、来化始皇。始皇不従」（『釈迦方志』、『法苑珠林』）。
(85)賷持……底本「齎持」。他本で改める。
(86)咸陽……始皇帝の宮殿咸陽宮をさす。『広弘明集』などには「来化始皇」で、この語彙はない。
(87)金剛丈人……仏をさす。金剛は執金剛神を意味する。正体がわからないままそういう表現を用いたか。「丈」は丈六のことか。仏身の一丈六尺をさす。『今昔物語集』など説話世界では「釈迦如来」。『広弘明集』巻一一「乃囚防等、夜有金剛丈六人、来破獄出之」（『破邪論』下も同様）。
(88)機縁……仏法を受け入れるべき縁が熟していなかった。この言、他になし。『広弘明集』などでは、始皇帝が「驚怖稽首謝」したという。
(89)後漢の永平十三年……後漢明帝劉荘の治世の元号。紀元七〇年。永平十年説が一般的（『破邪論』下など）。
(90)摩騰・竺法蘭……中国に初めて仏教を伝えたといわれる中天竺からの渡来僧。後漢の明帝の時、洛陽の鴻臚《こうろ》寺から白馬寺に住し、『四十二章経』などを漢訳したとされる。
(91)漢庭……具体的には洛陽の白馬寺をさす。
(92)慈雲、九州に布し……慈悲の心が雲のように世界に広まること。
(93)法雨、四海に灑ぐ……仏法の教えが恵みの雨のように世界に浸透する。
(94)霍去病……景桓。驃騎大将軍。紀元前一四〇—前一一七年。前漢の武帝時代の武将として名高い。『漢書』巻五五・列伝二五・「霍去病伝」。騎射に優れ匈奴討伐に赴き、勲功をあげたが、わずか二十四歳で病死した。
(95)休屠王……前一二一年、霍去病が隴西《ろうさい》で討伐した王。渾邪《こんや》王が降参し、休屠王を殺して首とその持っていた仏像を捧げ、それが武帝に献じられたという。
(96) 祭天の金人……金神で仏像のこと。『仏祖統紀』巻三五「驃騎将軍霍去病、討匈奴、過焉耆山、音煙支千余里。得休屠王祭天金人」、『三国遺事』巻三・塔上四「彼名蒲図王本作休屠王、祭天金人因生信起木塔」。
(97) 像設……祠に像を祀ること。『楚辞』招魂、『大唐西域記』など。
(98) 哀帝……前漢の十二代皇帝。即位後に王莽《おうもう》を罷免、丞相である朱博、王嘉を自殺させるなど臣下に対し厳しい態度で臨み、武帝・宣帝の手法を採用しようとしたが、前一年（元寿二年）、二十五歳で死去。
(99) 秦景……景盧、景憲とも。『広弘明集』巻三「子為浮図焉、前漢哀帝時、秦景使月氏国王令太子口授」、『仏祖統紀』巻三三「画像漢明帝使秦景往月氏国、得優塡王雕像師第四画」、同巻三五「元寿元年、遣景憲使大月氏、得其王口授浮図経還」。
(100) 月氏国……紀元前三世紀から前一世紀頃にかけて東アジア・中央アジアに存在した遊牧民族とその国家名。紀元前二世紀に匈奴に敗れてからは中央アジアに移動し、大月氏と呼ばれるようになる。東西交易で栄え、仏法伝来の主要な地域となった。ガンダーラ美術でも名高い。伝来の一説に、哀帝の元寿元年（前二年）に大月氏国王の使者伊存が、『浮屠教』という経典を景盧に口伝した、とあり（『魏書』巻一一四・釈老志）、これが諸説中で最も早いものとなっている。
(101) 浮屠……「仏」の音写で「浮図」とも。仏塔や僧をもさす。
(102) 六十三年にして後……前漢からの起算。
(103) 明帝……先出の後漢永平十二年、摩騰・竺法蘭が渡来したことをさし、明帝が夢想を得ていた。

(104) 金人……奎章閣本「夢金人」。ここでは明帝が仏の夢想を感得したこと。仏法伝来が帝王による仏の夢想を契機に果たされる。

(105) 海東……朝鮮半島をさす。朝鮮半島での初例は未詳だが、高句麗・百済・新羅などの金石文に用例あり。『漢書』巻五七上・司馬相如伝二七上・顔師古注「服虔曰、青丘国在海東三百里」、『後漢書』巻一下・光武帝紀・一下「夫余王遣使奉献、夫余国在海東、去玄菟千里余」、七〇〇年高句麗『高慈墓誌銘』「先祖随朱蒙王、平海東諸夷」、八一三年新羅『断俗寺神行禅師碑』「海東故神行禅師之碑幷序」、『三国史記』巻三・新羅本紀三・奈勿尼師今二十六年「符堅問衛頭曰、卿言海東之事与古不同何耶」、同・巻二三・百済本紀一・温祚王十三年秋八月「北至浿河、南限熊川、西窮大海東極走壌」、同・巻三二・雑志一・祭祀「按海東古記、或云始祖東明、或云始祖優台」、『三国遺事』など。『海東雑録』『海東野言』等々の書名にも使われる。

(106) 高句麗……底本は「句高麗」。転倒符あり。奎章閣本によって改めた。古代に栄えた朝鮮半島北部の王国（紀元前三七─紀元後六六八年）。「句高麗」「句麗」などとも表記する。現在の半島北部から中国東北部、ロシアの一部にまたがる広大な勢力を持った。新羅・百済と覇権を争う三国時代を築いた。始祖は朱蒙。唐に滅ぼされる。

(107) 解味留王……高句麗第十七代の王（三七一─三八四）、小獣林王とも。諱《いみな》は丘夫。『三国史記』巻一八・高句麗本紀では「小解朱留王」、ここは『三国遺事』巻三によるか。父国原王が百済との戦いで戦死した跡を継ぐ。王二年（三七二）に順道を中国に派遣、高句麗への仏教初伝とされる。

(108) 順道……本書「順道」を参照。

(109) 平壌城……平安南道にある高句麗の都。
(110) 摩羅難陀……本書「摩羅難陀」参照。『三国遺事』巻三に「胡僧摩羅難陀」が晋から来たとある。百済への仏教初伝とされる。『三国史記』巻二四・百済本紀、『三国遺事』巻三など。
(111) 晋……中国の南北朝時代の南朝の国(三一七―四二〇)。西晋の滅亡後に建国、東晋という。都は建業(南京)。
(112) 百済国……三四六―六六〇年。朱蒙の子温祚が高句麗から南下して現在のソウル漢江左岸流域に建国、後に都を公州、扶余に移した。半島西部に位置した王国、高句麗、新羅と覇権を争い、唐・新羅連合軍に滅ぼされた。
(113) 枕流王……百済十五代の王(在位三八四―三八五)。東晋と結んで高句麗と対抗しようとした。
(114) 新羅……半島東部に勢力を張った王国(三五六―九三六)。唐と結んで高句麗、百済を滅ぼし、七世紀頃に統一国家を形成。それ以前は三国時代、以後は統一新羅と呼ばれる。都は慶州。
(115) 第二十三法興王……在位五一四―五四〇年。原宗王。本書「法空」参照。
(116) 践祚……天子の位を継ぐこと。
(117) 梁……中国の南北朝時代の南朝の国(五〇二―五五七)。
(118) 大通元年丁未三月十一日……梁の武帝時代の年号、五二七年。
(119) 阿道……本書「阿道」参照。
(120) 一善県……現在の慶尚北道善山地方。本書「阿道」語注9参照、『三国遺事』巻三では「一善郡」。
(121) 信士の毛礼……信士は在俗の男信者。毛礼は母礼、毛禄ともいうが、伝未詳。

(122)　呉……中国三国時代の一国。江南を勢力圏として、魏、蜀と覇権を争った。
(123)　香道……香をきわめる芸道。『続高僧伝』巻一七・智錯伝「不摧変都無臭腐、反有異香道、俗嘆訝遂緘于石室」。
(124)　焚点の儀……お香に火をともし、仏を供養する儀礼。本書「阿道」伝に詳しい。
(125)　舎人の厭髑……『三国遺事』では「厭髑滅身」という表題になる。厭髑は異次頓とも。彼が殉教したことをさす。
(126)　赤心……「赤子之心」で、生まれたばかりの清らかな心をさす（『梁高僧伝』巻一・曇摩耶舎伝「雖饒棘刺、内実有赤心、堅笑曰将非趙文業耶」。『三国史記』巻二八・百済本紀六・義慈王「至是皆降仁軌以赤心示之」）。
(127)　微しき夫子……みずからの卑称。異次頓に対する賛をふまえる編者覚訓の評。
(128)　円光・慈蔵……円光は本書「円光」参照。いずれも『三国遺事』巻四に伝記あり、円光は『新羅殊異伝』にもあり。慈蔵は善徳女王の時代、入唐は六三六年とされ、五台山に赴き、朝鮮にも五台山を開いたとされる。本書「法雲」に「語は慈蔵の伝に在り」とあるから、欠損部に慈蔵伝があったと思われる。
(129)　三韓……古代朝鮮半島の中南部にあった三種族およびその地域。馬韓、辰韓、弁韓。『後漢書』巻八五・東夷伝七五「三韓」によると、「馬韓在西、有五十四国、其北与楽浪、南与倭接。辰韓在東、十有二国、其北与濊貊接。弁辰在辰韓之南、亦十有二国、其南亦与倭接。凡七十八国、伯済是其一国焉」とあり、七八国の三韓の中で馬韓が最も広く、後の百済と重なる国が多い地域であった。

(130) 旧鼎を革めて……古い形を改めての意。
(131) 制度に仏教を多く用い……仏教を国策として導入したことをいう。
(132) 守文、継体の君……代々の法を守り、祖先の業を継承する王のこと。
(133) 太祖……高麗を建国した王建（在位九一八―九四三）。後三国時代、後高句麗の弓裔《きゅうえい》に仕えたが、彼を追放し、後百済、新羅を滅ぼして統一国家をうち立てた。都は松嶽（開城）。
(134) 大覚国師……義天（一〇五五―一一〇一）。高麗文宗王の第四子。王族の高僧として東アジアで活躍。中国に渡り、華厳天台を伝える。高麗続蔵経四千余巻を刊行。『円宗文類』『大覚国師文集』など。日本や契丹・遼などからも広く経典類を収集した。本書の欠脱部に伝記があったか。『三国遺事』巻三・塔像四・前後所蔵舎利「大安二年本朝宣宗代、祐世僧統義天入宋、多将天台教観而来此外方冊所不載、高僧信士往来所賚不可詳記、大教東漸洋洋乎慶矣哉」。金石文に顕彰碑など関連資料あり。
(135) 宣王の三年乙丑四月……宣宗二年の誤りか。一〇八四年。入宋の記事は『高麗史』『東国通鑑《つがん》』など。
(136) 東して……義天は翌一〇八六年、宋より戻り、日本や遼からも経典類を集めて蔵経を刊行。義天収集本が日本にも将来され、遼の経典類が今日、東大寺などにも伝存する。
(137) 百派、大小、始終、頓、円の五教……華厳の五教判。小乗・大乗を合わせ、唯識、般若、三論、瑜伽、起信等々で、頓教は維摩経のように理性を洞察するもの、円教は華厳や法華など円融具徳の教え。
(138) 周……中国古代の王国。紀元前一〇四六年頃から紀元前二五六年。殷を倒した。国姓は姫氏。

中国文明が成立したとされる。「周の昭王」既出。

(139) 漢……中国古代の王国。紀元前二〇六年から紀元後二二〇年まで、前漢・後漢を合わせて四〇〇年ほど続く。古代王国文化の完成をみたことから後代に敬慕され、「漢字」をはじめ中国の代名詞のように使われる。

(140) 晋魏……中国古代、南北朝時代をさす。晋は注111参照。魏は二二〇―二六五年。中国の三国時代に華北を支配した王朝で、首都は洛陽。四五年しか続かなかったが、『三国志』で特に名高い。魏晋南北朝が通称。ここは南北朝の北魏、西魏、東魏などをさすか。

(141) 汪洋……大きく広がること。『仏祖統紀』巻四九「然其文義深広汪洋無涯譬如大海」、『三国遺事』巻三・興法三・宝蔵奉老・普徳移庵「讃曰、釈氏汪洋海不窮、百川儒老尽朝宗麗王可笑封沮洳、不省滄溟徒臥龍」。

(142) 隋唐……隋は五八一―六一八年。魏晋南北朝時代の混乱を鎮め、西晋が滅んだ後分裂していた中国を三〇〇年ぶりに再統一するが、第二代煬帝の失政により滅亡、唐が中国全土を支配する。都は大興城（長安）。日本では聖徳太子時代の小野妹子の遣隋使が有名。文化的にも次の唐に引き継がれる。唐は、六一八―九〇七年。中国の王朝として名高い。李淵が隋を滅ぼして建国。初・盛・中・晩唐の四期に分けられる。最盛期には、中央アジアの砂漠地帯も支配する大帝国となり、朝鮮半島や渤海、日本などにも、政経・文化面など多大な影響を与えた。日本では遣唐使が著名。都は長安。唐は「から」や「もろこし」として、中国一般をさす呼称として親しまれた。

(143) 汗漫……満ち広がるの意であろう。『仏祖歴代通載』巻一六「関舌能言不是声絶辺弥汗漫無際等空」。

(144) 宋……中国の王朝。唐末五代の分裂を統一する。江南を中心に経済が発展、東アジアに影響力を持つが、北方の金に北部を奪われ、南宋を主とするが、やがて元に滅ぼされる。
(145) 淵伝……国訳一切経本は「ふかくめぐりながれる」と訓《よ》む。
(146) 仏入滅……以下の計算によると、紀元前九四九年。日本で永承七年（一〇五二）に入末法とされた起算法とほぼ同じ。
(147) 乙亥……高麗第二十三代の高宗二年（一二一五）に相当。本書の成立年次を示す。中国は南宋の寧宗の嘉定八年、日本は建保三年、後鳥羽院時代に当たる。
(148) 八百四十四年……順道の入中が三七二年からの起算。
(149) 道は自ら弘まらず……『広弘明集』巻二三に「道不自弘。弘必由人」とあるなど、定型句的な表現。
(150) 流通篇……僧伝を通して仏教の伝来や流布を説く部類。
(151) 古の梁、唐、宋三高僧伝……中国で編纂された代表的な僧伝。『梁高僧伝』は六朝梁の慧皎《えこう》（四九七―五九四）の編。天監十八年（五一九）、全一四巻。後漢から梁に至る五〇〇名ほど（附伝も合わせて）の伝記を集成。訳経・義解・神異・習禅・明律・亡者・誦経・興福・経師・唱導の一〇科分類をうちたてる。高僧伝の始発をなし、後代の規範となる。『唐高僧伝』は唐の道宣《どうせん》撰、『続高僧伝』とも。全三〇巻、貞観十九年（六四五）、梁から唐初までの七〇〇名ほどの僧伝を集成。『宋高僧伝』は賛寧の編、全三〇巻。端洪元年（九八八）撰。唐初から宋の太平興国五年（九八〇）に及ぶ三五〇年間、五三三人（一三〇人の附伝）の伝記を集成。唐宋の二高僧伝は、訳経・義解・習禅・明律・護法・感通・遺身・読誦・興福・雑科声徳の部類からなる。訳経・義解篇に重点がおかれており、ために本書では「訳経」篇がないことの弁明が必要になったのであろう。

(152) 訳経……古代サンスクリット語（梵語）からの漢訳をさす。中国での仏教導入に漢訳は不可欠の措置で、高僧伝には必須の項目となっていた。高麗もすべて漢訳に拠っていたことを示す。

(153) 我が本朝……高麗をさす。

(154) この科……国訳本は「わりあて」と訓む。分類項目のこと。

解説

本書の序文に当たる。仏の威徳を説き、釈迦の下生《げしょう》から成道《じょうどう》、涅槃に至る仏伝を語り、仏典結集《けつじゅう》に及び、後に諸派分かれ分裂するが、やがて正法としてまとまり、東域に流伝し、阿育王の塔も広まる。しかし、秦の始皇帝が仏法を弾圧し、僧を獄につなぐが仏が出現して救い、後漢にようやく天竺僧が仏法を伝えたといわれるが、すでに前漢の霍去病や秦景が西域に赴いた時に仏像や経典は伝わっていたのだ、とする。

さらに朝鮮半島へは、高句麗、百済、新羅三国時代にそれぞれに順道や阿道、円光、慈蔵らによって仏法は伝わって隆盛を迎えていた。さらに高麗の義天が海を渡って広く法を求め、多くの経典を伝えた。仏道はまさに人によって広まるのだから、ここでまず「流通篇」を著すのだ。過去の高僧伝には「訳経篇」があるが、わが国では翻訳事業はなかったのでこれは立項しない、という。

仏教の創始からその伝来に至る経緯を、インドから西域、中国、朝鮮半島と、文字どおりアジアを貫いて記述する、一編の仏教史となっている。釈迦の伝記・仏伝は釈迦八相に即して語られ、仏典結集から部派の対立と統合、インドから西域へ、中国へとたどられ、中国における仏教史も掌握され、朝鮮半島に及ぶ。ことに仏法は人によって広まることが強調され、高句麗・百済・新羅三国にわたって、順道、阿道など仏法初伝とされる重要な人物の名が連ねられる。それらの伝記は本書の後段で展開される。

ただし、中国では秦漢時代にとどまり、それ以降は語られない。朝鮮半島は三国時代の広まりを強調、高句麗・百済・新羅の三国にわたって仏法伝来をとらえるが、これはそのまま以下の各僧伝につながっていく。さらに高麗の義天の東アジアへの仏典収集に言及、その偉業がたたえられる。訳経篇がないことを注記するところに、すべて漢訳経典をふまえる意識が見られ、中国の梁・唐・宋高僧伝を意識することを明示する。

なお、この段を記述するに際し、いかなる資料を用いたかは明らかではないが、仏伝はすでに仏伝経典の類書といえる『釈迦譜』があり、唐の王勃『釈迦如来成道記』(宋の道誠注解本が流布)も伝来(高麗版あり)、高麗時代には、本書より後年になるが、『釈迦如来十地修行記』や『釈迦如来行蹟頌』も編纂される。また、仏教伝来史に関しては、中国の『法苑珠林』『破邪論』『釈迦方志』『広弘明集』『仏祖統紀』等々があり、これらも参照していたと思われる。朝鮮半島は『三国史記』が基本であろうが、各種僧伝を用いたことは疑いない。

また、時代は朝鮮王朝に下がるが、インド以降の仏法伝来を説いたものに、中国の『釈氏源流』の影響を受けた『西域中華海東仏祖源流』がある。

構成に関しては、後世の『三国遺事』巻三—五に、興法・塔像・義解・神呪・感通・避隠・孝善という部類があり、これに影響を与えた可能性もある。

出典・同類話・関連資料

関連資料　『仏祖統紀』巻三四・巻五四、『釈迦方志』巻下
　『釈迦譜』巻一、『法苑珠林』巻一〇〇、道誠注解本『釈迦如来成道記』、『破邪論』巻上、
　　『釈迦如来行蹟頌』上（以上、本文省略）

『仏祖統紀』巻三四
穆王時、文殊目連、文殊菩薩此云妙徳目連尊者此云采菽西来化王、示高四台是迦葉仏説法処、姓高兄弟四人所造因造三会道場。於終南山、筑中天之台。其高千尺列子化人即文殊等。

『仏祖統紀』巻五四「歴代会要志」一九・四
周昭王二十六年甲寅四月八日、仏従母夫人右脇而出。自行七歩。

『釈迦方志』巻下
案周書異記、周昭王即位二十四年、甲寅蔵四月八日、江河泉池忽然泛漲、井水溢出山川震動、有五色光入貫太微、遍於西方尽作青虹色、太史蘇由曰、有大聖人、生於西方。一千年外声教及此」

（小峯和明）

一　順道

釈順道。どこの人なのか知られていない。徳を努め行い、すぐれて抜きん出た人物で、慈悲と忍辱の心を持ち、人々を済度した。誓って仏法を述べ広めんことを志し、周《あまね》く震旦《しんだん》をさすらい居を移しては、人々に対してたゆまず教えを説いた。

高句麗の第十七代解味留王〈あるいは小獣林王とも云う〉の二年（三七二）壬申夏六月、前秦の符堅《ふけん》は、使者と僧順道を出発させ、仏像と経文とを送ってきた。この時、高句麗の君臣は会見の儀礼をもって省門にて順道一行を迎え奉り、誠を尽くして敬信し、慶を感じてその教えを広めた。そして王は使を前秦に遣わして謝意を表し、高句麗の名産品を返礼として貢いだ。

ある説では、順道は東晋より来たという。初めて仏法を伝えたとするが、前秦であるのか東晋であるのか識別することができない。いずれが正しくいずれが非であろうか。

師順道は、既に異国にやって来て、西域の慈悲の教えを伝え、東国に仏の智慧を広め、因果の理を示し、禍福を表し誘ったので、まるで蘭がよい香りを放ち、霧があたりを潤すように、仏の教えは浸透してその地で習いとなった。しかし、世は質素で民も淳朴であったため、この教えを裁量する術《すべ》を知らなかった。師順道はうちに包み蓄えているものは深く、解するところは広かったけれども、まだ多く説き示すことができなかった。迦葉摩騰《かしようまとう》が後漢に入ってから、この時に至るまでは二百余年であった。

その後、解味留王の四年に、神僧の阿道が魏よりやって来て〈古文に残る〉、初めて省門寺を創建し、そこに順道を居住させた。『古記』に、「省門を寺とした。今の興国寺がこれである。後には誤って写して「肖門」とした。また、伊弗蘭《いふつらん》寺を創りそこに阿道を居住させた」とある。『古記』にいう、「興福寺がこれである。これが海東の仏教の始めである」と。

惜しいかな。順道の人柄やその徳こそ、竹帛《ちくはく》に書いて広く伝えるべきであるが、彼についての記録が見当たらないのはなぜか。しかし、世人が西方に使として行き、君命を辱《はずかし》めないようにすることは、必ず賢者を待つことによって果たされるのである。つまり、特に他の国に至り、初めて未曽有の大事を行うことは、大きな智慧と大きな計らいがあり、不思議な通力を得た者であってこそ果たせるのである。これによって、この順道が普通の人とは異なるすぐれた人物であったことがわかるのである。彼はまた、竺法蘭《じくほうらん》や康僧会《こうそうえ》と同類の者であるといえよう。

賛にいう。昔は三国が鼎《かなえ》の足のように三方に対峙し、国を開いて王と称する者はいたが、仏の名と光明はその兆しさえもなかった。しかし、仏の感応に人々が呼応できるに及んで、賢人が自ら衆生のもとに赴き教え導いた。『易経』に「感じて遂には天下のことに通じる」

とあるが、順道もまさにこのとおりであった。私が自ら、初めて興国・興福の両寺に行った折、その縁で文を綴り事物を記そうとする志はあったが、これを発表する機会がなかった。ところが今、分不相応にも王命を承り本書を著すことになり、そこで順道を伝の初めに置くことにする。〈この賛は順道伝の後にあるべきである。〉

釈順道、不知何許人也。邁徳高標、慈忍済物。誓志弘宣、周流震旦、移家就機、誨人不倦。句高麗第十七解味留王或云小獣林王二年壬申夏六月、秦符堅発使及浮屠順道、送仏像経文。於是君臣以会遇之礼、奉迎于省門、投誠敬信、感慶流行。尋遣使迴謝、以貢方物。或説、順道従東晋来、始伝仏法、則秦晋莫弁。何是何非。師既来異国、伝西域之慈灯、懸東暆之慧日、示以因果、誘以禍福、蘭薫、霧潤、漸漬成習。然世質民淳、不知所以裁之。師雖蘊深解広、未多宣暢。自摩騰入後漢、至此二百余年。後四年、神僧阿道、至自魏存古文、始創省門寺、以置順道。□記云、以省門為寺。今興国寺是也。後訛写為肖門。又刱《搬》伊弗蘭寺、以置阿道。古記云、興福寺是也。此海東仏教之始。惜乎。之人也、之徳也。宜書竹帛以宣懿績、其文辞、不少概見何哉。然世之使於西《四》方、不辱君命、必待賢者而能之。則特至他邦、肇行未曽有之大事、非其有大智慧大謀猷、得不思議通力、其何以行之哉。以此知其為異人。斯亦法蘭、僧会之流乎。

賛曰。古者三韓鼎峙、開国称王、彼仏声光蔑有其兆。及感応道交、賢徳聿来、以赴機叩。易曰、感而遂通天下之故。順道有之矣。始予躬詣所謂興国、興福、因有綴文記事之志、無

縁以発之。今謬承景命。乃以順道為伝首云（此賛当在。順道伝下）

釈(1)順道、何許《いずこ》の人なるか知られざるなり。(2)邁徳《まいとく》にして高(3)標、(4)慈忍にして、物を済《すく》う。誓いて(5)弘宣せんことを志し、周く震旦を流れ、家を移しては(6)機に就き、人に誨《おし》えて倦《う》まず。(7)句高麗の第十七解(8)味留王〈或いは小獣林王とも云う〉の二年壬申夏六月、秦の(9)符堅は、使及び(10)浮屠順道を発せしめ、仏像と経文とを送りきたる。是《ここ》に於て君臣は(11)会遇の礼を以て省門に奉迎し、誠を投じて敬信し、慶に感じて流行せしめたり。尋《つ》いで使を遣わして(12)廻謝し、以て方物を貢ずと。

或いは説く、順道は東晋より来りて、初めて仏法を伝うれば則ち(13)秦も(14)晋も弁ずる莫《な》し。何《いず》れか是《ぜ》にして何れか非ならん。

師、既に異国に来りて、西域の(15)慈灯を伝え、(16)東暆《とうい》の(17)慧《え》日《にち》を懸け、示すに因果を以てし、誘うに禍福を以てしたりければ、(18)蘭薫、(19)霧潤、(20)漸漬《ぜんし》して習と成れり。然れども世は質にして民も淳なりしかば、以て之を裁する所を知らず。師は(21)蘊《つつ》むところ深く、解するところ広かりしと雖《いえど》も、未だ多くは(22)宣暢《せんちょう》すべからず。(23)摩騰が(24)後漢に入りてより、此《ここ》に至るまで二百余年なり。

後、(25)四年に、(26)神僧の阿道、(27)魏より至り〈(28)古文に存す〉、始めて(29)省門寺を創し、以て順道を置けり。(30)古記に云《いわ》く、「省門を以て寺と為《な》せり。今の(31)興国寺是《これ》なり、後には訛写《かしゃ》して肖門と為せり」と。又、「(32)伊弗蘭寺を(33)刱め、以て阿道を置く」と。古記に云く、「(34)興福寺是なり。此《こ》れ海東の仏教の始めなり」と。

惜しいかな。(35)之《こ》の人や、之の徳や。宜しく(36)竹帛に書して以て(37)懿績《いせき》を宣《の》ぶべきに、(38)其の文辞に、少しも概見せざるは何ぞや。然れども世の(39)西方に使して、君命を辱めざることは、必ず賢者を待ちて而《しか》して之を能《よ》くす。則《すなわ》ち特に他の邦に至り、肇《はじ》めて未曽有の大事を行わんは、其の大なる智慧と大なる(40)謀猷《ぼうゆう》有りて、不思議なる通力を得たるものに非《あら》ざれば、其れ何を以て之を行わんや。此《これ》を以て、其の異人為りしことを知る。斯れ亦(41)法蘭、(42)僧会の流なりしものか。

(43)賛に曰《い》う。古は(44)三韓(45)鼎峙し、国を開きて王と称すれども、彼の仏の声光は其の兆有ること蔑《な》し。(46)感応道交するに及び、賢徳聿《みずか》ら来り、以て機に赴き叩く。(47)『易』に曰《いわ》く、「感じて遂に天下の故に通ず」と。順道之有り。始め予躬《われ》から所謂興国、興福に詣《おもむ》き、因《よ》りて文を綴り事を記すの志有れども、縁以て之を発する無し。今、謬《あやま》りて(48)景命を承《う》け、乃《すなわ》ち順道を以て伝の首と為さんと。〈此の賛は当《まさ》に順道伝の下に在るべし。〉

語注

（1）釈順道……高句麗に初めて仏教を伝えた僧。高句麗小獣林王二年（三七二）に前秦の符堅王（在位三五七―三八五）が遣わした使者とともに高句麗にやって来たとされることから四世紀末頃の僧侶と推測されるが、出自については未詳。

（2）邁徳……徳をつとめおこなう。『宋高僧伝』巻一九「懐道伝」には「釈懐道。邁徳高情慈忍済物。思乎達法恒爾遊方」とあり、以下の文言と酷似した表現が見える。
（3）高標……すぐれていて高くぬきんでる。人品の高いこと。
（4）慈忍……慈悲と忍辱の略。経、仏書に多出する。「普於衆生施無畏 心常慈忍離悩害」（『華厳経』（六十華厳）巻七）。
（5）弘宣……ひろくのべる。ひろめのべる。「聖人所以弘宣教導、博通古今」（『隋書』巻四九・列伝一四「牛広伝」）。
（6）機に就き……「機」は、人の素質や能力、あるいは根性のこと。機根ともいう。人それぞれに合う教えのことか。「将理会教名為一雨。将教就機説三乗法」（唐・窺基『妙法蓮華経玄賛』巻一）。
（7）句高麗……高句麗のこと。高句麗の名称については史書によって「句麗」「高離」「豪離」等々多様な表記がある（『三国志』魏書・東夷伝「夫余」、『高麗史』巻九六・列伝九「諸臣」）。
（8）解味留王……高句麗第十七代小獣林王（在位三七一―三八四）の号。小解朱留王ともいう。百済との戦闘で戦死した父の故国原王の後を継ぐ。
（9）苻堅……苻堅。前秦の三代目の王。在位三五七―三八五年。苻雄の第二子。字《あざな》は永固。一名文玉。前秦は苻堅の伯父の苻健が建て、苻氏が代々王となったことから苻秦とも称す。堅は五胡の王中屈指の英主といわれ、前秦は一時江北一帯を支配するまでに発展し、朝貢するもの六〇余国に達した。しかし、東晋に敗れてからは王権が動揺し、苻堅は三八五年後秦の姚長《ようちょう》に捕えられ新平仏寺で自縊《じい》。また、堅は仏教の信仰篤く、高僧道安を長安に迎えて政治顧問にしたり、道安の勧請を容れて西域から鳩摩羅什の招請を試みたりしている。『晋書』巻一一三、巻一一四「苻堅」に伝がある。

(10) 浮屠……Buddha の音訳。仏、仏の教え、僧侶などの意で用いられるが、ここでは僧侶のことをいう。「送浮屠文暢師序」(『韓愈』)。
(11) 会遇の礼……会見する際の儀礼。「以会遇之礼相見、揖譲而登」(『史記』巻四七・一七「孔子世家」)。
(12) 廻謝……振り返って謝意を表すこと。振り返って言葉をかけること。「廻謝争名客、甘従君所嗤」(白居易「官舎小亭閑望」)。
(13) 秦……前秦(三五一―三九四)。五胡十六国の一。三五一年に苻健が建国。三代苻堅の時に一時華北を統一し、西域に及ぶ。六世で後秦に滅ぼされた。三五一―三九四年。
(14) 晋……東晋(三一七―四二〇)。西晋(洛陽)に続いて建康(南京)に再興。西晋からは二六五―四二〇年。
(15) 慈灯……仏の慈悲を灯に喩えた語か。「心源鑒徹。法鏡澄懸。慧筏周運。慈灯永伝」(『唐大薦福寺故寺主翻経大徳法蔵和尚伝』)。
(16) 東暆……高句麗の地。現在の江原道江陵市付近。古代朝鮮半島に置かれた漢の地方行政区域。漢武帝元封三年(紀元前一〇七)に設置した楽浪郡に属する二五県の一つ(『漢書』巻二八下・地理志八・下「楽浪郡」)。漢に次いで魏と晋が東暆を含む楽浪郡を支配したが、三一三年に楽浪郡が高句麗に滅ぼされ、東暆は高句麗の領土となった(『三国史記』巻一七・高句麗本紀五「美川王十四年十月」)。
(17) 慧日……仏智を、遍く照らす日光に喩えた語。「無垢清浄光 慧日破諸闇」(『法華経』七「普門品」)。

（18）　蘭薫……蘭のようによい香りを放つ。すぐれた人格の喩え。「又於彭城嵩法師所伝摂大乗。嵩公懿徳玄猷蘭薫月映」（『宋高僧伝』巻二「道因伝」）。

（19）　霧潤……霧のように潤す意か。「魏初康会為之注義義。或隠而未顕者。安窃不自量。敢因前人為解其下。庶欲蚊翮以助随藍。霧潤以増巨壑也」（『出三蔵記集』序巻六）。

（20）　漸漬……次第次第に水がしみこむ意。「況中庸以下、漸漬于失教」（『史記』巻二三・一「礼書」）、「典教持之。道風雖微猶有漸漬」（『仏祖統紀』巻四二）。

（21）　蘊むところ深く……深く中にたくわえる。「竺潜字法深。（中略）年二十四講法華大品。既蘊深解復能善説。故観風味道者。常数盈五百」（『梁高僧伝』巻四「竺潜深伝」）。

（22）　宣暢……広く説き述べること。「皆来集会以天威力。令説法者増益弁才宣暢無尽」（『大般若波羅蜜多経』一二六）等、経典に用例多数あり。

（23）　摩騰……迦葉摩騰、摩騰迦、摂摩騰とも。中天竺のバラモンの家に生まれ、後漢時代に竺法蘭とともに中国に仏教をもたらした。伝説では、永平年間に空を飛び金色に輝く人（仏）の夢を見た明帝に派遣された蔡愔《さいいん》と西域で出会い、洛陽にやってきた最初の僧という。永平十一年（六八）には洛陽の白馬寺に住み、竺法蘭と『四十二章経』を翻訳した。『梁高僧伝』巻一、『法苑珠林』巻一二では、明帝以外の王には受け入れられず、寺を破壊されるなど仏教が迫害されたことを描く。『今昔物語集』巻六第二話の仏教の中国初伝の説話では、それをさらに敷衍し、仏教に反対する道士との術比べの話として展開する。

（24）　後漢……中国の王朝（二五―二二〇）。東漢ともいう。漢王朝の皇族劉秀（光武帝）が、王莽に滅ぼされた漢を再興して建てた。

(25) 四年……解味留王四年（三七四）。

(26) 阿道……本書「阿道」を参照。『新羅殊異伝』では、味鄒《みすう》王二年（二六三）に高句麗から魏に渡り新羅に仏法を伝えた人とするが、『三国遺事』では、東晋の出身とする。一方、本伝では、阿道が魏から高句麗に渡って伊弗蘭寺に住んだとする異伝が記されている。『三国遺事考証』下之一の解説では、新羅に仏教を伝えた阿道と、高句麗に仏教を伝えた阿道とは別人とする説を立てている。

(27) 魏……三国の一。洛陽を都とする。二二〇—二六五年。先の解味留王四年（三七四）とは年代が合わない。

(28) 古文……未詳。

(29) 省門寺……高句麗最初の寺。省門は役所の門。そこに寺を置いたか。『三国遺事』は「肖門寺」とする。

(30) 古記……底本には「□記」とあるが、奎章閣本によって改めた。三国時代に関する古い記録か。

(31) 興国寺……現在の平壌にあった寺か。『三国遺事』では、興国寺は高麗の松京（現在の開成市）の寺で、高句麗初期の都の安市城（現在の鴨緑江の北）に建てられた省門寺を興国寺の前身とする本伝の記述は誤りとする。一方、高麗の松京の他、平壌に興国寺と興福寺があったことが確認され（『新増東国輿地勝覧』巻五一・平壌府「古跡」）、省門寺と伊弗蘭寺が高句麗の平壌遷都の時に移されて興国寺、興福寺と改められたと推測されている。

(32) 伊弗蘭寺……省門寺とともに高句麗最初の寺とされる。『三国史記』高句麗本紀六では、小獣林五年（三七五）二月にこの寺を建てて阿道を居住させたとする。

(33) 刱め……創建する。底本には剙の右に「刱」と傍書あり、奎章閣本と崔南善本によって改めた。

(34) 興福寺……現在の平壌にあった寺か。『高麗史』巻七・世家七・文宗七年（一〇五二）十月条に、興福寺に行幸した王が平壌の大同江で宴会を開いたとあり、興福寺は大同江付近にあったと推測されている。前注31「興国寺」参照。

(35) 之の人や、之の徳や……「この人とこの徳をこそ」の意で、人と徳を強調して提示する。「之人也、之徳也、将傍礴万物、以為一」（『荘子』内篇・逍遥遊一）。

(36) 竹帛……竹簡と白絹。紙のない時代はこれらに文字を書いたことから、転じて書物、歴史、歴史書の意。「与韓、彭、呉、鄧並駆中原、定天下雌雄、使名垂竹帛」（『晋書』巻九七・列伝六七「吐谷渾」）。

(37) 懿績……すぐれた業績。「秀以卓絶為巧、斯乃旧章之懿績、才情之嘉会也」（梁の劉勰《りゆうきよう》『文心雕龍』巻八「隠秀」）。

(38) 其の文辞に～何ぞや……『史記』巻六一・列伝一「伯夷」に同文が出る。

(39) 西方に～辱めざる……「西」の右に「四」と傍書あり。「西方に使いとして行き、君命を辱めることのない行為は」の意であるが、『論語』子路一三に「使於四方不辱君命、可謂士矣」とあることによって、「四」と傍書したと思われる。

(40) 謀猷……はかりごと。「迪宣謀猷、弘済大烈」（『晋書』巻三三・列伝三「鄭沖」）。

(41) 法蘭……竺法蘭。中天竺の人。迦葉摩騰とともに中国へ行くことを後漢の明帝に約したが、最初弟子にとどめられ果たせなかった。しかし後に洛陽に入り、『四十二章経』などを訳出した。前

注23参照。

(42) 僧会……康僧会。キルギスの人。インドからベトナムに遷《うつ》り、呉の王孫権のもとに建初寺を創建。『六度集経』などの翻訳の業がある。『梁高僧伝』巻一には、仏教に不審を抱く孫権に、仏舎利を現出させて見せ、仏教に帰依させた話がでる。

(43) 賛……この賛は本書「亡名」の末尾に置かれているものの、実は順道の賛であり、本賛の末尾にもその旨を示す注記がある。よって、ここに移した。

(44) 三韓……本書「序」語注129参照。古代朝鮮半島にあった馬韓・弁韓・辰韓の三国。後にそれぞれが、ほぼ高句麗・新羅・百済の三国となる。

(45) 鼎峙……鼎の足のように、三者が相対して立つこと。「本朝、自昔三韓、鼎峙争彊」(『高麗史』巻二四・世家二四「高宗四一年十二月」)。

(46) 感応道交……本来は直接に関係を持たないもの同士が反応し合うこと。仏のはたらきかけに人が応じること。経典の注釈書類に多く用いられている表現。「慈善根力遠而自通　感応道交故」(『妙法蓮華経文句』巻一)。

(47) 『易』に曰く～故に通ず……『易経』繫辞伝上に「易無思也、無為也。寂然不動、感而遂通天下之故。非天下之至神、其孰能与於此」とある語句に拠る。ここでは易で筮竹《ぜいちく》や卦爻《かこう》が互いに感応して天下に通じるように、順道も衆生の求めに応じて高句麗に渡来し、仏法を伝えたことを讃嘆して述べる。

(48) 景命……大きな命令。主君による命令。ここでは覚訓が高麗第二十三代の高宗王の命を受けたことをいう。「凡百元首、承天景命、莫不殷憂而道著、功成而徳衰」(『旧唐書』巻七一・列伝二一

「魏徴」)。

解説

本伝は、順道による高句麗への仏教初伝を記す章段である。まず、順道の出身は不詳としながら、そのすぐれた徳と智慧によって衆生を救済し、高句麗を巡って法を広めたことを述べる。続いて、解味留王二年(三七二)に、秦王の苻堅が順道を高句麗に遣わし仏像と経文を送ったところ、高句麗の君臣はこれを丁重に受け謝したとする説を挙げる。順道が東晋より来て初めて仏法を伝えたとする異伝を紹介するが、前秦であるか東晋であるか詳らかでないとする。また、その教えはすぐれていたものの、民は解することができず、順道は多くを説くことができなかったという。解味留王四年、魏より高句麗に来た阿道が、省門寺を創建し順道を居住させたとするが、「古記」によると、これは今の興国寺で、伊弗蘭寺(後の興福寺)に阿道を居住させ、これが海東の仏教の始まりだと述べる。最後に、順道の人柄や徳についての詳しい記録がないことを惜しみながらも、他国に仏法を伝える偉業を遂げた人物として、順道を讃えてまとめている。また、本書「亡名」の末尾に順道の賛が混入しているが、その賛では『易経』を引き、順道の伝法の志を讃えている。

ただし、ここでは高句麗への仏教初伝という順道の業績を讃えるものの、諸説が錯綜しているため、表現が曖昧で順道の実像は見えてこない。また、新羅に仏教を伝えた阿道も併せて登場するが、新羅への初伝(二六三年)はこの解味留王四年(三七四)と一〇〇年以上の差があるため、ここに阿道を登場させることは年代が合わず矛盾する。諸書の記述の齟齬を考えずに引いたために生じた問題であるか。『三国遺事』では、順道と阿道が魏より高句麗へ来たという説、および、省門寺を興国寺、伊弗蘭寺を興福寺とする説を誤りとし、『海東高僧伝』への批判を展開している。

また本伝は、『三国遺事』より詳しく順道による高句麗への仏教初伝を記し、王の積極的な仏教の受容を記しているが、高句麗への仏教の浸透は必ずしも順調に行われなかったことを婉曲的に示唆している。これは、文中にも登場する摩騰迦や竺法蘭による中国への仏教初伝と同様で、既成宗教の抵抗や因習との摩擦があったことが推測される。

ところで、本書や『三国遺事』『三国史記』によると、高句麗への仏教公伝は解味留王二年（三七二）というが、民間への仏教流入はさらに遡れるとする指摘がある。また、『梁高僧伝』巻四に見える東晋の志遁（三一四―三六六年）の書簡や、永和十三年（三五七）の墳墓の仏教的な壁画を根拠に、四世紀初期にはすでに高句麗に仏教が入っていたという。

同類話・関連資料

同類話　『三国遺事』巻三・興法三「順道肇麗」

関連資料　『三国史記』巻一八・高句麗本紀六「小獣林王」

本書「阿道」参照。

『三国遺事』巻三・興法三「順道肇麗　道公之次　亦有法深　義淵曇厳之流　相継而与教　然古伝無文　今亦不敢編次　詳見僧伝」

小獣林王即位二年壬申、乃東晋咸安二年、孝武帝即位之年也。前秦符堅、遣使及僧順道、送仏像経文　時堅都関中、即長安。　又四年甲戌、阿道来自晋、明年乙亥二月、創肖門寺以置順道。又創伊弗蘭寺、以置阿道。此高麗仏法之始。僧伝作二道来自魏云者、誤矣、実自前秦而来。又云肖門寺今興国、伊弗蘭寺今興福者、亦誤。按麗時都安市城、一名安丁忽、在遼水之北、遼水一名鴨渌、今云安民江、豈有松京之興国寺名。讃曰、鴨渌春深渚草鮮、白沙鷗鷺等閑眠、忽驚柔櫓一声遠、何処漁舟客到烟。

『三国史記』巻一八・高句麗本紀六「小獣林王一云小解朱留王」

二年夏六月、秦王符（苻）堅遣使及浮屠順道、送仏像経文。王遣使廻謝、以貢方物。立大学、教育子弟。

四年、僧阿道来。

五年春二月。始創肖（省）門寺。以置順道。又創伊弗蘭寺。以置阿道。此海東仏法之始。

（鈴木治子）

二 亡名

名は知られない高句麗の僧侶がいた。彼は仏道に志し、仁に依り、真を守り、徳に拠った。他人に認められなくても怒らずに、考えを集中して修道したので、その名声は国内に広がり、やがては勢いよく四方にあまねく及んだ。晋の支遁《しとん》法師は亡名僧に、「尊敬する竺法深《じくほうしん》は、中《ちゅう》原《げん》の劉元真の弟子で、徳を体現しており、出家と俗人ともに率いています。かつて都にいた時は仏法の網を維持し、内外のすべての人々に讃えられた仏道を広める巨匠です」という書簡を送っている。支遁法師は中国でも徳の高い僧侶で、彼と交友した人はすべて才能があり、学識が優れていたに違いない。ましてや外国の士であっても、優れた人でなければ、どのようにしてそのような書簡を送ることができただろうか。

また、仏教がすでに晋より海東に伝わっていたとすれば、その後の宋・斉の時にも当然、豪傑が輩出して、交流があったに違いないが、残された典籍には記載されず、悲しい限りである。しかし、宋の朱霊期〈あるいは虚に作る〉は、高句麗への遣いを終えて帰る際、難破して島に漂着したが、杯度《はいど》の鉢を得たとされる。また、斉の時、高句麗にはまだ仏陀の誕生の事実が伝わってなかったので、中国の高僧法上に尋ねると、法上は「周の昭王の時のめでたい兆しだ」と答えた。そのため、高人・烈士の中には中国をうらやましく思い、仏教の綱要を受け入れた者が少なくなかった。その時、優れた史家がいて、その業績を取り上げて叙述しなかったことが恨まれるのみである。

釈亡名、句高麗人也。志道依仁、守真拠徳。人不知而不慍、考鐘于内、在邦必聞、霈然有余、厥聞旁馳。晋支遁法師貽書云、上座竺法深、中州劉公之弟子、体性貞峙、道俗綸綜。往在京邑、維持法網、内外具瞻、弘道之匠也。遁公中朝重望、其所与寄声交好、必宏材巨擘。而况外国之士。非其勝人、寧有若斯之報耶。且仏教既従晋、行乎海東、則宋斉之間、応有豪傑之輩、与時而奮、而無載籍。悲夫。然彼宋人朱霊期或作虚、使自高麗還、失済於洲上、得杯渡之鉢。又斉時、高麗未達仏生之事、問高僧法上、上以周昭之瑞為答。則高人烈士、西笑於中国、諮取綱要者、固不少矣。時無良史羅縷厥緒、為恨耳。

(1)釈亡名、(2)句高麗の人なり。(3)道に志し仁に依り、(4)真を守り徳に拠る。(5)人、知らざれども慍《いか》らず、考えを内に鐘《かさ》ね、(6)邦に在れども必ず聞こえ、(7)霈然《はいぜん》として余なる有り、厥《そ》の聞こえを旁《あまね》く馳《は》す。(8)晋の(9)支遁法師、書を貽《おく》りて云《いわ》く、「(10)上座の(11)竺法深は(12)中州(13)劉公の弟子にして、(14)性を体して貞《ただ》しく峙《そばだ》ち、道も俗も綸《つつ》[15]み綜《す》ぶ。往《かつて》、京邑に在りて法綱を維持し、内外具《つぶ》[16]さに瞻《み》るに、道を弘むるの匠なり」と。遁公は中朝[17]の重望にして、其の与《とも》に声を寄せて交好する所は、必ずや宏材巨擘《きよはく》[18]ならん。而《しか》も況《いわ》んや外国の士をや。其の人に勝れたる非《あら》ざれば、寧《なん》ぞ斯《こ》の若《ごと》きの報有らんや。

且つ、仏の教えは既に晋従《よ》り、海東[19]に行われたるなれば、則ち宋[20]・斉[21]の間に、応《まさ》に豪傑の輩あるべきに、時と与に奮えども、而も典に載ること無し。悲しきかな。然れども彼の宋の人、朱霊期[22]〈或いは虚に作る〉は、使いして高麗より還り、洲上に済を失い、杯度[23]の鉢を得たりと。又斉の時、高麗は未だ仏の生の事に達せざりしかば、高僧の法上[24]に問いしに、「上は周昭[25]の瑞《ずい》を以て答えと為せり」と。則ち、高人烈士[26]にして中国を西笑[27]し、綱要を諍《あらそ》いて取れる者は、固《もと》より少なからざりしなり。時に、良史[28]ありて厥《そ》の緒を羅縷《らる》すること無かりしを、恨みと為すのみなり。

語注

（1）釈亡名……四世紀頃の名前を知らない高句麗の僧。詳しい行跡については分かっていないが、『梁高僧伝』『出三蔵記集』などに、書簡を通じて東晋の僧支遁と交流したと伝えられている。

（2）句高麗……高句麗のこと。高句麗の名称については本書「順道」語注7参照。

（3）道に志し仁に依り……『論語』に類似句が見える。『論語』には道と仁とともに徳と芸を加えている。「志於道、拠於徳、依於仁、游於芸」（『論語』述而七）。

（4）真を守り……本来、道家の語で自然の本性を全うすることをいう。ここでは、仏陀の教説を守るの意。「慎守其真」（『荘子』漁父三一）。
（5）人、知らざれども慍らず……『論語』学而一に「人不知而不慍、不亦君子乎」と見える。
（6）邦に在れども必ず聞こえ……「在邦必聞」は同じく『論語』顔淵一二に見える。
（7）霈然として……沛然としてと同じ。盛大に繁き状態。雨の盛んに降る状態。
（8）晋……中国古代の王国。二六五―四二〇年、司馬炎が魏最後の元帝から禅譲を受けて建国。匈奴（前趙）に華北を奪われ、南遷した三一七年以前を西晋、以後を東晋と呼び分けている。
（9）支遁法師……東晋代の学僧（三一四―三六六）。俗姓は関氏、字《あざな》は道林、陳留（河南省）の出身。幼時に中原から江南に移住し、二十五歳で出家した。大乗教義のみならず、老荘思想にも通じて清談に秀で、謝安（三二〇―三八五）・王羲之（三〇三―三七九）ら多くの名士と交際した格義仏教の大家。『般若経』『維摩経』を講じ、般若の意味を現象即空と解釈した。東晋の首都建康（今の南京）、会稽で貴族社会を形成していた士大夫層と交友し、江南の清談と玄学的貴族仏教の発展に貢献した。支遁法師が高句麗僧に書簡を送ったことは、『梁高僧伝』のほか、『出三蔵記集』巻一二・宋明帝勅中書侍郎陸澄撰法論目録序一に、「与高句驪国道人書支道林」と見える。
（10）上座……修行を積み、教団を指導する地位の僧。修行僧を統率する上で、模範となり得る有徳な僧侶が任命される。「上座竺法深」（『梁高僧伝』巻四「竺法潜伝」）。
（11）竺法深……晋の僧竺潜（二八六―三七四）のこと。竺道潜ともいう。法深は字。晋の承相の武昌郡公敦の弟。十八歳で出家し、中州の劉元真に師事して『法華経』『般若経』を学んだ。永嘉の乱を避けて南遷し、元帝・明帝・王導ら権門に尊崇された。後に会稽に隠棲したが、哀帝に招聘されて『放光般若経』を講じた。

(12) 中州……中原のこと。特に中州は現在の中国河南省。「於是中州胡、晋略皆奉仏」(『梁高僧伝』巻九「竺仏図澄伝」)。
(13) 劉公……劉元真のこと。『梁高僧伝』巻四「竺法潜伝」では、劉元真の談論はみごとに彫琢されており、彼の智慧の輝きは迷妄の目を開かせるに充分であったと讃えている。また、廃仏を行った北魏の太武帝の詔には、前代の代表的な仏子弟の一人とされた。「皆是前世漢人無頼子弟劉元真、呂伯強之徒、接乞胡之誕言」(『魏書』巻一一四「釈老志」)。
(14) 性を体して貞しく峙ち……性を体現して貞潔で際立っていること。この部分は、支遁法師が亡名に送った書簡の中身である。『梁高僧伝』巻四「竺法潜伝」から「体徳貞峙」以下、「弘道之匠也」までを引用しているが、「体性貞峙」は『梁高僧伝』では「体徳貞峙」となっている。そこで、徳を体現して貞潔で際立ちの意と解釈できる。
(15) 綸み綜ぶ……仏法の網または経綸をつなぎとめる。「綸綜終始緝成部帙」(『続高僧伝』巻一「宝唱伝」)。
(16) 具さに瞻るに……多くの人がともに尊んで仰ぎ見るとの意。『魏書』巻二四「高柔伝」に「今公輔之臣、皆国之棟、民所具瞻」とある。一方、奎章閣本は「具瞻」となっているが、「瞻(救う、豊か)」は「瞻(みる)」の誤記。
(17) 中朝……中国のこと。「始服中朝衣冠」(『三国史記』巻五・新羅本紀五「真徳王」)。
(18) 巨擘……同類の中で特にすぐれた人。また、指導的立場にある人。巨頭。「於斉国之士、吾必以仲子為巨擘焉」(『孟子』滕文公章句下)。
(19) 海東……一般に朝鮮半島のことをいうが、ここでは高句麗をさす。「順道又創伊弗蘭寺、以置阿道此、海東仏法之始」（『三国史記』巻一八・高句麗本紀六「小獣林王」）。八一三年新羅時代に造られた『神行禅師碑拓本帖』の表題に「海東故神行禅師之碑」とあり、一一〇二年に初めて作られた高麗時代の貨幣にも「海東通宝」と見える。本書「序」語注105参照。

(20)　宋……中国南北朝時代の南宋王朝（四二〇―四七九）。劉宋ともいう。首都は建康（現在の南京）。

(21)　斉……中国南北朝時代に江南にあった王朝（四七九―五〇二）。南斉、または蕭斉ともいう。

(22)　朱霊期……宋の呉郡（現在の浙江省紹興市）出身の人物。高麗に使いをして戻る際、暴風に遭って九日間を漂流し、辿り着いた島で自ら杯度の弟子と名乗る僧より杯度上人の鉢を賜り、鉢の神異の力で無事に都に戻ったという逸話が伝わる。「時呉郡民朱霊期。使高驪還値風。船飄経九日。至一洲辺」（『梁高僧伝』巻一〇「杯度伝」）。

(23)　杯度の鉢……杯度は中国南北朝時代の宋の京師。いつも木の杯に乗って河を渡ったので杯度と呼ばれ、法名は未詳（『梁高僧伝』巻一〇「杯度伝」）。

(24)　法上……中国の南北朝時代の朝歌（現在の河南省淇県）出身の僧（四九五―五八〇）。十二歳で出家、慧光法師に具足戒を受け、『十地経論』『楞伽《りょうが》経』などを講説、注釈書を著し、後に北斉の文宣帝と皇后の戒師となった（『続高僧伝』巻八「法上伝」）。本書「義淵」語注11参照。

(25)　周昭の瑞……周の昭王の時における瑞。高句麗の大丞相の王高徳は、仏法の始まりと由来、伝わった時期などを知るために、義淵を使者として遣わした。義淵に法上は「仏は周の昭王二十六年甲寅年（紀元前一〇二八）に生まれ、十九歳にして出家し、三十歳にして成道した」と答えたとする。

（26）高人烈士……高人は身分の高い人、烈士は自分の信念をもって一途に行動する人。高人を高句麗人と見る説もあるが、高人は烈士と対応しており、身分の高い人と解釈したほうが適切と思われる。

（27）中国を西笑し……中国をうらやましく思い。「西笑」とはうらやましく思うこと。または失意の意（『大漢和辞典』一〇巻）。桓譚（前四〇—前三一）の『新論』祛蔽条に「人聞長安楽、則出門向西而笑」と見える。また、「朗慧和尚塔碑」（八九〇年、忠清南道保寧郡嵋山面聖住寺址）にも、「脱西笑者、或袖之、脱西人笑則幸甚吾敢求益」とある。

（28）良史……すぐれた史家、またはすぐれた史書のこと。「良史之讃豈不休哉」（『三国史記』巻七・新羅本紀七「文武王」）。

解説

四世紀頃の高句麗の名前を知らない僧の伝。亡名僧はすぐれた品性の人で、その名声が国内外に広まり、晋の支遁法師と書簡を通じて交流するほどの高僧であった。亡名僧の以降、宋の使者の朱霊期が高句麗から帰る途中、船の難破によって漂着した島で杯度の鉢を得て帰った。また、斉の高僧法上から釈迦の誕生について教えられ、中国の仏教の綱要を受け入れて交流した高句麗の人たちが多かった。しかし、当時の歴史家が彼らの業績について詳しく伝えなかったため、残された記録が少ないことを嘆くばかりだという。

本伝は支遁法師が亡名僧に書簡を送った年については伝えていないが、支遁法師の没年（三六六）から考えると、順道による高句麗の仏教初伝（三七二年）より早い時期に亡名僧が支遁法師と交流したことになる。順道が仏教を伝える以前から高句麗に仏教を信仰する高僧の亡名僧が存在したことを示している。これは、高句麗の仏教が中国から一方的に伝わったのではなく、順道の以前にすでに高句麗に仏教が興っており、中国との交流を通して展開されていたことを伝えようとしたのである。

また、本伝は亡名僧以降、五世紀の宋代や六世紀の斉の時代にも高句麗が続けて中国と仏教を交流していたことを『梁高僧伝』『続高僧伝』などを取り上げて伝えている。ところが、宋の朱霊期が杯度の鉢を得た所が高句麗からの帰国の途中の「島」と記されているだけで、高句麗であったかは定かではない。事実はともあれ、本伝では高句麗の仏教が晋の支遁をはじめ、宋の朱霊期の杯度、斉の法上など中国仏教と関わって発展していたことが主張されている。このように順道の以前における亡名僧の存在をはじめ、中国との交流による仏教の発展などを伝える本伝は、高句麗の仏教史において欠かせない重要な意義を持っていたのである。

出典・同類話・関連資料

出典　『梁高僧伝』巻四「竺法潜伝」
関連資料　『梁高僧伝』巻一〇「杯度伝」

『梁高僧伝』巻四「竺法潜伝」

後、与高麗道人書云、上座竺法深、中州劉公之弟子、体徳貞峙、道俗綸綜、往在京邑、維持法綱。内外具瞻弘道之匠也。頃以道業靖済、不耐塵俗、考室山沢、修徳就閑。今在剡県之仰山、率合同遊、論道説義。高栖皓然、遐邇有詠。

『梁高僧伝』巻一〇「杯度伝」

時呉郡民朱霊期。使高驪還値風。舶飄経九日。至一洲辺。洲上有山。山甚高大。入山採薪。見有人路。霊期乃将数人随路告乞。行十余里聞磬声香煙於是共称仏礼拝。須臾見一寺甚光麗。多是七宝荘厳。見有十余僧。皆是石人不動不揺。乃共礼拝還反。行歩少許聞唱導声。還往更看。猶是石人。霊期等相謂。此是聖僧。吾等罪人不能得見。因共竭誠懺悔。更往乃見。真人為期等設食。食味是菜而香美不同世。食竟共叩頭礼拝乞速還至郷。有一僧云。此間去都乃二十余万里。但令至心不憂不速也。因問期云。識杯度道人不。答言甚識。因指北壁。有一囊掛錫杖及鉢云。此是杯度許。今因君以鉢与之。并作書著函中。別有一青竹杖。語言。但擲此杖置舫前水中。閉船静坐。不仮労力必令速至。於是辞別。令一沙弥送至門上。語言。此道去行七里便至舫。不須従先路也。如言西転行七里許至舫。

（金　広植）

三　義淵

僧義淵は高句麗の人である。その系譜や出自については知られていない。自ら髪を剃って僧衣を身にまとい、戒律をよく守った。深い智慧と広い見聞を持ち、儒教と道教に関しても通じており、当時の僧俗の人々が帰依するようになった。義淵は仏法を伝えることを好み、布教を志したが、師無しでは、経典を理解することはたいへん難しく、その由来も知ることはできなかった。

聞くところによると、「前、斉の定国寺の沙門《しやもん》である法上は、戒律が山のように高く厳しく、智慧は海のように深く、万物を粛正し、人々の模範となる。斉の時代に都統となり、率いる僧尼が二百万を超えて、法上の在任はまさに四十年間も続いた。文宣王の時は、盛んに釈典を弘めて国の内外に闡揚《せんよう》したので、僧俗がみな信じ従った。立派な業績はすでに明らかになり、すぐれた名声は遠くに広まった」という。

この時、高句麗の大丞相である王高徳は、深く正しい信心を抱き、大乗仏教を崇重し、仏法を国の隅々まで広めようとした。しかし、仏法の始まりと由来、西から東へ伝わった時期やその時の王などは知ることができなかった。そのため、疑問点を条目ごとに記録し、義淵を使者として遣わした。船に乗せて鄴《ぎょう》に行かせ、まだ聞いたことのないことを学んでくるようにした。送った条目の概略をいうと、「釈迦牟尼仏が涅槃に入ってから今に至るまで、何年になるか。また、天竺で何年経過した後に漢の地に伝わったのか。初めて伝わった時の帝は誰で、その年号は何か。また、仏法が伝わったのは斉と陳のどちらが先で、その時から今に至るまで何年が経ち、何人の帝がいたか。具体的に説明してくれることを請う。その『十地』『智度』『地持』『金剛般若』等のような諸論の本は、誰が述作し論じたか。縁起と霊瑞は、基となる伝記があるかどうか。謹んで録し、詳しい意見をはかり求めて、釈疑を解いてくれることを請う」という。

法上、答えていうに、「仏は周の昭王二十四年甲寅年（紀元前一〇二七）に生まれ、十九歳にして出家し、三十歳にして成道《じょうどう》した。穆《ぼく》王二十四年癸未年（紀元前九七八）、王は西方に聖人が現れたことを聞いたが、その聖人はすぐ西に入り、ついに帰って来なかった。これに基づくと、釈迦は四十九年の間、在世し滅度したので、今の斉の時代、武平七年（五七六）に至るまで、およそ一千四百六十五年である。後漢の明帝永平年間（五八―七五）、初めて経典と仏法が入ってきて、魏と晋にも伝わった。呉の孫権の赤烏《せきう》年間（二三八―二五〇）、康僧会《こうそうえ》が呉に赴き、ついに教法を広めた。『地持』は、阿僧伽比丘《あさんがびく》が弥勒菩薩からその本を受得し、晋の安帝隆安年間（三九七―四〇一）になって、曇摩讖《どんむしん》が姑蔵《こぞう》で河西王の沮渠蒙遜《そきょもうそん》のために翻訳した。『摩訶衍《えん》論《ろん》』は龍樹菩薩の著であり、晋の隆安年間、鳩摩什波《くまじゅうは》（羅什）が長安に来て姚興《ようこう》のために翻訳した。『十地論』と『金剛般若論』は、両方とも僧佉の弟である波藪槃豆《ばすばんどう》の著であり、魏の宣武帝の時になって、菩提留支《ぼだいるし》が初めて翻訳した」と。法上が答えて解き示した内容は、その由縁がたいへん長い。今は略して要点だけを記す。

義淵は、法上の教えを肝に銘じ、よく人々を導き、奥深い教理にも広く通じていた。弁舌は流暢で尽きることなく、しきりに理を極め、過去の古い疑問は、氷が溶けるように解かれた。それで、妙なる義は霞が晴れるように明らかになり、西から智慧の日差しをうけて東に法源を注いだ。黄金を壁にかけて望んで削ることなく、群玉をよく伝えて朽ちることはなかった。いわゆる「苦海の渡し場、法門の大きな梁」とは、まさに、わが師である義淵のことである。すでに国に帰ってきて、その偉大な智慧を褒めたたえ、愚かな衆生たちを導いた。その義は古今を貫き、高い名声は世に広まった。大いにすぐれた天性だけでなく、世の道の助けもあって、このように極めることができたのではないか。史書は義淵の最期を記さない。そのため、それについては書くことができない。

賛にいう。仏の生まれた年月は伝記ごとに相違し、ひとつに定め難い。しかし、義淵は直接法上から教えをもらって帰ってきた。唐の法琳《ほうりん》の『弁正論』の内容とも符節を合わせたように一致する。これを指南とすべきである。ところが、大儒学者である呉世文は古文を引用しながら、特に異論をあげて疑問を提示している。その言葉と趣旨は巧みではあるが、また、信憑性のあるものではない。

釈義淵、句高麗人也。世系縁致、咸莫聞也。自隷剃染、善守律儀。慧解淵深、見聞泓博、兼得儒玄、為一時道俗所帰。性愛伝法、意在宣通、以無上法宝光顕実難、未弁所因。聞前斉定国寺沙門法上、戒山慧海、粛物範人。歴跨斉世、為都統、所部僧尼、不減二百万、而上綱紀将四十年。当文宣時、盛弘釈典。内外闡揚、黒白咸允。景行既彰、逸響遐被。是時、句高麗大丞相王高徳、乃深懐正信、崇重大乗、欲以釈風、被之海曲。然莫測其始末縁由、自西徂東、年世帝代。故件録事条遣淵。乗帆向鄴、啓発未聞。其略曰、釈迦文仏、入涅槃来、至今幾年。又在天竺、経歴幾年、方到漢地。初到何帝。年号是何。又斉陳仏法誰先、従爾至今歴幾年帝。請乞具注。其十地智度地持金剛般若等諸論本誰述作著論。縁起霊瑞所由有伝記不。謹録諮審、請垂釈疑。上荅曰、仏以姫周昭王二十四年甲寅歳生、十九出家、三十成道。当穆王二十四年癸未、王聞西方有化人出、便即西入、至竟不還。以此為験、四十九年在世滅度、至今斉世武平七年丙申、凡一千四百六十五年。後漢明帝永平、経法初来、魏晋相伝。呉孫権赤烏年、康僧会適呉、方弘教法。地持、阿僧伽比丘、従弥勒菩薩受得其本、至晋安帝隆安年、曇摩讖於姑蔵、為河西王沮渠蒙遜訳。摩訶衍論、是龍樹菩薩造、晋隆安年、鳩摩什波至長安、為姚興訳。十地論金剛般若論並是僧佉弟波藪槃豆造、至魏宣武帝時、菩提留支始翻。上荅指証、由縁甚広。今略挙要。淵服膺善誘、博通幽奥。弁高炙輠、理究連環。曩日旧疑、煥然氷釈。今茲妙義、朗若霞開、西承慧日、東注法源。望懸金而不刊、伝群玉而無朽。所謂苦海津済、法門樑棟者、其惟吾師乎。既返国、揄揚大慧、導誘群迷。義貫古今、英声藉甚。自非天質大抜、世道相資、何以致如斯之極哉。史不叙所終。故不書。

賛曰。仏生年月、伝記互出、理難一定。然淵親承法上、口授而来。乃与唐法琳弁正論所拠、若合符節。当以此為指南。然鉅儒呉世文、援引古文、特啓異論、致有問対。雖辞旨煩麗、
亦不足憑也。

[1]釈義淵は[2]高句麗の人なり。世系も[3]縁致もみな聞く莫《な》きなり。自ら剃染に隷《したが》い、善く[4]律儀を守す。[5]慧解淵深く、見聞泓博《おうはく》にして、儒と[6]玄を兼得し、一時に道俗の帰する所と為《な》る。性は伝法を愛し、意は宣通に在れども、無上の[7]法宝、光顕すること実に難きを以て、未だ因る所を弁ぜず。

[8]聞くならく、「前、[9]斉の[10]定国寺の沙門たる法[11]上、戒は山のごとく慧《え》は海のごとく、物を粛《しゅく》し人に範となる。斉の世に歴跨して都[12]統と為るに、所部の僧尼、二百万を減ぜず、而《しか》して上の綱[13]紀は将《まさ》に四十年なり。[14]文宣の時に当たり、盛んに釈典を弘む。内外に闡揚し、[15]黒白咸允《みなあた》る。[16]景行既に彰《あき》らかにして、[17]逸響遐《はる》かに被る」と。

この時、高句麗の[18]大丞相王[19]高徳は、乃《すなわ》ち深く正信を懐き、大乗を崇重し、釈風を以て、これ

を海曲[20]に被らしめんと欲す。然れども、その始末と縁由、西より東に徂《ゆ》けるも、年世も帝代も測ること莫し。故に事の条を件録し、淵[21]を遣わす。帆に乗じ鄮[22]に向かわしめ、未だ聞かざることを啓発せしむ。

その略を曰《い》わば、「釈迦文仏、涅槃[23]に入りてより今に至るは幾年なるぞ。又、天竺に在りて経歴するは幾年にして、方《まさ》に漢地に到るや。初めて到るは何帝ぞ。年号はこれ何ぞ。又、斉と陳[24]の仏法は誰が先にして、それより今に至るまで幾《いくば》くの年と帝を歴《へ》たるや。具《つぶ》さに注することを請乞《こ》う。その『十地』[25]『智度』[26]『地持』[27]『金剛般若』[28]等の諸論の本は、誰が述作、著論ならんや。縁起と霊瑞は、由る所の伝記有りやいなや。謹んで録し諮審《ししん》するに、釈疑を垂れんことを請う」と。

上、答えて曰わく、「仏、姫周《きしゅう》[29]の昭王[30]二十四年甲寅歳を以て生まれ、十九にして出家し、三十にして成道す。穆王[31]二十四年癸未に当たりて、王は、西方に化人有りて出づると聞き、便即ち西に入るも、竟《つい》に還らず。これを以て験と為すと、四十九年、在世して滅度するに、今の斉の世、武平七年丙申に至るまで、凡そ一千四百六十五年なり。後漢[32]の明帝永平[33]、経法初めて来たりて、魏と晋に相い伝えたり。呉の孫権[34]の赤烏年、康僧会[35]は呉に適《ゆ》き、方に教法を弘む。『地持』は、阿僧伽[36]比丘が弥勒菩薩よりその本を受得し、晋[37]の安帝隆安年[38]に至り曇摩讖[39]が姑蔵[40]に於いて河西王[41]の沮渠蒙遜の為に訳す。『摩訶衍論』[42]は、これ、龍樹菩薩[43]の造にして、晋の隆安年、鳩摩什波[44]が長安に至りて、姚興[45]の為に訳す。『十地論』と『金剛般若論』はともに、これ僧佉の弟たる(46)波藪槃豆の造にして、魏の宣武帝の時に至りて、(47)菩提留支が始めて翻す」と。上、答えて指証するは、由縁甚だ広き。今は略して要を挙ぐ。

淵、服膺《ふくよう》し、善く誘い、幽奥に博く通ず。弁は(48)炙輠《しゃか》のごとく高く、理は(49)連環を究む。曩《さき》の日の旧疑は、(50)渙然として氷釈す。今、ここに妙義は朗らかに霞開くがごとく、西より慧日《えにち》を承り、東に(51)法源を注ぐ。(52)懸金を望んで刊《けず》らず、群玉を伝えて朽ちること無し。所謂、苦海の(53)津済《つわたり》、法門の樑棟《りょうとう》なる者、それ唯だ吾が師なるや。既に国に返り、大慧を揄揚《ゆよう》し、群迷を導誘す。義は古今を貫き、英声は藉甚《せきじん》なり。天質の(54)大抜に非《あら》ざるよりは、世道の相い資《もたら》すこと、何を以てかくの如きの極みを致さんや。史に終わる所を叙《の》べず。故に書せず。

賛に曰う。仏の生まれし年月、伝記に互出し、理一定し難し。然れども、淵は法上の口授を親しく承けて来たる。乃ち、唐の(55)法琳の(56)『弁正論』に拠る所と、符節を合するが若《ごと》し。当《まさ》にこれを以て指南と為す。然れども、(57)鉅儒《きょじゅ》たる(58)呉世文は(59)古文を援引し、特に異論を啓し、問対有るを致す。辞旨煩麗なりと雖も、亦《また》、憑《よ》るに足らざるものなり。

語注

（1）釈義淵……高句麗の第二十五代平原王（在位五五九―五九〇）時代の僧。生没年は不詳。鄴《ぎょう》に渡り、法上から法理を伝授され帰国し、高句麗の仏教振興に寄与したとされる。『三国遺事』巻三・興法三「順道肇麗」には名前のみ確認できるが、本伝および『歴代三宝紀』『続高僧伝』などに見える逸話から、義淵の行跡を知ることができる。
（2）高句麗……底本は「句高麗」。奎章閣本によって改めた。高句麗の名称については、本書「順道」語注7参照。高句麗は朝鮮半島北部に建てられた古代国家（紀元前三七―六六八）。最盛期は中国東北部の南部から朝鮮半島の大部分を領土としたが、六六八年に唐と新羅の連合軍に滅ぼされた。
（3）縁致……未詳。縁故または俗姓の意か。
（4）律儀……サンスクリット語「samvara」の訳で、身を制するという意。悪や過失に陥ることを防ぐ働きのあるもの。善行、また、善行を行うよう仏が定めた戒。
（5）慧解……智慧によって物事を正しく理解すること。「常以入道之要慧解為本。故鑽仰群経斟酌雑論」（『梁高僧伝』巻七「竺道生伝」）。
（6）玄……老荘思想で説く哲理。空間や時間を超越して天地万象の根源となるもの。ここでは道教を意味する。『老子道徳経』第一章の「玄之又玄、衆妙之門」に由来。
（7）法宝……仏教における三宝の一つである仏経を財宝に喩えたもの。
（8）聞くならく～要を挙ぐ……以下、法上の説明や義淵との逸話は、『歴代三宝紀』と『続高僧伝』の両方に見えるが、表現の類似性から『歴代三宝紀』が出典と想定される。
（9）斉……北斉のこと。五五〇年、東魏の実権者高洋（文宣帝）が建国。五七七年、北周の武帝によって滅ぼされた。
（10）定国寺……法上が居住したとされる寺。『歴代三宝紀』と『続高僧伝』には「相州定国寺」とある。正確な位置は未詳。

（11）法上……南北朝時代の僧（四九五―五八〇）。幼くして出家、相州や洛陽等に遊歴し諸経を学び、聖沙弥と称された。地論宗の南道派の始祖として知られる光統律師（慧光）について具足戒を受け、『十地経論』『菩薩地持経』『涅槃経』等を講じ、またその疏《そ》を撰した。四十歳の時に東魏の鄴都に入って都統に任じられ、僧録を務めた。北斉の時は初代の文宣帝の帰敬を受け、天保二年（五五一）昭玄大統に任じられた。相州定国寺に住し、後には鄴都の西山に合水寺を創って居した。本書「亡名」語注24参照。

（12）都統……僧侶たちをまとめ、仏事を司る官職。『続高僧伝』には「統師」とある。

（13）綱紀……統べ治めること。物事をしめくくること。『続高僧伝』には「綱領」とある。

（14）文宣……北斉の初代皇帝（在位五五〇―五五九）。姓は高、諱《いみな》は洋。初めは東魏朝廷を監視する任にあったが、後に晋陽に赴いて軍を掌握、東魏政権を奪って北斉を建てた。

（15）黒白……僧と俗人。『続高僧伝』には「皁白」とある。「新羅瑞巌和尚問、黒白両亡開仏眼時如何」（『景徳伝燈録』巻一七）。

（16）景行……立派な行実。「必択経学優長、景行修謹、堪為師範者」（『高麗史』巻七四・志二八・選学二）。

（17）逸響……すぐれた響き、詩文。転じて、すぐれた評判や名声をいう。『続高僧伝』には「逸嚮」とある。「並学窮書圃、思極人文、縟綵鬱於雲霞、逸響振於金石」（『隋書』巻七六・列伝四一「文学」）。

（18）大丞相……高句麗の国政を司った最高の臣。大宰相に該当する。「伏望、大丞相閣下、無納巧言、導開天意」（『高麗史』巻三六・世家三六「忠恵王即位年」）。

(19) 王高徳……高句麗の平原王時代の丞相。仏教を篤く信仰した人物で、義淵を斉へ遣わせたとされる。現存資料で名前が確認できるのは本話をはじめ、『歴代三宝紀』と『続高僧伝』などの義淵の逸話のみ。
(20) 海曲……人里を離れた海辺、もしくは島のこと。「為説徴祥、被于海曲」(『三国遺事』巻四・義解五「円光西学」)。
(21) 淵……義淵のこと。『歴代三宝紀』は「遺僧義淵乗帆向鄴」と義淵の名を明記するが、『続高僧伝』は「遺僧向鄴」と名前は見えない。
(22) 鄴……北斉の都。現在の河北省臨漳県の南西部に当たる。
(23) 涅槃……「nirvāna」の音写。煩悩の火を消して、智慧の完成した悟りの境地。一切の悩みや束縛から脱した円満で安楽の境地。仏教で理想とする仏の悟りを得た境地。
(24) 陳……中国の南北朝時代の南朝最後の国。五五七年、梁の武将である陳覇先が建国。都は建康(南京)。五八九年、隋の楊堅(文帝)に滅ぼされた。
(25) 『十地』……『十地経論』のこと。一二巻。五世紀頃にインドの僧世親が書いた『十地経』の注釈書で、後に『華厳経』十地品に編入された。六世紀初に訳経僧の菩提流支によって漢訳され、中国では『十地経論』に基づいた地論宗が成立した。「十地」とは、菩薩が修行しなければならない五二の段階のうち、第四一位から第五〇位までの階位。『華厳経』巻三四・十地品では、「歓喜地・離垢地・発光地・焰慧地・難勝地・現前地・遠行地・不動地・善慧地・法雲地」と説く。『続高僧伝』は以下の問いを「弁問十地智論等人法所伝」と略記している。
(26) 『智度』……『大智度論』のこと。一〇〇巻。『大品般若経』の注釈書。龍樹著、鳩摩羅什の訳。

仏教の百科全書的な書。

(27)『地持』……『菩薩地持経』のこと。一〇巻。『地持経』『菩薩地経』『菩薩戒経』ともいう。『瑜伽師地論』の「菩薩地」、すなわち同論三五―五〇巻に相当する文の抄訳で、発正等菩提心品を欠く。北涼の曇摩讖の訳。「菩薩地持経八巻 或云菩薩戒経、或云菩薩地経」(『出三蔵記集』巻二)。

(28)『金剛般若』……『金剛般若波羅蜜経論』のこと。三巻。魏の永平二年(五〇九)、菩提流支が訳した。

(29)姫周……周のこと。「姫」は周王族の姓。「周」は紀元前十二世紀に武王が殷を滅ぼして建国した中国古代の王朝。紀元前二五六年、秦に滅ぼされた。

(30)昭王二十四年甲寅歳……甲寅歳は昭王二十六年(紀元前一〇二七)であり、本伝の昭王二十四年は誤り。『仏祖統紀』巻三四「昭王二十六年」の条に、「二十六年甲寅。群書多云二十四年者誤」とある。

(31)穆王二十四年癸未……穆王二十四年(紀元前九七八)は癸卯で、本伝の癸未は誤り。

(32)後漢……中国古代の王朝(二五―二二〇)。漢王朝の皇族劉秀(光武帝)が、王莽に滅ぼされた漢を再興して建てた。都は洛陽(後漢末期には長安・許昌へと遷都)。「順道」語注24参照。

(33)明帝永平……「明帝」は後漢の第二代皇帝。「永平」年間は五八―七五年。『続高僧伝』には「明帝永平十年」とある。

(34)呉の孫権の赤烏年……「呉」は、孫権が二二二年に江南に建てた国。二八〇年に西晋に滅ぼされた。「赤烏」年間は二三八―二五〇年。以下の答えは『続高僧伝』には見えず、『歴代三宝紀』のみに確認される。

(35) 康僧会……三世紀頃三国の呉で活躍した僧。父の代にインドからベトナムの交阯(現在のハノイ付近)に移住した。赤烏十年(二四七)に呉の都建業に入り、後に孫権の支持を得て、江南地方で最初の仏教寺院である建初寺を建立した。

(36) 阿僧伽……サンスクリット語「asanga」の音写。四世紀頃の北インドの僧。漢訳名は「無著」「無着」などと称された。初めは部派仏教を学んだが、出家後に大乗仏教の瑜伽行に努め、空思想を会得した。『摂大乗論』『大乗阿毘達磨論』『金剛般若論』など多数の論書を撰述し、実弟の「世親」とともに大乗仏教瑜伽唯識派の代表的な論師となった。「昔高斉昭玄統沙門法上、答高句麗問云、地持是阿僧佉比丘従弥勒、受得阿僧佉者、即無著菩薩是也」(『開元釈教録』巻一二)。

(37) 晋……東晋(三一七―四二〇)。西晋の皇族司馬睿《しばえい》(元帝)によって江南に建てられた王朝。

(38) 安帝隆安年……「安帝」の在位期間は三九六から四一八年まで。「隆安」年間は三九七―四〇一年。しかし、実際、曇摩讖が姑蔵に入ったのは四一二年であるため、安帝の義熙年間(四〇五―四一八)が正しい。

(39) 曇摩讖……三八五―四三三。「曇無讖」「曇無懺」ともいう。中インドから北中国の北涼に来た僧で、『菩薩地持経』『涅槃経』『金光明経』『仏所行讃』などを漢訳した。後に王の政治顧問になったが、刺客に殺害された。「嵩朗等更請広出諸経。次釈大集大雲悲華地持優婆塞、戒金光明海龍王菩薩、戒本等六十余万言」(『梁高僧伝』巻二「曇無讖伝」)。

(40) 姑蔵……中国西北部、黄河より西に位置する地域で、西域との通商の要地。現在の中国甘粛省西部の地域。

(41) 河西王の沮渠蒙遜……五胡十六国時代の北涼の第二代王。在位四〇一―四三三年。

（42）『摩訶衍論』……『釈摩訶衍論』のこと。一〇巻。如来蔵と阿頼耶識《あらやしき》の結合をはかり、本覚を説いた『大乗起信論』に対する応用的な注釈書。龍樹の著作として伝えられているが、実際には八世紀の前半に中国仏教圏で、華厳教学を背景として成立したと考えられる。

（43）龍樹菩薩……二世紀頃の南インド出身の僧。「龍樹」はサンスクリット語「Nāgārjuna」の漢訳名。初期大乗仏教を確立した大論師。多くの経典に通暁し、『釈摩訶衍論』をはじめ、『中論』『廻諍論』などを著した。日本では八宗の祖師と称された。

（44）鳩摩什波……サンスクリット語「Kumārajīva」の音写。「鳩摩羅什」とも書く。四世紀末頃のインド出身の僧。仏教普及に貢献した。弘始三年（四〇一）、後秦の姚興に迎えられて長安に入り、数百巻の仏典を漢訳し、仏教普及に貢献した。『歴代三宝紀』巻八に「右九十七部合有四百二十五巻。晋安帝世、天竺国三蔵法師鳩摩羅什婆、秦言童寿、弘始三年冬到常安」とある。

（45）姚興……五胡十六国時代の後秦の第二代王。在位三九九―四一六年。仏教を篤く信奉し、弘始三年（四〇一）に後涼を降伏させると、鳩摩羅什を都常安へ招聘した。その後、鳩摩羅什を国師として拝し、各地に寺院を建立して手厚く保護した。

（46）波藪槃豆……サンスクリット語「Vasubandhu」の音写。四世紀頃の北インドの僧。阿僧伽（無著）の実弟で、漢訳名は「世親」と称された。大乗仏教の唯識思想を大成し、後の仏教において大きな潮流となった。『十地経論』『摂大乗論釈』『唯識三十頌』『浄土論』など多くの論書・注釈書を著し、地論宗・摂論宗・法相宗・浄土教などをはじめ、東アジアの仏教の形成に大きな影響を与えた。

（47）菩提留支……未詳―五二七年。サンスクリット語「bodhiruci」の音写。五世紀末頃の北インド出身の僧。北魏に渡って都の洛陽で訳経に従事し、『十地経論』『浄土論』などを始めとする大乗の経論三十部余りを漢訳した。「天竺梵僧菩提留支初翻十地、在紫極殿」（『続高僧伝』巻七「道寵伝」）。

(48) 炙輠……「炙」と「輠」は油を入れる容器のこと。智慧と言辞が流暢で尽きることのないことの喩え。「如臣者、智無炙輠、愚甚守株」（『東国李相国集』巻二九・表）。

(49) 連環……いくつもの環が互いに連なって解けないもの。難題の意。『荘子』天下篇の「連環可解」に由来。『梁高僧伝』巻八「宝亮伝」にも「連環既解」と類似表現が見える。

(50) 渙然として氷釈す……氷のとけるように、疑惑や迷いがなくなる。杜預《どよ》の「春秋左氏伝序」に「渙然氷釈、怡然理順、然後為得也」とある。

(51) 法源……仏法の根源の意味か。

(52) 懸金～朽ちること無し……仏法を尊重し損なうことがない。『続高僧伝』巻三「慧浄伝」に「遼東真本。望懸金而不刊。指南所寄。蔵群玉而無朽」と類似表現が見える。

(53) 津済……「津」は渡し場のこと。苦海から救済してくれる存在の意。

(54) 大抜……「抜」は格別にすぐれること。

(55) 法琳……五七二―六四〇年。唐代の僧で、河南省の人。道教の排仏論に対抗し、仏教の護法に努めた。晩年は道士の讒言により四川省に配流された。

(56) 『弁正論』……法琳撰の八巻本。唐の高祖の御代、道士の仏教攻撃に反駁する論書。

(57) 鉅儒……すぐれた儒者。また、学識の深い大学者。「高僧鉅儒凡百四十人、共為浄社」（『往生集』巻一「慧遠伝」）。

(58)　呉世文……生没年未詳。毅宗六年（一一五二）科挙に及第し（『高麗史』巻七四・志二八・選挙二「陞補試」）、『歴代歌』を著した高麗の名士といわれた文臣、儒学者。「有本朝名士呉世文、作歴代歌」（『三国遺事』巻三・塔像四「迦葉仏宴坐石」）。

(59)　古文……未詳。呉世文が『歴代歌』の著述に用いた三国の歴史書と見る説もある。

解説

六世紀頃に求法のために中国に留学し、高句麗に初めて地論宗を紹介した義淵の僧伝。義淵は自ら仏心を起こして出家し、仏道を目指した。智慧や識見にすぐれ、人望も高かったが、師の不在で経典の理解に苦しんでいた。一方、高句麗の大丞相（王高徳）は仏法を信じ、広めようと思ったが、仏法の始末の由来を知ることができなかった。そこで王高徳は、当時、名声が広がっていた北斉の法上に教えを請うために、疑問点を記し、義淵を使者として遣わした。北斉に入った義淵は法上から直接教えを受け、疑問を解いて仏法を極めることができた。その後、義淵は高句麗に帰って来て人々を教化して法上の教えを世に広めた。

義淵は中国に留学した後、高句麗に帰国して『菩薩地持経』『十地経論』『金剛般若波羅蜜経論』などの知識を伝授した。これらの経典の注釈書が後代の三国・高麗時代の学僧たちに及ぼした影響を考えると、義淵は仏教史や思想史においても欠かせない人物といえるが、彼に関する資料はきわめて少ない。『三国遺事』巻三・興法三「順道肇麗」には義淵の名前が見えるものの、「然古伝無文、今亦不敢編次。詳見僧伝」とあるだけで、詳しい行跡については本書と思われる『僧伝』に委ねられている。本伝は「義淵伝」としては現存する唯一のものであり、内容においても独自の記述を有する貴重な資料である。

本伝の構成は、①義淵の人品、②法上の名声、③大丞相の王高徳が仏法を求めて義淵を遣わせる、④法上に送った条目、⑤法上の答え、⑥義淵の帰国後の行跡、⑦義淵への礼賛などに大別される。大丞相の王高徳の命を受けて法上を訪ねる逸話（②③④⑤）は、『歴代三宝紀』巻一二「法上伝」と『続高僧伝』巻八「法上伝」にも見え、『開元釈教録』巻一二・別録之二「菩薩地持経」もその一部を伝えている。これらの中でも、『歴代三宝紀』は、本伝の文章と酷似していることから、本伝の主な出典と考えられる。また、この逸話を通して、仏教に対する当時の高句麗の識者層の関心もうかがい知ることができる。

①⑥⑦は本伝のみに見える内容で、義淵の人品や帰国後の行跡、後世の評価を知る貴重な手がかりとなる。これらの記述から、帰国した義淵が活発な教化活動を行い、その知識は統一新羅を経て高麗の仏教界まで継がれていったことが想定できる。本伝に「仏以姫周昭王二十四年甲寅歳（紀元前一〇二七）生」と見える釈迦の誕生年が、朝鮮半島において伝統的に使用されてきた仏紀と一致し、本伝が起源とされる（高《コ》翊晋《イクシン》、一九八九年）。一方、本伝が撰述された高麗時代には、すでに義淵の出身や没年などを見出せなくなっており、本伝の「賛」に見るような義淵の評価をめぐる論争があったことも知ることができる。

出典・同類話・関連資料

出典　『歴代三宝紀』巻一二「法上伝」

関連資料　『続高僧伝』巻八「法上伝」

『開元釈教録』巻一二・別録之二「菩薩地持経」

本書「順道」関連資料『三国遺事』巻三・興法三「順道肇麗」参照。

『歴代三宝紀』巻一二「法上伝」

増一数四十巻（略諸経論所有数法、従一至十、従十至百乃至千万有似数林）仏性論一巻、衆経録一巻。右三部合四十三巻、相州前定国寺沙門釈法上撰。上戒山崇峻慧海幽深、徳可範人威能粛物。故魏斉世歴為統都、所部僧尼咸二百万、而上網紀将四十年。当文宣時盛弘釈典。上総担荷並得緝諧。内外闡揚黒白咸允。非斯柱石孰此棟樑。景行既彰逸響遐被。致句麗国大丞相王高徳、乃深懐正信崇重大乗、欲以釈風被之海曲。然莫測法教始末縁由、自西徂東年世帝代。故従彼国件録事条、遣僧義淵乗帆向鄴啓発未聞。事条略云、釈迦文仏入涅槃来、至今幾年。又在天竺経歴幾年、方到漢地。初到何帝年号是何。又斉陳国仏法誰先、従爾至今歴幾年帝。請乞具註。其十地智度地持金剛般若等諸論、本誰述作。著論縁起霊瑞所由、有伝記不。謹録諮審請垂釈疑。上答仏以姫周昭王二十四年甲寅歳生、十九出家、三十成道。当穆王二十四年癸未之歳、穆王聞西方有化人出、便即西入至竟不還。以此為験、四十九年在世、滅度已来至今斉世武平七年丙申、凡一千四百六十五年。後漢明帝永平十年、経法初来、魏晋相伝至今。孫権赤烏年、康僧会適呉方弘教法。地持是阿僧佉比丘、従弥勒菩薩受得其本、至晋安帝隆安年、曇摩讖於姑蔵、為河西王沮渠蒙遜訳。摩訶衍論是龍樹菩薩造、晋隆安年、鳩摩什波至長安為姚興訳。十地論金剛般若論、並是僧佉弟婆藪槃豆造、至後魏宣武帝時、三蔵法師菩提留支始翻。上答指訂由縁甚広。今略挙要以示異同。

『続高僧伝』巻八「法上伝」

但上戒山峻峙慧海澄深、徳可軌人威能粛物。故魏斉二代歴為統師、昭玄曹純掌僧録、令史員置五十許人、所部僧尼二百余万、而上綱領将四十年。道俗歓愉朝庭胥悦。所以四方諸寺咸禀成風。崇護之基罕有継釆。既道光遐燭。乃下詔為戒師。文宣常布髪於地令上践焉。天保二年又下詔曰、仰惟慈明緝寧四海、欲報之徳。正覚是憑。諸鷙鳥傷生之類。宜放于山林。即以此地為太皇太后経営宝塔。廃鷹師曹為報徳寺。斯即砕蕩邪霧載清仏海。当時昌盛自古推焉。上総担荷並得緝諧。内外闡揚皁白咸允。非斯柱石孰此棟梁哉。且而景行既宣。逸嚮遐被。致有高句麗国大丞相王高徳、乃深懐正法崇重大乗、欲播此釈風被于海曲。然莫測法教始末縁由、西徂東壌年世帝代。故具録事条、遣僧向鄴啓所未聞事。叙略云、釈迦文仏入涅槃来、至今幾年。又於天竺幾年、方到漢地。初到何帝年号是何。又斉陳仏法誰先伝告、従爾至今歴幾年帝。遠請具注。幷問十地智論等人法所伝。上答略云、仏以姫周昭王二十四年甲寅歳生、十九出家、三十成道。当穆王二十四年癸未之歳、穆王聞西方有化人出、便即西入而竟不還。以此為験、四十九年在世、滅度已来至今斉代武平七年丙申、凡経一千四百六十五年。後漢明帝永平十年、経法初来、魏晋相伝至今流布。上広答縁緒文極指訂。今略挙梗槩以示所伝。

（金　英珠）

四　曇始

曇始《どんし》は陝西《せんせい》省の人である。出家以後、不思議な出来事が多くあった。足は顔よりも白く、泥水の上を通っても、一度も水に濡れることがなかったので、人々は師を「白足和尚」と呼んだ。師は、晋の太元の末年に、経典や戒律数十部を持って遼東へ往き、仏教を広げた。師は人々の能力に従って具体的に教化し、悟りに至る方法を授け、仏法に帰依させた。梁代の『高僧伝』はこれを高句麗が仏法を開いた初めとしている。これは広開土王五年（三九五）のことで、新羅では奈勿《なもつ》王四十一年、百済では阿莘《あしん》王五年にあたるが、秦の苻堅《ふけん》が高句麗に経像を送ってから二十五年目のことである。この後、四年を経て法顕《ほっけん》はインドへ到着し、さらに二年が経って鳩摩羅什《くまらじゅう》は長安に迎えられ、また玄高法師が生まれた。

晋の義熙《ぎき》の初年に、師は再び陝西省に戻り、三輔で仏教を広めた。この時、長安の王胡という人がいて、その叔父は死んでからすでに数年が経っていた。ある日、王胡の夢の中に叔父が突然姿を現し、王胡を引導して地獄を遊遍し、あらゆる因果応報を示した。胡が別れを告げて帰る時、叔父は胡にこう言った。「お前はすでに因果を知ったから、帰って白足和尚にお仕えし、善行を修めなさい」。胡はつつしんで承諾し、夢から覚めてから、あらゆる僧侶に尋ねたところ、曇始の足が顔よりも白いのを見て、師に仕えるようになった。

晋の末年に、匈奴の赫連勃々《かくれんぼつぼつ》は関中を攻撃して奪い、無数の人々を殺害した。師もまた被害に遇ったが、敵が刀で斬りつけても師を傷つけることはできなかった。赫連勃々はこれに感嘆し、僧侶たちを釈《と》き放って、誰一人として殺さなかった。その後、師は山中に遁《のが》れ潜んで、貪欲を払いのける修行を密かに積んだ。

それから幾年もしないうちに、拓跋燾《たくばつとう》が再び長安を襲い、関中と洛陽を征服した。この時、博陵出身の崔浩《さいこう》という人は、若くして道教を習い、仏教をそねみ嫌っていた。すでに皇帝を補佐する高い位についており、皇帝である燾は彼を深く信頼していた。崔浩は道教を主唱した寇《こう》謙之《けんし》とともに燾を説得し、仏教は世に利益となることがなく、民衆に害になると諫言し、仏教を廃するように勧めた。燾はその言葉に惑い、太平七年（四四六）についに仏教を廃し、四方に軍士を派遣して寺社を焼いて掠奪し、国内のすべての僧尼を還俗させた。もし隠れたり逃げたりする者がいれば追いかけて捕え、首をはねたので、国内には僧侶がいなくなった。この時、玄高も被害に遇ったが、このことは『梁高僧伝』に記されている。

師は兵士の及ばない場所に閉じこもり、隠遁して時を過ごしていたが、太平の末に及んで、燾を教化する時が来たことを察知し、正月元日の日に、手に金の錫杖を持ち、宮殿の門まで行った。役人は、「白足の道人が門から迷いもせず入ってきました。怪しげな容貌をしています」と奏上した。燾は、聞きおわると、すぐに勇猛な兵士に師を斬らせようとしたが、剣で斬りつけたところ、傷がつかなかった。燾は大いに怒って、腰に差した自分の鋭い剣で師を斬ったが、体に別の異変がなかった。その時、北の園の檻では虎の子を飼っていた。燾は師を連れて行かせ、虎の檻に向かわせたが、虎はみな伏したまま、最後まで師に近づこうとしなかった。燾が試しに天師を檻に近づけさせたところ、猛々しい虎はすぐに鳴き吼え、たちまちに天師を摑んで咬もうとした。このことがあって、燾は仏教の威神は道教の及ぶところではないと知り、師を奉って殿に上らせ、その足に礼をささげ、これまでの過ちを悔やみ、自責した。師は因果応報の法則を説き、教えさとし明らかにし、仏の神異のおかたを示した。燾は大いに懼《おそ》れを感じ、道教への信仰を改め、仏法をうやまうこととした。しかし、すでに過ちや悪行が積み重なってしまったので、結局、たちの悪い病に罹ってしまった。崔や寇もまた悪病に罹り死んでしまった。燾は、「これらの禍は、崔や寇が罪を犯したのが原因で、彼らを赦すことはできない」と考え、崔と寇の一族をみな殺しにした。そして、仏教を再び興隆させることを国内に宣令したので、鐘や梵唄《ぼんばい》の音が聞かれるようになった。その後、燾の孫の濬《しゅん》が位を継いだが、これまでの経緯を鑑《かがみ》とし、仏法を広め仏の制度を敷いたので、仏教はたちまち興隆した。師がその後どこに行ったのかはわからない。

賛にいう。火が崑岡《こんこう》を焚けば、玉も石もともに焼かれてしまう。厳しい霜が草野に降りれば、蕭《よもぎ》も蘭もともにしぼんでしまう。師の遇った艱難の険しさは、まことに危ういものであった。孔子は大樹を引き抜かれたというけれども、比べるに足らない。しかしながら、師が時に従って隠れたり現れたりしたことは、青山に白雲が開けたり遮ったりするかのようであり、また、迫害を受けたり受けなかったりするのは、碧潭《へきたん》から名月をすくい取るかのようで、師は身を捨てて苦しむものを救ったのである。仏教が世に興り、菩薩が仏法を護持するとは、まさにこのようなことをいうのである。師が東方に来て、仏法を知らない者たちの目を開かせたのも、宿願に乗じてここに至ったものであるといえるだろう。

釈曇始、関中人也。自出家多有異迹。足白於面、雖渉泥水、未嘗沾湿、天下咸称白足和尚。以晋大元末年、賚持経律数十部、往化遼東、乗機宣化、顕授三乗、立以帰戒。梁僧伝、以此為高句麗開法之始。時、当開土王五年、新羅奈勿王四十一年、百済阿莘王五年、而秦符堅送経像後二十五年也。是後四年法顕西入天竺、又二年羅什生来、玄高法師生焉。晋義熙初、師、復還関中、唱道三輔。長安人王胡之叔父某、死已数年矣。日、夢中忽来現形、接引王胡遊遍地獄、示諸果報。胡、辞還。釈、謂胡曰、既已知其因果、要当奉事白足阿練、用修白業。胡、敬諾、寤已、遍詢衆僧、惟見始足白於面、因即事之。晋末、丐奴赫連勃々、襲取関中、斬戮無数。師亦遇害、刀不能傷。普赦沙門、悉皆不殺。而潜遁山中、修頭陀密行。未幾、拓跋燾、復剋長安、檀威関洛。時傅陵崔浩、少習左道、猜疾釈教。位居偽輔、為燾所深信。乃与天師寇氏説燾、以謂仏教無益於世、民利有傷、勧令廃之。燾、惑其言、以偽太平七年、遂毀滅仏法、分遣軍士焼掠寺社、統内僧尼悉令罷道、其有竄逸者、追捕梟斬之。四境之内、無復沙門。時玄高等被害。語在本伝。師、閉絶於兵革所不至処、依隠閲世。及大平末、師、算知燾化之将至、乃於元会日、手策金錫、即到宮門。有司、奏云、有白足道人、従宮門径入。儀形可怪。燾、聞已、即令猛卒斬之、不傷。燾、大怒、自以所佩利剣斫焉、惟剣所著処有痕如紅線、体無余異。時有北園養虎子檻、燾、駆令貽之、虎皆潜伏、終不敢近。燾、試遣天師近檻、猛虎、輒鳴吼、直欲搏噬。於是、燾、乃知仏教威神、非黄老所及、即奉師上殿、頂礼其足、悔責愆咎。師、為説因果報応不差、指掌開示、略、現神異、燾、生大慚惧《懼》、改往修来。然禍悪已稔、遂感厲疾。而崔、寇、亦発悪病、将入死門。燾、以謂《為》、禍、由彼作罪。不可赦。因族滅二家、宣令国内、光復竺教、鐘梵相聞。既而孫濬、襲位、深懲殷鑑、洪闡真風、宝氍制度、其興也、勃焉。師不知其所往。

賛曰。火炎崑岡、玉石倶焚。霜厳草野、蕭蘭共悴。師之艱難険阻、誠曰殆哉。雖伐樹削跡、不足比也。然随時隠現、若青山白雲之開遮、遇害虧盈、如碧潭明月之橯樚、捐軀済溺。道之以興、菩薩法護、正当如此。其適来桑域、決膜生盲、亦乗夙願而至者耶。

(1)釈曇始、(2)関中の人なり。出家してより多く異迹《いせき》有り。足は面よりも白く、泥水を渉《わた》ると雖《いえど》も、未だ嘗《かつ》て(3)沾湿《せんしつ》せざりければ、天下みな(4)白足和尚と称せり。(5)晋の太元の末年を以て、経律数十部を賫《たま》わり持ち、(6)遼東に往きて化し、機に乗じて宣化し、顕らかに(7)三乗を授け、立つるに(8)帰戒を以てす。梁(9)の僧伝(10)、これを以て高句麗の法を聞(11)く始めとす。時、当《まさ》に広開土王(12)五年、新羅にては奈勿王四十一年、百済にては阿莘王五年にして、而《しか》も秦の苻堅(13)が経像を送りてより後るること二十五年(14)なり。この後四年にして法顕(15)は西のかた天竺に入り、又二年にして羅什(16)が来たり、玄高(17)法師が生まる。

晋の義熙(18)の初め、師、復《ま》た関中に還り、三輔(19)に唱道(20)す。長安の人たる王胡(21)の叔父某、死してすでに数年なり。日、夢の中に忽《たちま》ち来りて形を現し、王胡を接引して地獄を遊遍し、諸《もろもろ》の果報を示す。胡、辞して還る。叔(22)、胡に謂《い》いて曰《いわ》く、「すでにその因果を知りたれば、要《かなら》ず当に白足阿練(23)に事《つか》え奉り、もって白業(24)を修むべし」と。胡、敬《つつし》(25)みて諾し、寤《めざ》め已《おわ》りて、遍《あまね》く衆僧に詢《と》い、惟《た》だ始の足の面よりも白きを見、因《よ》って即ちこれに事えたり。

晋の末に、匈奴の赫連勃々(26)、襲いて関中を取り、斬戮すること無数なり。師も亦《ま》た害に遇いしも、刀の傷つける能《あた》わず。普《あまね》く沙門を赦し、悉《ことごと》く皆殺さず。而《しか》して潜《ひそ》かに山中に遁れ、頭《ず》陀《だ》(27)の密行を修む。

未だ幾《いくば》くならざるに、拓跋燾(28)、復た長安を剋《う》ち、威を関洛に擅《ほしいまま》にす。時に博陵(29)の崔浩(30)、少《わか》きより左道(31)を習い、釈教を猜疾す。位して偽輔に居り、燾の深く信ずる所となる。乃《すなわ》ち天師(32)の寇(33)氏とともに燾に説き、以て仏教は世に益すること無く、民利を傷《そこな》う有りと謂い、勧めて之を廃せしむ。燾、その言に惑い、偽太平(34)七年を以て、遂に仏法を毀滅し、軍士を分遣して寺社を焼掠し、統内の僧尼をして悉く道を罷《や》めしめ、その竄《かく》れ逸《のが》れんとする者有れば、追い捕えてこれを(35)梟斬《きょうざん》す。四境の内、復た沙門無し。時に(36)玄高等も害せられたり。語は(37)本伝に在り。

師、兵革の至らざる所の処に閉絶し、隠することに依りて世を閲《けみ》す。(38)太平の末に及びたれば、師、燾の化するの将《まさ》に至らんとするを算知し、乃ち(39)元会の日に於て、手に金錫を策《つえつ》き、即ち宮門に到る。(40)有司、奏して云《いわ》く、「白足の道人有りて、宮門従《よ》り径《ただ》ちに入れり。(41)儀形怪しむべし」と。燾、聞き已るや、即ち猛卒をして之《これ》を斬らしめしも、傷つかず。燾、大いに怒り、自ら佩《お》ぶる所の利剣を以てこれを斫《き》るに、惟だ剣の著く所の処に痕有りて(42)紅線の如くなりしのみにて、体に余の異無し。時に北園に虎の子を養いし檻有りければ、燾、駆《はし》せてこれに貽《おく》らしめしも、虎は皆潜伏して、終《つい》に敢て近づかず。燾、試みに天師をして檻に近づけ遣《し》めしに、猛虎、輒《すなわ》ち鳴き吼え、直ちに搏《つか》み噬《か》まんと欲す。これより、燾、乃ち仏教の威神、(43)黄老の及ぶ所に非《あら》ざるを知り、即ち師を奉じて殿に上らしめ、その足を頂礼し、愆咎《けんきゅう》を悔い責む。師、為《た》めに因果の報応の差《たが》わざることを説き、掌を指すごとくに開示し、ほぼ、神異を現せば、燾、大いなる慚《ざん》懼《く》を生じ、(44)往くことを改め(45)来るものを修せり。然れども禍悪已《すで》に稔りたれば、遂に(46)厲疾《れいしつ》を感ず。而して(47)崔、寇、亦た悪病を発し、将に死門に入るべし。燾、おもえらく、「禍、彼が罪を作《おこ》せしに由《よ》るなり。赦すべからず」と。因《よ》て二家を族滅し、国内に宣令し、(48)竺教を光復せしめ、鐘梵相聞こゆ。すでにして孫の(49)濬、襲位し、深く(50)殷鑑を懲《いまし》め、洪《ひろ》く(51)真風を闡《ひら》き、宝の制度を(52)氎《かさ》ねたれば、その(53)興するや、勃なりき。師、その(54)往く所を知らず。

賛に曰《い》う。(55)火は崑岡を炎《や》けば、玉も石も倶《とも》に焚く。(56)霜は草野に厳しければ、蕭も蘭も共に悴《しぼ》む。師の(57)艱難の険阻なりしこと、誠に殆《あやう》しと曰んや。(58)樹を伐り迹《あと》を削《かく》すと雖も、比べるに足らざるなり。然れども時に随って隠れ現るること、青山に白雲の開け遮るがごとく、害に遇いて虧《か》け盈《み》ちること、碧潭に明月の(59)撈摝《ろうろく》するが如く、軀を捐《す》てて溺《くるしむもの》を済《すく》えり。道の以て興る、菩薩の法護、まさにかくの如し。その適《ゆ》きて(60)桑域に来たりて、瞙を決《き》り盲《めし》いたるものを生かせるも、亦た(61)夙願《しゆくがん》に乗じて至れる者ならんや。

語注

(1) 釈曇始……『三国遺事』には「一云恵始」との注がある。『魏書』に「沙門恵始」の伝があり、本伝の一部と同様の逸話が載る。これによれば、姓は張、清河の人であるという。

(2) 関中……現在の陝西省中部のあたり。関中とは、東の函谷関《かんこくかん》から西の隴関《ろうかん》の間をさす。その中心に長安があった。「関中阻山河四塞、地肥饒可都以覇」(『史記』巻七・七「項羽本紀」)。

(3) 沾湿……濡れてうるおうこと。「自経喪乱少睡眠、長夜沾湿何由徹」(杜甫「茅屋為秋風所破歌」)。

(4) 白足和尚……『魏書』にも、曇始が「白脚師」と呼ばれた逸話が見える。この逸話から、「白足」は高僧または僧侶をさす語として使われた。髭が赤く赤髭毘婆沙と呼ばれた仏陀耶舎の「赤髭」と合わせて「赤髭白足」とも(『古今事文類聚前集』巻三五、仙仏部)。蘇軾の「書晋慈長老壁」に「久参白足知禅味、苦厭黄公聒昼眠」とある。高麗末期の文人李穡《りそく》による「寄霊岩寺堂頭」に「白足歆風久、蒼頭托蔭深、愛人儒釈共、何日更論心」(『牧隠詩藁』巻三一)など、多くの例が見える。

（5）晋の太元の末年……「太」は、本書の諸本および本伝の基となった『梁高僧伝』の「曇始伝」すべて「大」とするが、正確には「太」。東晋の太元年間は三七六―三九六年。『三国遺事』では、曇始が遼東に行った年を「大元九年（三八四）」とする。

（6）遼東……中国東北部の遼河の東地域。現在の遼寧省。五世紀初に高句麗の広開土王の後燕の侵攻によって高句麗の領土となったが（『三国史記』巻一八・高句麗本紀六「広開土王十四年（四〇四）春正月」）、高句麗の滅亡（六六八）とともに唐の支配となる。

（7）三乗……さとりに至る三つの実践法。声聞、縁覚、菩薩の三者の能力に応じた教えを乗り物に喩えたもの。

（8）帰戒……三帰戒の略。三宝に帰依することを誓い、仏教徒となること。

（9）梁の僧伝……梁の慧皎《えこう》（四九七―五五四）が撰した『梁高僧伝』。巻一〇に曇始の伝が載る。本伝の記述は、この伝とおおかた内容が一致している。

（10）梁の僧伝～始めとす……『梁高僧伝』に、「蓋高句驪聞道之始也」とある。崔致遠《さいちえん》（八五七―?）も、曇始を高句麗仏教の祖と把握していた。崔致遠撰の「智照和尚碑銘」に「昔当東表鼎峙之秋、有百済蘇塗之儀、若甘泉金人祀、厥後西晋曇始始之貊、如葉騰東入、句麗阿度度于我、如康会南行」（『孤雲集』巻三）とある。

（11）聞く……底本は「開」。崔南善本、奎章閣本、『梁高僧伝』により改める。

（12）広開土王五年～阿莘王五年……「広開土王」は、奎章閣本により改める。広開土王五年は三九五年。奈勿王四十一年は三九六年。阿莘王五年は三九六年。これは晋でいうと太元二十年か二十一年にあたる。『三国遺事』が伝える年とは一一、二年の差がある。語注5を参照。
(13) 秦の苻堅が経像を送り……「苻」は、底本は「符」なるも改める。高句麗小獣林王二年(三七二)に、前秦の第三代皇帝である苻堅(在位三五七―三八五)が、使と僧の順道を高句麗に派遣し、経典や仏像を送った。本書「順道」語注13を参照。
(14) 二十五年……曇始が遼東に行った年を太元二十一年(三九六)とすると符合する。語注5および13を参照。
(15) 法顕……東晋の僧。平陽郡武陽県(現在の山西省)の人。隆安三年(三九九)に、慧景、慧応、慧嵬《えかい》、道整らとともに長安から西域へ求法の旅に出た。中天竺で梵語を学び、『摩訶僧祇律』などを求め、獅子国(現在のスリランカ)など各国を巡り経典を得たのち、義熙九年(四一三)に海路で青州(現在の山東省)に一人無事に帰着する。『摩訶僧祇律』のほか『大般涅槃経』を漢訳した。旅行記として『高僧法顕伝』(または『仏国記』)が伝わる。
(16) 羅什……鳩摩羅什(三四四―四一三)。南北朝時代の訳経僧。父は天竺の人、母は亀茲《きじ》国王の妹。後秦の弘始三年(四〇一)に長安に迎えられ、多くの経典を漢訳した。本伝では、曇始と鳩摩羅什との接点については語られていないが、『魏書』によると、曇始は長安に鳩摩羅什を訪ね、経典を観習したり講を聴いたりしたという。なお、本文には「羅什生来」とあるが、鳩摩羅什が唐に来た年をさすと思われるため、「生」の意は省いた。
(17) 玄高法師……姓は魏、本名は霊育。馮翊万年(現在の陝西省西安市)の人。母の寇氏は道教の信者であったが、仏教を信奉する姉の願により、弟として玄高が生まれた。太武帝の太子である拓跋晃の信仰を得る。太武帝の仏教禁圧に際し、晃は玄高の感化により仏教を擁護した。崔浩らの諫言により捕えられ、平城で卒した。四〇二―四四四。『梁高僧伝』巻一一に玄高の伝がある。本文の「時、当に広開土王～玄高法師は生まる」までは『梁高僧伝』に記述がなく、本書での加筆と見られる。

(18)　義熙……東晋の安帝代（三九六―四一八）の年号。四〇五―四一八年。

(19)　三輔……長安周辺の三つの行政区域、またはその長官。ここでは前者。漢代に設置された。京兆尹（長安を含む東部）、左憑翊（北部）、右扶風（西部）の三つ。

(20)　唱道……教えを説いて人を導くこと。『梁高僧伝』および『三国遺事』は「開導」。

(21)　王胡……伝未詳なるも、『法苑珠林』に引用された『冥報記』に類話がある。すなわち、長安僧の釈曇爽が元嘉（四二四―四五三）の末年に江南に来遊した際、つぶさに語ったものとして、王胡が死んだ叔父の導きによって崇高山を巡り、あらゆる罪福苦楽の報を見たという説話が載る。ただし、『冥報記』では、王胡が事《つか》えた僧は「白色阿練」と示されるのみで、「曇始」の文字は見られない。

(22)　叔……底本は「釈」。崔南善本、奎章閣本、『梁高僧伝』により改める。

(23)　阿練……ここでは「阿闍梨」の意か。「阿練」は、修行に適した場所。また、転じて修行僧の住む庵。阿練若、阿蘭若とも。「開皇末、渭南有沙門三人、行頭陀法於人場圃之上。夜見大豕来詣其所、小豕従者十余、謂沙門曰、阿練、我欲得賢聖道、然猶負他一命。言罷而去」（『隋書』巻二三、志第一八、五行下）。

(24)　白業……よい果報を受ける善い行い。

(25)　敬みて諾し……慎んで応答する言葉。拝命すること。「襄公曰、諾。謂夜姑曰、吾始使盾佐汝、

今女佐盾矣。夜姑曰、敬諾」(『穀梁伝』文公六年)。
(26) 赫連勃々……五胡十六国の大夏の祖(三八一—四二五)。字《あざな》は屈孑《くつけつ》。初め後秦の保護を受けていたが、義熙三年(四〇七)に独立する。義熙十三年(四一七)、東晋の劉裕が後秦を滅ぼしたが、赫連勃々はその留守軍を襲って長安を奪い、義熙十四年(四一八)に皇帝の位につき、昌武と改元した。『晋書』(巻一三〇)に伝がある。『魏書』にも、傷のつかない曇始に驚き、赫連勃々が罪を悔いた逸話が載る。
(27) 頭陀……衣食住に対する貪欲をはらいのける修行。常行乞食、常坐不臥など一二種がある。
(28) 拓跋燾……北魏第三代皇帝、太武帝(在位四二三—四五二)。初め仏教を擁護していたが、崔浩や寇謙之の影響を受け、道教に傾倒した。長安の寺院が武器を所有したり、寺内で淫行をしていたりした事実を知り、太平真君七年(四四六)に仏教を禁圧する令を出した。『魏書』巻一一四・釈老志に廃仏の経緯が伝わる。
(29) 博陵……底本は「傅陵」なるも『梁高僧伝』により改める。博陵郡。現在の河北省衡水市安平県のあたり。後漢—北魏の時代に設置されたが、隋代に廃された。
(30) 崔浩……三八一—四五〇、北魏の宰相。字は伯淵。清河(河北省)の名家出身。道武帝(在位三八六—四〇九)に仕えた崔宏の子。明元帝(在位四〇九—四二三)や太武帝に仕え、国政の実権を握った。寇謙之に師事し、都に道場を設けるなど道教を広めた。儒教的な秩序を打ち立てることを理想とし、寇謙之と協力して太武帝に廃仏を断行させた。魏の国史編纂を漢族中心の立場で行ったために鮮卑族の反感を買い、太武帝に誅《ちゅう》された。『魏書』巻三五、『北史』巻二一などに伝がある。

(31)　左道……邪道。ここでは、寇謙之の唱えた天師道をさす。
(32)　天師……天師道を主唱した、の意。
(33)　寇氏……寇謙之（三六三—四四八）。北魏の道士。字は輔真。上谷郡昌平県（現在の北京市）の人。嵩山において修行中、太上老君から天師の位と『雲中音誦新科之誡』を授かった。宰相崔浩の尊崇を受け帝の国師となり、太武帝の尊信するところとなった。仏教の戒律などを参考に「雲中音誦新科之誡」をさだめ、また、道教教団を組織化した。
(34)　偽太平七年……太平真君七年（四四六）。宋の文帝、元嘉二十三年にあたる。「太平」は北朝の魏の年号であるため、ここでは「偽」をつけている。『梁高僧伝』は、序録で曇始を「宋偽魏長安釈曇始」（『梁高僧伝』巻一四）とするなど、北魏を「偽魏」と表記している。
(35)　梟斬……「梟」はさらし首にすること、「斬」は首や胴を斬ること。
(36)　玄高等も害せられたり……『梁高僧伝』巻一一「玄高伝」によれば、玄高は、太平真君五年（四四四）に、当時仏教を廃そうとしていた太武帝の命により捕えられ、卒した。
(37)　本伝……『梁高僧伝』巻一一の玄高伝をさす。
(38)　太平の末……底本は「大平末」なるも改める。太平真君は四四〇—四五〇年。
(39)　元会……正月元日。
(40)　有司……役人。官吏。「茲用不犯于有司」（『書経』大禹謨）、「若従有司、是無所執逃臣也」（『春秋左氏伝』昭公七年）。
(41)　儀形……礼儀にかなった姿や態度。儀容。「敬畏上天之戒、儀形虞周之盛」（『漢書』巻九九・列伝六九上「王莽伝」）。

（42）紅線……『梁高僧伝』は「布線」。
（43）黄老……黄帝と老子が唱えた道家系の学問。ここでは道教。「申子之学本於黄老而主刑名」（『史記』巻六三・列伝三「老子韓非」）。
（44）往くこと……これまでのこと。道教を尊び仏教を廃したこと。
（45）来るもの……ここでは仏教をさす。
（46）厲疾……たちの悪い病。『梁高僧伝』および『三国遺事』は「癘疾」。「癘疾」は流行病。
（47）崔、寇〜死門に入る……崔浩は、漢族中心の国史編纂が原因で、太平真君十一年（四五〇）に一族みなが滅ぼされた（『魏書』巻三五・列伝二三「崔浩」）。『魏書』では、このことによって太武帝は廃仏を悔いるようになったと説明している。一方、寇謙之は太平真君九年（四四八）に卒した（『魏書』巻一一四・釈老志）。
（48）光復……失った主権をとりもどすこと。『梁高僧伝』は「興復」。「光復祖宗之業」（『高麗史』列伝）。
（49）濬……北魏第四代皇帝、文成帝（四四〇―四六五年、在位四五二―四六五）。太武帝の孫。民力の回復と国境の保全につとめ、北魏隆盛の基礎を築いた。また、廃仏政策を改め、仏教を復興させた。雲岡石窟は、文成帝代に造成が始められた。
（50）殷鑑……戒めとすべき前例。殷が夏の滅亡を鑑とすべきことをいったもの。「殷鑑不遠、在夏后之世」（『詩経』大雅・蕩）。
（51）真風……ここでは、仏教を広める動き。「真風吹作太平春」（李奎報『東国李相国集』巻一八・古律詩「大蔵経道場音讃詩」）。

(52) 氎ねたれば……「氎」は、薄いものをたたむこと。「畳」と同意。

(53) その興するや、勃なりき……物事の興隆は迅速であって、その勢いは誰もが止められないこと。『左伝』庄公十一年に「禹・湯罪己、其興也悖焉。桀・紂罪人、其亡也忽焉」とあるのを出自とする。なお、「悖」は「勃」に通じる。

(54) 往く所を知らず……本伝では、太武帝教化後の曇始の行方を不明としているが、『魏書』では、師の最期について次のように伝えている。すなわち、曇始は太延年間(四三五—四三九)に入寂したが、一四日間、屍に変化がなかった。その後、太平真君六年(四四五)に墓を移したが、やはり屍は傾きもせずこわれもしていなかった。また、塚上に建てた石精舎は、廃仏を経ても破壊されず建っていたという。

(55) 火は崑岡を炎けば、玉も石も倶に焚く……「崑岡」は、崑崙山のこと。崑崙山は中国の古代伝説上の山。崑崙山の火は玉石をみな焚くことから、善悪をえらばず皆滅ぼしてしまうことを喩えたもの。『書経』(胤征)に見える。「賛」以下は、『梁高僧伝』には見られない。

(56) 霜は草野に厳しければ、蕭も蘭も共に悴む……困難な状況ではどんなものも衰えてしまうこと。「白露下百草、蕭蘭共雕悴」(韓愈「秋懐詩」)。

(57) 艱難・険阻……「艱難」は人生での困難や苦労、「険阻」は地勢の険峻な場所またはその様子。『左伝』僖公二十八年に「晋侯在外十九年矣、而果得晋国、険阻艱難、備嘗之矣。民之情偽、尽知之矣」とあるのに拠る。「梁禦等負将率之材、蘊驍鋭之気、遭逢喪乱、馳鶩干戈、艱難険阻備嘗、而功名未立」(『周書』巻一七「梁禦若干恵等伝論」)。

(58) 樹を伐り迹を削す……孔子が、宋で桓魋《かんたい》に脅かされ、また衛から身をかくしたこと。孔子は、宋に向かう途中、弟子たちに大樹のもとで礼法を教えていたが、司馬の桓魋が孔子を殺そうと大樹を引き抜いた（『史記』巻四七・一七「孔子世家」）。『晏子春秋』外編・不合経術者に、「抜樹削跡、不自以為辱」とある。『荘子』漁父には「孔子愁然而歎、再拝而起曰、丘再逐於魯、削迹於衛、囲於陳蔡」とある。

(59) 撈摝……底本は「橯樚」なるも崔南善本、奎章閣本により改める。「撈」は、水中のものを取ること。「摝」は、細かく揺らすこと。宋代の圜悟克勤（一〇六三―一一三五）の語録『圜悟仏果禅師語録』に、「万古碧潭空界月、再三撈摝始応知」の語句がしばしば出てくる。

(60) 桑域……中国の東の地域。扶桑国。扶桑は、中国の東方にある国に生える木、またはその国をさす語で、『山海経』や『南史』に見える。高麗において「桑域」あるいは「扶桑域」が、自国をさす語として使われた例として、李徳羽（?―一一二四）が遼に遣わされた際に詠んだ「賀年表」（「臣職縻桑域、未参日視之朝、心湊蓂階、第祝天長之寿」（『東文選』巻三一・表箋））や、一然の碑銘（「廻慧日於虞淵、曜神光於桑域者、惟我国尊有焉」（閔漬『麟覚寺普覚国師碑銘』））などがある。

(61) 夙願……古くからの願。宿願。「六銖衣軽掛於身、未諧夙願」（崔致遠『桂苑筆耕集』巻一五「中元斎詞」）。

解説

四世紀末頃に遼東に仏法をもたらし、北魏においても崇敬された神僧、曇始の伝。足が泥にも汚れず白かったことから白足和尚と呼ばれた曇始は、君主らの前で数々の神異を見せて、仏教に対する暴挙を改めさせた。赫連勃々は、刀の傷がつかない曇始に恐れをなし、僧侶を殺すことをやめた。北魏の廃仏時には、曇始は太武帝を教化するべく宮殿に赴いたが、刀のみならず猛虎をも寄せ付けない曇始を前にした太武帝は、廃仏を改め、その結果再び仏教が興隆した。

本伝は、『梁高僧伝』の曇始伝を典拠に、若干の加筆を施している。すなわち、①曇始が遼東に行った年に対する考察、②太武帝の教化から仏教再興に至る叙述、③賛、である。覚訓は、曇始が高句麗に初めて仏法をもたらしたことや、その曇始が北魏の仏教復興に貢献したことに注目したと見える。『三国遺事』にも『梁高僧伝』に拠る曇始伝が載るが、本伝とは逆に一部が省略されている。

曇始の行状を伝える諸文献のうち、『梁高僧伝』と成立年の近いものに『冥祥記』と『魏書』がある。しかし、本伝とは異なる内容が見えるうえ、生存年代にも若干の錯誤がある。特に、本伝で撰者が重きをおいた、曇始が遼東で仏法を説いた話と、太武帝を崇仏へ改めさせた逸話が、この二書に見えない。『梁高僧伝』『冥祥記』『魏書』の三書すべてに伝わるのは、①足が白く、汚れることがない、②長安周辺の人々の信仰を得る、③赫連勃々を教化する、④太武帝から崇敬される、の四つである。

この共通要素のほか、『冥祥記』は、曇始が生まれてから五十余年の間、臥したことがなく、死後十余年間、形色が変わらなかったと伝えている。また『魏書』は、これに加えて、曇始が、羅什が新経を訳しているということを聞き長安に行ったこと、三輔の有識者や、宋の義真も彼を崇めたことを伝えている。曇始の最期についても、太延年間（四三五―四三九）に八角寺で入寂したこと、太平真君六年（四四五）に、廃仏令により墓をうつさねばならなくなった際、屍が少しもこわれていなかったこと、中書監の高允《こういん》（三九〇―四八七）が曇始の伝をつくったこと、廃仏を経ても墓が毀損されなかったことなどが詳述されている。これらが事実であれば、曇始が太武帝を教化し仏教復興に至ったという本伝の伝承は誤伝となる。

三書の間に見られる相違や成立年代などから推測すると、曇始は、『魏書』が伝えるように、太武帝が道教に傾倒する以前に彼の崇敬を受けており、廃仏の時には世を去っていたのであろう。しかし、廃仏の時に彼の墓や屍が見せた神異と、刀で斬りつけられても傷つかなかったという逸話から、「曇始が太武帝の廃仏を改めさせた」というエピソードが生み出され、『梁高僧伝』に描かれるに至ったのではないかと思われる。

また、本伝には、王胡が地獄を巡ったあと、曇始に仕えた逸話があるが、『冥報記』に類話が見える点が注目される。曇始は魏や宋に多くの信者があったというから、南北朝を問わずさまざまな伝承が伝わったのであろう。ところで、『冥報記』では、王胡が地獄巡りをした年を「元嘉二十三年」、つまり仏教禁圧の令が下された年としている。この物語は長安僧の曇爽が元嘉の末年に江南に来て語ったものというが、おそらく曇爽は、北魏の都で起こった仏教禁圧、そして再興の軌跡を江南の人々に伝え広めようと、このような霊異譚を廃仏時の出来事として語ったのであろう。

本伝から高句麗における曇始の行状を詳しく知ることはできない。しかし本伝は、曇始が見せた数々の神異もさることながら、北魏の廃仏毀釈と仏教再興の経緯が、僧たちによって後代にどのように語られ広められていったかを考察するうえで、興味深い伝といえる。

出典・同類話・関連資料

出典　『梁高僧伝』巻一〇・神異下「曇始伝」

同類話　『冥祥記』「沙門曇始」（『法苑珠林』巻一九・敬僧篇「感応縁」所引）

関連資料　『魏書』巻一一四・釈老志「沙門恵始」
『冥報記』「王胡」（『法苑珠林』巻六・六道篇「感応縁」所引）
『三国遺事』巻三・興法三「阿道基羅」
『続高僧伝』巻一・訳経篇初「釈曇曜伝」

『梁高僧伝』巻一〇・神異下「曇始伝」

釈曇始、関中人。自出家以後多有異迹。晋孝武大元之末、齎経律数十部、往遼東宣化、顕授三乗、立以帰戒。蓋高句麗聞道之始也。義熙初、復還関中、開導三輔。始足白於面、雖跣渉泥水、未嘗沾湿、天下咸称白足和上。時長安人王胡、其叔死数年、忽見形還。将胡遍遊地獄、示諸果報。胡辞還。叔謂胡曰、既已知因果、但当奉事白足阿練。胡遍訪衆僧、唯見始足白於面、因而事之。晋末、朔方凶奴赫連勃勃、破擭関中、斬戮無数。時始亦遇害、而刀不能傷。勃勃嗟之、普赦沙門、悉皆不殺。始於是潜遁山沢、修頭陀之行。後、拓跋燾復剋長安、擅威関洛。時有博陵崔皓、少習左道、猜嫉釈教、既位居偽輔、燾所仗信。乃与天師寇氏説燾、以仏教無益、有傷民利、勧令廃之。燾、既惑其言、以偽太平七年、遂毀滅仏法、分遣軍兵焼掠寺舎、統内僧尼悉令罷道、其有竄逸者、皆遣人追捕、得必梟斬。一境之内、無復沙門。始、唯閉絶幽深軍兵所不能至。至太平之末、始、知燾化時将及、以元会之日、忽杖錫、到宮門。有司、奏云、有一道人、足白於面、従門而入。燾、令依軍法屢斬不傷、遽以白燾。燾、大怒、自以所佩剣斫之、体無余異、唯剣所著処有痕如布線焉。時北園養虎于檻、燾、令以始餧之、虎皆潜伏終不敢近。試以天師近檻、虎輒鳴吼。燾、始知仏化尊高黄老所不能及、即延始上殿、頂礼足下、悔其愆失。始、為説法明弁因果、燾、大生愧懼、遂感癘疾。崔寇二人次発悪病。燾、以過由於彼、於是誅剪二家門族都尽。宣下国中興復正教。俄而燾卒、孫濬襲位、方大弘仏法盛迄于今。始、後不知所終。

『冥祥記』「沙門曇始」（『法苑珠林』巻一九・敬僧篇「感応縁」所引）
前魏太武時、沙門曇始甚有神異。常坐不臥五十余年、足不躡履。跣行泥穢中奮足便浄、色白如面、俗号曰白足阿練也。至赫連昌破長安、不信仏法刑害僧尼。始被白刃不傷、由是僧尼免死者衆。太武敬重。死十余年形色不改。

『魏書』巻一一四・釈老志「沙門恵始」
世祖初平赫連昌、得沙門恵始。姓張、家本清河。聞羅什出新経、遂詣長安見之、観習経典。（中略）劉裕滅姚泓、留子義真、鎮長安。義真及僚佐、皆敬重焉。義真之去長安也、赫連屈丐追敗之。道俗少長、咸見坑戮。恵始身被白刃、而体不傷。衆大怪異、言於屈丐。屈丐大怒、召恵始於前、以所持宝剣撃之、又不能害、乃懼而謝罪。統万平、恵始到京都、多所訓導。時人莫測其跡。世祖甚重之、毎加礼敬。始自習禅、至於没世。称五十余年、未嘗寝臥。或時跣行、雖履泥塵、初不汚足、色愈鮮白。世号之曰白脚師。太延中、臨終於八角寺、斉潔端坐。

『冥報記』「王胡」（『法苑珠林』巻六・六道篇「感応縁」所引）
宋王胡者、長安人也。叔死数載、元嘉二十三年忽見形、還家責胡、以修謹有闕家事不理、罰胡五杖。傍人及隣里並聞其語及杖声、又見杖瘢迹、而不覩其形、唯胡猶得親接。叔謂胡曰、吾不応死、神道須吾算諸鬼録、今大従吏兵恐驚損墟里、故不将進耳。（中略）叔謂胡曰、汝既已知善之可修、何宜在家、白足阿練、戒行精高、可師事也。長安道人、足白故時人謂為白足阿練也。甚為魏虜所敬、虜主事為師。胡、既奉此練、於其寺中、遂見嵩山上年少僧者、游学衆中。胡大驚与叙乖闊、問何時来、二僧答云、貧道本住此寺、往日不憶与君相識。胡、復説嵩高之遇、此僧云、君謬耳。豈有此耶。至明日二僧無何而去。胡、乃具告諸沙門叙説往日嵩山所見、衆咸驚怪、即追求二僧不知所在、乃悟其神人焉。元嘉末、有長安僧釈曇爽、来游江南、具説如此也。

『三国遺事』巻三・興法三「阿道基羅」

又按元魏釈曇始一云恵始伝云、始関中人、自出家已後、多有異迹。晋孝武大元九年末、齎経律数十部、往遼東宣化、現授三乗、立以帰戒、蓋高麗聞道之始也。義熙初復還関中、開導三輔。始足白於面、雖渉泥水、未嘗沾湿、天下咸称白足和尚云。（中略）議曰、曇始以大元末到海東、義熙初還関中、則留此十余年、何東史無文始既恢詭不測之人、而与阿道墨胡難年事相同、三人中疑一必其変諱也。讃曰、雪擁金橋凍不開林春色未全廻。可怜青帝多才思、先着毛郎宅裏梅。

『続高僧伝』巻一・訳経篇初「釈曇曜伝」

釈曇曜、未詳何許人也。少出家、摂行堅貞風鑑閑約。以元魏和平年、住北台昭玄統、綏緝僧衆、妙得其心。（中略）先是太武皇帝、太平真君七年。司徒崔皓邪佞諛詞、令帝崇重道士寇謙之、拝為天師、弥敬老氏、虔劉釈種、焚毀寺塔。至庚寅年、大武感致癘疾方始開悟、兼有白足禅師、来相啓発。帝既心悔、誅夷崔氏。事列諸伝、至壬辰年、太武云崩、子文成立、即起塔寺、捜訪経典、毀法七載、三宝還興。曜、慨前淩廃、欣今重復、故於北台石窟、集諸徳僧、対天竺沙門、訳付法蔵伝幷浄土経、流通後賢、意存無絶。

（龍野沙代）

五　摩羅難陀

釈摩羅難陀《まらなんだ》はインドの僧である。その霊妙な神通力と神仏に通じる能力は計り知れないほど深い。仏道への志を誓って各地で行脚し、一ヶ所に留まることはなかった。古記によれば、「摩羅難陀はもともとインドから中国に至った。かつて曇無竭《どんむかつ》が大雪山の絶壁の洞孔に差し込んだ杙《くい》を伝って山を越え、大河を渡るときには先に渡った人が松明《たいまつ》の煙火を合図として後の同伴に安全を知らせて渡ったように、高い山や大きな河を越えてきたのであった。危難と険境を乗り越え、いくつもの困難と苦労に耐えた。縁があれば、いくら遠くても必ず足を運び仏法を伝えた」という。

百済の第十五代の枕流王《ちんりゅう》が即位した元年（三八四）の九月に、摩羅難陀が晋からやって来た。枕流王は郊外に出て彼を宮中に迎えた。その後、王は彼を丁重にもてなし、彼の説法を謹んで受けた。王が仏法を好み、民衆も仏法の教化を受け入れるようになった。そうして仏法が国中に普及し、王室も民衆もともに仏法を讃え行うようになった。仏法はあたかも王命が駅を経由して伝えられるように、迅速に全国に弘められた。枕流王二年（三八五）の春、漢山に寺が創建され、十人の僧が得度を受けた。これは王が摩羅難陀を尊崇したからである。これにより、百済では高句麗に次いで仏法が興隆した。遡って数えてみると、これは迦葉摩騰《かしょうまとう》が後漢に仏法を伝えてから二百八十余年後のことであった。

『耆老記《きろうき》』によると、「高句麗の始祖である朱蒙《しゅもう》は高句麗の女を娶って、二人の子供を生んだ。それぞれ避流、恩祖と名づけられた。この兄弟二人は同じ志を抱いて南方の漢山に至って国を建てた」という。この漢山は今の広州である。当初、兄弟二人は百家の民を率いて河を渡ったために、その国の名は百済と名づけられた。後に兄弟二人は公州の扶余郡に、前後相次いで都を立てた。

三韓の東南の海の中に、倭国がある。これはすなわち日本国である。倭国の東北に毛人国がある。毛人国の東北に文身国がある。文身国の東に二千里あまり隔てたところに大漢国がある。大漢国の東にさらに二万里離れたところに扶桑国がある。中国南朝の宋の時に、インドから五人の僧が扶桑国に渡来した。そこで初めて仏法が伝えられた。それらの国々はみな海の中に位置する。ただ日本国の僧だけはしばしば海を渡って、三韓へ来たことがある。そのほかの国の事情は詳しくわからない。三韓というのは馬韓、卞韓《べんかん》、辰韓のことである。

『宝蔵経』に、「東北に震旦《しんたん》国がある。あるいは支那と言い、ここでは多思惟という。それはこの国の人々がいろいろ考えめぐらす習慣がある故につけられた呼称である。所謂大唐国である」という。すなわち三韓は閻浮《えんぶ》提《だい》世界の東北の辺境に位置し、海の島ではない。仏の涅槃の後六百余年経ってようやく仏法が興った。三韓の中に聖住山があり、梵語では室梨《しつり》母《ぼ》怛梨《だつり》という。〈唐では三印山と言われる〉。三韓の聖住山には、険しい峯が高く聳えており、観世音菩薩の宮殿はその山頂に在る。それが月岳である。ここに聖人が住んだのであるが、聖人についてはここに書き尽くすことができない。また百済とは馬韓に相当する。

『宋高僧伝』に、「難陀は如幻三昧を得たので、水の中に入っても濡れず、火の中に跳び込んでも焼けない。金や石に変化でき、数えきれないほど多くの霊験を示現できる」という。当時は中国の唐代の建中年間（七八〇—七八三）に相当するので、時代が隔っており、おそらく本伝の摩羅難陀とは同一人物ではないであろう。

　賛にいう。世の人々は多く理に逆らうもので、王の命令にも従わず、国の法令にも服従しないことがある。しかしひとたびそれまで耳にすることのなかった仏法の説法を聞き、目にすることのなかった仏法の霊験を見るならば、彼らはたちまち悪習を改めて善事を行い、俗世への執念を切り捨てて仏法の奥義を修するようになる。仏法を修行するに相応しい機縁を得るならばそれに順うことになるからである。『易』の繫辞伝に「言葉を発した時その言葉がよい言葉であれば、千里の外に居る人でもその言葉に感応するだろう」というのは、まさにこのことを言っているのではないだろうか。すなわち衆生を導き救済するために最も肝心なのは、法運隆興の時運に乗じることである。それゆえ行った仕事は古人の半分であっても、その効果はきっと古人の倍になるはずである。

釈摩羅難陀、胡僧也。神異感通、莫測階位。約志遊方、不滞一隅。按古記、本従竺乾入于中国。附杙伝身。徴煙召侶。乗危駕険。任歴艱辛。有縁則随。無遠不履。当百済第十四枕流王即位元年九月、従晋乃来。王出郊迎之、邀致宮中。敬奉供養、禀受其説。上好下化。大弘仏事、共賛奉行。如置郵而伝命。二年春、創寺於漢山、度僧十人。尊法師故也。由是百済、次高麗而興仏教焉。逆数至摩騰入後漢二百八十有年矣。耆老記云。句高麗始祖朱蒙娶高麗女、生二子。曰避流、恩祖。二人同志、南走至漢山開国。今広州是也。本以百家渡河、故名百済。後於公州扶余郡、前後相次而立都。三韓東南隅海内有倭国。即日本国也。倭之東北有毛人国。其国東北有文身国。其国東二千余里有大漢国。其国東二万里有扶桑国。宋時有天竺五僧、遊行至此、始行仏法。此皆在海中。惟日本国僧、往々渡海而来。余皆未詳。夫三韓者、馬韓、卞韓、辰韓是也。宝蔵経云、東北方有震旦国。或云支那。此云多思惟。謂此国人思百端故。即大唐国也。然則三韓在閻浮提東北辺、非海島矣。仏涅槃後、六百余年乃興。中有聖住山、名室梨母怛梨唐言三印山。峻峰高聳。観世音菩薩宮殿在彼山頂。即月岳也。此処聖住、未易殫書。然百済乃馬韓之謂矣。宋僧伝云、難陀得如幻三昧、入水不濡、投火無灼。能変金石、化現無窮。時当建中、年代相拒而不同、恐非一人之跡也。

賛曰。世之流民、性多憰戻。王命有所不従、国令有所不順。一旦聞所未聞、見所未見。即皆革面遷善、修真面内。以順機宜故也。伝所謂出其言善則千里之外応者、豈非是耶。然摂機之道、要在乗時。故事半古人、功必倍之。

[1]釈摩羅難陀、[2]胡僧なり。[3]神異感通は、[4]階位を測ること莫《な》し。[5]志を約して遊方し、一隅に滞《とどこお》らず。古記を按ずるに、「本[6]竺乾より中国に入れり。[7]杙《くい》を附して身を伝う。煙を徴して侶を召す。[8]危に乗じて険を駕す。[9]艱辛を任《た》えて歴《れき》す。縁有れば則《すなわ》ち随う。遠きところなりとも履《ふ》まざる無し」と。百済の[10]第十四枕流王の即位せる元年九月に当たり、[11]晋より乃《すなわ》ち来たる。王、郊に出でて之を迎え、宮中に邀《むか》え致す。敬《うやうや》しく奉じて供養し、その説を稟受す。[12]上は好み下は化せらる。大いに仏事を弘め、共に賛じて奉行す。[13]郵を置きて命を伝うるが如し。二年の春、寺を[14]漢山に創《はじ》め、僧十人を度す。法師を尊ぶ故なり。是に由りて百済は高麗に次ぎて仏教を興せり。逆に数うれば[15]摩騰の後漢に入りてより[16]二百八十有年に至れり。

『[17]耆老記』に云《いわ》く、「句高麗の始祖[18]朱蒙は高麗の女を娶り、二子を生めり。[19]避流、恩祖と曰《い》う。二人志を同じくして、南に走り漢山に至りて国を開けり」と。今の[20]広州是なり。本、[21]百家を以て河を渡る、故に百済と名づく。後[22]公州扶余郡に於いて、前後相次ぎて都を立つ。[23]三韓の東南の隅の海内に[24]倭国有り。即ち日本国なり。倭の東北に[25]毛人国有り。その国の東北に[26]文身《もんじん》国有り。その国の東二千余里に[27]大漢国有り。その国の東二万里に[28]扶桑国有り。[29]宋の時[30]天竺の五僧有りて、遊行してここに至り、始めて仏法を行う。これ皆海の中に在り。惟《た》だ日本国の僧、往々にして海を渡りて来たる。余は皆未だ詳らかならず。それ三韓とは、馬韓、卞韓、辰韓これなり。

(31)『宝蔵経』に云く、「東北の方に震旦国有り。或いは支那と云《い》う。ここにては(32)多思惟と云う。この国の人の思い百端なるを謂うが故なり。即ち大唐国なり」と。然らば則ち、三韓は(33)閻浮提の東北の辺に在りて、海の島に非《あら》ず。(34)仏涅槃したまいし後、六百余年にして乃ち興る。中に(35)聖住山有りて、室梨母怛梨と(36)名づく〈唐にては三印山と言う〉。峻峰高く聳ゆ。観世音菩薩の宮殿かの山頂に在り。即ち月岳なり。この処に聖の住めるは、未だ(37)殫《ことごと》く書くこと易からず。然して百済は乃ち馬韓の謂なり。

(38)宋の僧伝に云く、「(39)難陀(40)如幻三昧《さんまい》を得たれば、水に入るも濡れず、火に投ずるも灼くこと無し。能《よ》く金石に変じ、化現すること窮り無し」と。時は(41)建中に当たれば、年代相距《へだた》り同じからず、恐らくは一人の跡に非ざるなり。

賛に曰う。世の流民、(42)性儱戻《ろうるい》たること多し。王命に従わざる所有り、国令に順《したが》わざる所有り。(43)一旦未だ聞かざる所を聞き、未だ見ざる所を見る。即ち(44)皆面を革《あらた》め(45)善に遷《うつ》り、(46)真を修めて内に面す。(47)機の宜しきに順うを以ての故なり。(48)伝に所謂「その言を出だすこと善ければ則ち千里の外も応ず」とは、豈《あに》これに非ずや。然らば(49)機を摂《と》る道は、要は時に乗ずるに在り。(50)故に、事は古人に半ばなれども、功は必ずや之に倍せん。

語注

（1）釈摩羅難陀……インドからの渡来僧。生没年未詳。『三国遺事』では、東晋の孝武帝大元九年に当たる百済第十五代枕流王元年（三八四）に東晋から渡来して仏教を伝えた百済仏法の初伝者とする。
（2）胡僧……インド僧および西域僧を胡僧という。
（3）神異感通……霊妙な超人間的神通力と神仏に通じる能力。「明律護法修行也、神異感通果証也」（『宋高僧伝』巻二二「宋魏府卯斉院法円伝」）。
（4）階位……発心してから悟りを得るまでの修行の階梯。菩薩の五十二位、声聞の四向四果など。「見者悚然、罔知階位」（『宋高僧伝』巻一八「唐会稽永欣寺後僧会伝」）。
（5）志を約して遊方し……志をたてて四方に遊歴すること。「約志遊方。抵于京師雲華寺」（『宋高僧伝』巻二〇「唐代州五台山華厳寺無著伝」）。
（6）竺乾……インドの別称。「好作浮図之制。略聞竺乾之教」（『宋高僧伝』巻二八「周宋州広寿院智江伝」）。
（7）杙を附して～侶を召す……杙はくいの意。『梁高僧伝』巻三「曇無竭伝」によると、曇無竭が大雪山を越える時に、四本の杙を背負い、先人が掘った洞孔の中に差し込んだ杙を伝って絶壁を登り、大河を渡る時には、両岸の山々の間に縄をかけ、先に縄を伝って河を渡った人は松明の煙火を合図に、次の人に安否を伝えたという。「故能附杙伝身。挙煙召伴」（『般若灯論釈』）。
（8）危に乗じて険を駕す……危難を乗り越えて危険をしのぐこと。「或見乗危履険。或見猛獣搏人」（『大唐大慈恩寺三蔵法師伝』巻一〇）。
（9）艱辛を任えて歴す……さまざまな困難に耐え、それらを乗り越えたこと。「遂求出家、操執二

僧事一、備歴艱辛」(『宋高僧伝』巻一二「唐天台紫凝山慧恭伝」)。

(10) 第十四枕流王……枕流王は百済第十五代の王(?―三八五)。「第十四」は誤記か。枕流王は第十四代の近仇首王の長男に生まれ、父王を継いで三八四年四月に即位、翌年の三八五年十一月に崩御、一年七ヶ月の短い治世であった(『三国史記』巻二四・百済本紀二「枕流王」)。

(11) 晋……中国の東晋王朝(三一七―四二〇)。二六五年に司馬炎が建てた西晋王朝が劉淵の前趙に滅ぼされた後に、西晋の皇族であった司馬睿によって江南に建てられた王朝。

(12) 上は好み下は化せらる……王が仏法を尊び帰依したことによって人々もそれに感化されたという意。「上好是物、下必有甚者矣」(『礼記』「緇衣」)。

(13) 郵を置きて命を伝うる……徳化の行われていく有様が早馬や駅館を設けて命令を伝えるより、速やかであること。百済における仏法普及の速さを強調する表現。「孔子曰、徳之流行、速於置郵而伝命」(『孟子』「公孫丑章句上」)。

(14) 漢山……現在の京畿道広州市。百済第十三代近肖古王二十六年(三七一)に慰礼城から漢山に遷都した(『三国史記』巻二四・百済本紀二「近肖古王二十六年」、『新増東国輿地勝覧』巻六・京畿道・広州牧「建置沿革」)。

(15) 摩騰……迦葉摩騰。生没年未詳。一世紀頃、中国に仏教を伝えた最初のインド僧。竺摩騰、摂摩騰ともいう。『魏書』巻一一四・釈老志によると、後漢の明帝が夢に金人を見て、仏教を求め、使者をインドに遣わした。途中、使者は大月氏国で摩騰と竺法蘭に逢った。彼らは使者に伴われ、経典、画像を白馬に乗せて、永平十年(六七)洛陽にやって来て白馬寺に住し、『四十二章経』を訳したという。

(16)　二百八十有年……摩騰と竺法蘭が中国に仏教を伝えた永平十年（六七）から、百済に仏教伝来した東晋大元九年（三八四）に至るまで二百八十余年を経たとする。しかし、実際は三一七年間となる。「二百八十有年」は誤記か。
(17)　『者老記』……未詳。
(18)　朱蒙……高句麗の始祖。姓は高氏、諱は朱蒙。東明聖王とも呼ばれる。『三国史記』巻一三・高句麗本紀一「東明聖王」によると、朱蒙は天帝の子解慕漱と一夜を過ごした河伯の娘柳花が日の精気を受けて産んだ大卵から出てきたという。その後、朱蒙二十二歳、前漢の元帝建昭二年（紀元前三七）に当たる年に高句麗を建国して初代王となった（『三国史記』巻一三・高句麗本紀一「始祖東明聖王」）。
(19)　避流、恩祖……沸流、温祚ともいう。生没年未詳。『三国史記』では、沸流と温祚の父を高句麗の始祖「朱蒙」と記しながら、一説には北扶余の解夫婁《かいふる》王の庶孫「優台」と言われたとする。高句麗の卒本城を出て南に下った沸流と温祚は、兄の沸流が弥鄒忽《びすうこつ》（現在の仁川市）に留まり、弟の恩祚は慰礼城（現在の京畿道）に都を置いて百済を建国した（『三国史記』巻二三・百済本紀一「温祚王」、『三国遺事』巻二・紀異二「南扶余・前百済・北扶余」）。
(20)　広州……現在の京畿道広州市。前注14参照。
(21)　百家を以て～と名づく……「百済」という国名の由来。「初以百家済海、因号百済」（『隋書』巻八一「東夷伝」）。
(22)　公州扶余郡～都を立つ……百済は文周王元年（四七五）に漢山から熊津《ゆうしん》（現在の忠清南道公州市）に都を移し、聖王十六年（五三八）に熊津から泗沘《しび》（現在の忠清南道扶余郡）に遷都した

（『三国史記』巻二六・百済本紀四「文周王元年」、同巻「聖王一六年」）。

(23) 三韓……三国時代以前に朝鮮半島の中南部にあった三種族およびその地域。馬韓、辰韓、卞韓。本書「序」語注129参照。

(24) 倭……「倭」は日本の古称とされるが、倭が後世の日本をさすかどうかは異論もある。「倭」の語の初出は『山海経《せんがいきょう》』海内北経に見え、『三国志』魏書には「倭人伝」「倭国」の語が見える。『三国史記』には、新羅脱解王三年（五九）に初めて倭と友好を結び、文武王十二年（六七〇）に「倭国」が国名を「日本」に改めたと伝える記事が見える。

(25) 毛人国……東夷の国名の一つ。『旧唐書』では、倭国東北の大山の外にあるという（『旧唐書』巻一九九・列伝一四九・東夷「日本国」）。

(26) 文身国……東夷の国名の一つ。『梁書』では、倭国の東北七千余里にあるという（『梁書』巻五四「東夷伝」）。

(27) 大漢国……東夷の国名の一つ。『梁書』では、文身国の東五千余里にある国とする（『梁書』巻五四「東夷伝」）。

(28) 扶桑国……「扶桑」とは、『山海経』や『淮南子《えなんじ》』などの記述によると、東方の日出ずる処に生えている神木、もしくはその神木が生えている場所をさすが、後に日本の美称として用いられるようになった。ここでは日本とは違う、東夷の国名の一つをさす。大漢国の東二万余里にあるという（『梁書』巻五四「東夷伝」）。

(29) 宋……中国の南朝最初の王朝（四二〇—四七九）。劉裕（武帝）が東晋の恭帝の禅譲を受けて建康（南京）に建てた王朝。

(30) 天竺の五僧……『梁書』巻五四「東夷伝」には、宋大明二年（四五八）に、インドの罽賓《けいひん》国の比丘五人が遊行して扶桑国に至り、仏法を伝えたとある。
(31) 宝蔵経……一般には竺法護訳『文殊師利現宝蔵経』二巻をさし、また吉迦夜《きつかや》・曇曜訳の『雑宝蔵経』十巻を略称することもある。しかし、文中の文言は上述の二経に見当たらない。なお、本伝と似た内容は希麟撰『続一切経音義』に、「支那国、或云真那、或云震旦、亦云摩訶支那。皆梵語軽重也。旧翻為漢国、或云即大唐国也。或翻大夏国、又云思惟国。謂此国人多有智略、能思惟、故皆義翻也」と見える。
(32) 多思惟……『続一切経音義』では、「思惟国」とする。前注31参照。
(33) 閻浮提……贍部洲とも音訳される。古代インドの世界観における人間が住む大陸。『倶舎論』世間品によれば、外海中に須弥山を囲む四大洲があり、須弥山に向かって東に毘提訶洲、南に贍部洲、西に牛貨洲、北に倶盧洲があるといわれる。
(34) 仏涅槃……釈迦牟尼仏の入滅のこと。仏入滅については、周穆王壬申年（紀元前九四九）の入滅説が通説となっている。
(35) 聖住山……仏・菩薩の聖人が住む山のことか。一説では、現在の忠清南道保寧市にある聖住山とする。しかし、保寧市の聖住山は馬韓の南西海岸近くにある低い山で、本伝に見えるような険しい峰が聳える山でもなく、観世音菩薩との関わりも見られない。
(36) 月岳……現在の忠清北道堤川市清風面にある月岳山のことか。月岳山は三韓の中央に位置しており、三国時代には月兄山と称された。月岳山の頂上には岩峰群が聳えており、麓には観世音菩薩の託宣によって造られたという高麗初期の磨崖仏がある（『高麗史』巻五六・地理一「清風県」、

『新増東国輿地勝覧』巻一四・忠清道・忠州牧「山川」）。
（37）殫く書く……ことごとく書き記すこと。「日有千数、不可殫書」（『宋高僧伝』巻六「唐京師大安国寺端甫伝」）。
（38）宋の僧伝……『宋高僧伝』をさす。北宋の賛寧（九一九―一〇〇一）によって撰述された僧伝。三〇巻。
（39）難陀……実叉難陀（六五二―七一〇）。西域出身で唐代の中国で活動した訳経僧（『宋高僧伝』巻二〇「唐西域難陀伝」）。
（40）如幻三昧……一切の事象は幻のようなもので、実体がないと観ずる三昧。「知上下諸根、浄仏国土、入如幻三昧」（『摩訶般若波羅蜜経』巻六）。
（41）建中……唐の徳宗の年号。七八〇年正月から七八三年十二月まで使われた年号。
（42）懺戻……悖《もと》る。そむく。理に逆らう。「胸衿懺戻、心府蚕賊」（『広弘明集』巻二九「夢賦釈真観」）。
（43）未だ聞かざる～見ざる所を見る……いまだ聞いたことのない仏法の説法を聞き、いまだ見たことのない仏法の霊験を見ること。「随我往詣仏所、当令子得見所未見、聞所未聞」（『法苑珠林』巻六九）。
（44）面を革め……顔色や態度を改めること。旧来の悪習を変える。「洗心而革面者、必若清波之滌軽塵」（『抱朴子』「用刑」）。
（45）善に遷り……善事を行うようになること。「故講四分律而遷善滅罪者無央数」（『宋高僧伝』巻一六「唐撫州景雲寺上恒伝」）。

(46) 真を修めて……仏教の真理を修める。「去簪纓以会道。棄鬢髪以修真」(『広弘明集』巻一三「内異方同制」)。

(47) 機の宜しきに……機は心のはたらき、宜はそのよろしきに適うこと。相手の動きに応じて、それに適したはたらきをなすこと。「夫教本応機、機宜不同、故部部別異」(『妙法蓮華経玄義』巻一下)。

(48) 伝に所謂～千里の外も応ず……『周易』繋辞伝上に「子曰、君子居其室、出其言善、則千里之外応之、況其邇者乎」とある。君子は自分の部屋にいて言葉を発した場合、その言葉がよい言葉であれば、千里の外にいる人々ですらも、その言葉に感動し感応するだろう、ということ。

(49) 機を摂る……機は機宜の意。衆生の機縁に応じて、衆生を救いとり、利益を与えること。「是以内教経緯。立法依以摂機。外俗賢明。垂文論以弘範」(『広弘明集』巻一「序」)。

(50) 故に、事は古人に～之に倍せん……そういうわけで、行うところの仕事は、古人の半分であっても、その効果はきっと古人の倍になるであろう。「故事半古之人、功必倍之、惟此時為然」(『孟子』「公孫丑章句上」)。

解説

百済に初めて仏教を伝えたインド出身の摩羅難陀の僧伝。本伝はおおよそ三段からなっており、第一段では、主に『三国史記』「百済本紀」に拠り、摩羅難陀がインドから苦難を乗り越え、中国に渡って東晋から枕流王元年（三八四）、百済にやって来て仏法を伝えたという。枕流王は摩羅難陀を丁重にもてなし、自ら彼の説法を受けて、仏法の普及に力を注ぎ、翌年（三八五）には漢山に寺を建てて十人の僧を得度させた。本伝は『三国史記』に基づくが、摩羅難陀がインドから中国に渡る苦難の描写は「古記」に拠っている。

第二段では、百済の建国神話と仏法伝来の三韓の起源説が語られる。百済は高句麗についで仏法が興るが、もともと高句麗の始祖朱蒙の子である避流と恩祖が建てた国で、馬韓、卞韓、辰韓の三韓のうちの馬韓に相当する地域であった。百済建国神話の記述は佚書《いっしょ》の『耆老記』に拠っているが、摩羅難陀のために建てられた漢山の寺と関わるためであろうか。今の広州に当たることを確認し、百家が河を渡ったからその名があるとの「百済」地名起源説も引く。ついで三韓の東南隅の「倭国」すなわち「日本国」以下、「毛人国」「文身国」「大漢国」「扶桑国」等々にふれる。主に『宋書』や『梁書』「東夷伝」に拠っているが、現実的に確認できるのは日本の僧が海を渡って三韓にやってきた事実だけであったとする。これは、日本と朝鮮半島との交流の実態を背景にする記述であり、覚訓の体験もふまえているであろう。伝説上の海域国家も含みつつ、当時の東アジアの地政学に関わる情勢が概観されていて注目される。

また、『宝蔵経』から東北に位置する震旦国（支那、多思惟、大唐国）の説明を引用し、閻浮提の東北にある三韓は、仏涅槃後に六百余年過ぎて興った国々であったという。また、三韓の中心に観音のいる聖住山（月岳とも）があるとし、暗に三韓時代からの仏法伝来をほのめかし、百済が馬韓に相当することを強調する。三韓とその後継である百済と仏教聖地との関わりを示す点で着目されよう。

第三段では、『宋高僧伝』から「釈難陀」の霊異故事を引用するが、時代が異なる同名異人を確認して終わる。「賛」には、民衆を導き、仏法を伝えるには、法運流通の流れに乗じるのが最も肝心なことである、という仏法伝播における応機観、機に応じて動くことの重要性が強調されている。三国の中でインド僧による伝来は百済だけであり、百済に渡った翌年には寺を建てて僧侶を輩出するなど非常に迅速な布教が見られる。この百済仏教伝来の特徴が「賛」でいう「機に応じる重要性」と結びつけられているのであろう。

結局、摩羅難陀に関する記述は冒頭の段だけであるが、百済の建国神話から三韓に遡行しての仏法聖地、東アジアの海域の周辺国への視野等々、その世界観からも重視される内容で、これもインド渡来僧を契機に世界に視野が拓かれたとも見なせよう。また、本書の随所に引用される中国の『高僧伝』が本伝でも表現から僧名の比定など種々のレベルで見られることも見のがせない特徴である。

出典・同類話・関連資料

出典　『三国史記』巻二四・百済本紀二「枕流王」
同類話　『三国遺事』巻三・興法三「難陀闢済」

『三国史記』巻二四・百済本紀二「枕流王」
枕流王。近仇首王之元子。母日阿尒夫人。継父即位。秋七月遣使入唐朝貢。九月。胡僧摩羅難陀自晋至。王迎之致宮内礼敬焉。仏法始於此。二年春二月。創仏寺於漢山。度僧十人。冬十月王薨。

『三国遺事』巻三・興法三「難陀闢済」
百済本紀云。第十五（僧伝云十四誤）枕流王即位甲申（東晋孝武帝大元九年）、胡僧摩羅難陀至自晋。迎置宮中礼敬。明年乙酉。創仏寺於新都漢山州。度僧十人。此百済仏法之始。又阿莘王即位大元十七年二月、下教崇信仏法求

仏。摩羅難陀、訳云童学。其異迹詳見僧伝

賛曰。天造従来草昧間。大都為伎也応難。翁翁自解呈歌舞、引得傍人借眼看。

（権　香淑・胡　照汀）

六　阿道

釈阿道《あどう》は、あるいは本は天竺の人といい、あるいは呉から来たといい、あるいは高句麗から魏に入って、後に新羅に帰ったといい、いまだどれが正しいのかわからない。阿道は姿や立ち居振る舞いが特にすぐれており、超人的な神通の力を行使して現す種々の姿形は最も不思議であった。常に教化を行うことを務めとし、講義を開こうとするたびに天から妙花が降ってきた。

始め、新羅の訥祇《とつぎ》王の時に、黒胡子《こくこし》という人がいた。高句麗から一善郡にやって来て、仏教を広く教化する縁があって、郡人の毛礼が家の中に窟室を作って安置した。この時に梁が使を遣わし、衣服と香を送ってきたが、君臣は香の名前やその用い方を知らなかった。そこで勅使を遣わし、香を持たせて広く国中に問わせてみた。胡子は、これを見るとその名前を称《とな》え、「これを焚けば香気が盛んにたちこめて、誠の心を神聖に通ぜしめることができます。所謂神聖とは、三宝にまさるものはありません。その一には仏陀、二には達摩、三には僧伽《そうぎゃ》です。もしこの香を焚いて発願すれば、必ず霊験が現れるでしょう」といった。その時、王女の病が重くなり、王が胡子に香を焚いて誓願を立てさせると、王女の疾《やまい》はまもなく癒えていった。王は甚だ喜んで贈り物を手厚くした。胡子は宮城から出て来て毛礼に会うと、得た物を賜り、その恩徳に報いた。そして、「私は帰る所があります」といって別れを請い、にわかにどこかへ去って行った。

毘処《びしょ》王の時になって、阿道という和尚がいて、侍者三人とともにまた毛礼の家に来て留まったが、その姿と振る舞いは胡子と似ていた。阿道はそこで数年住んで、病気することもなく亡くなった。その侍者三人はそのまま留まって住んで経律の経典を読み続け、しばしば教えを信じ受け取り実践する者もあった。

しかしながら古記を調べてみると、「梁の大通元年（五二七）三月十一日、阿道がやって来て一善郡に至ると、天地が震動した。師は左手に金環の錫杖を執って、右手には玉鉢の器をさげ持って、身には袈裟《けさ》をかけ、口に経文のことわりを誦《とな》えながら、初めて信者の毛礼の家にやって来た。毛礼は出て来て阿道を見るなり、驚愕して、「昔、高句麗の僧正方が我が国にやって来ましたが、君臣は彼を怪しみ不吉な者だといって、話し合って彼を殺しました。また、滅垢玭《めっくし》という人がいて彼の国からまた来ましたが、前のように彼も殺されました。あなたは、それでもなお何を求めてやって来たのですか。速やかに家の中に入って、隣人があなたの姿を見ることのないようにしましょう」といって、阿道を中に引き入れて密室に住まわせ、供養することを怠らなかった。たまたまその時に呉の使者が五つの香を持って来て、原宗王に献上した。しかし、王はその用い方を知らなかったため、広く国中に尋ね問わせてみた。使者が阿道法師の所にやって来て問うと、法師は、「火を使って焼いて仏に供えるものだ」といった。その後使者とともに法師が都に来ると、王は法師を呉の使者に会わせた。呉の使者は法師に礼拝し、「この辺国に高僧がなにゆえ遠ざけることなくいらっしゃったのですか」といった。王はこれによって仏教の僧侶を敬わなければならないことを知り、人々を広く教化することを許す勅令を下した」という。

また、高得相《こうどくそう》の詩史を調べてみると、「梁の帝が元表という使者を遣わし、香木および経典、仏像を送って来たが、それらをどのように用いるかを知らなかったため、四方に尋ね聞かせてみた。阿道はその時その方法を教えてくれた」という。高得相はこれに注を付して、「阿道は再び斬害に遭ったが、神通によって死ぬことなく、毛礼の家に隠れた」という。梁と呉のどちらの国の使者であったのか、その詳しいことはわからない。また、阿道の行跡が、黒胡子と同じところが多いのは、どうしたことだろうか。しかしながら中国に仏教が伝わった後漢の永平から阿道が新羅に仏教を伝えた梁の大通丁未に至るまでは、およそ四百十余年となり、高句麗で仏法が興ってすでに百五十余年、百済にすでに仏法が行われて一百四十余年となる。

朴寅亮《ぼくいんりょう》の『殊異伝』を調べてみると、「阿道の父は魏の人で、崛摩《くつま》という。母は高道寧という、高句麗の人である。崛摩が高句麗に使として遣わされた時、道寧と私通して魏に帰った。道寧はそれによって妊娠し、阿道を生んだ。阿道が生まれて五歳の時、普通とは変わった人相があった。母は、「父のいない子として、僧となることに越したことはない」といった。阿道は母の教えに従って早速その日のうちに出家した。

阿道は十六歳の時に魏に渡って、父の崛摩を訪ねて挨拶をして、ついに玄彰《げんしょう》和尚の下で修行した。十九歳の時に母の所に帰った。母は阿道を諭して、「この国はいまだ機縁が熟していないので、仏法を広めることができない。唯一あの新羅は、今は仏法が行われていないが、三十余ヶ月の後には、仏法を守護する明王が現れて、大いに仏事を興すはずである。また、その国の都には法師が留まって仏法を行う所が七ヶ所ある。一つは金橋の天鏡林〈今の興輪寺〉、二つは三川岐《さんせんき》〈今の永興寺〉、三つは龍宮の南〈今の皇龍寺〉、四つは龍宮の北〈今の芬皇寺《ふんこうじ》〉、五つは神遊林〈今の天王寺〉、六つは沙川尾《させんび》〈今の霊妙寺〉、七つは婿請田《せいせいでん》〈今の曇厳寺〉である。これらの地は仏法不滅の地として、前劫《ぜんごう》の時からの伽藍処である。お前はあの地に行くべきだ。そして初めて仏法の教えを伝え、新羅僧侶の始祖となれば、それこそ素晴らしいことではないか」といった。阿道は母の教えに従って、国の境界を越えて、新羅の王闕《おうけつ》の西の里に留まった〈今の厳荘寺がその地である〉。その時は味鄒《みすう》王が即位して二年の癸未年（二六三）に当たる年であった。

阿道が仏教を行おうとすると、人々は今まで見たことがないものを怪しみ、阿道を殺そうとする者まで現れたので、阿道はその地を退いて続村の母禄の家に隠れた。それが今の善州である。害を逃れて三年が経った時、成国公主が病にかかり治らなかった。王は勅使を四方に遣わして、公主の病を治す者を探していたので、阿道はそれに応じて宮廷に参り、公主の病を治療した。王は大いに悦んで阿道に願いは何かと尋ねた。阿道は、「唯、天鏡林に寺を建てることが、自分の願いでございます」といった。王はそれを許した。しかし、世の風習は素樸で民は愚かであったため、帰依しようとする者はなかった。阿道は質素な家を寺とした。

その七年後、始めて僧になろうとする者が現れて、阿道の許に来て出家した。毛禄の妹である史侍も帰依し、尼となった。そこで三川岐の地に寺を建て、永興寺と名づけてその寺に住んだ。味鄒王の崩御後、王位に就いた儒礼王は仏教を崇めることなく、仏法を廃しようとした。阿道は続村に帰って自ら墓を作って、その中に入って戸を閉ざして入滅した。こういうわけで仏教は新羅に行われなかった。その二百余年後、法興王の時に至って果たして仏教が興った。みな母の道寧のいったとおりであった」という。

味鄒王から法興王に至るまで合わせて十一代の王がいた。阿道が出現した年代は前後が合わず、このように一致しないが、これはすべて古文であるため取って捨てることはできない。しかしながらもし味鄒王の時に、すでに仏法を広く教化して人々に利益を与えることがあったならば、阿道は順道と同じ時の人であることは確かであろう。仏法は中間の時期には廃されて梁の大通の時になってようやく興ったのであり、こういうわけで黒胡子・元表等をすべてあげて、叙述してみたのである。

賛にいう。仏教が次第に東へ伝わると、信じたり謗《そし》ったりすることが代わる代わる起こったが、仏教が始まり、釈迦の教説は明らかに説かれ、代々にそれを伝える人がいた。阿道と黒胡子は、みな形や姿のない法身をもって、隠れたり現れたりすることが自在であった。彼らは、あるいは先に、あるいは後れて現れ、同じく人とは異なるところがあるようであった。まるで風を手で捕るように、影を手で搏《たた》くように、その跡を執って定めることができなかった。ただし先に布教を行うことが可能かどうかを試みてから後に行い開き、始めは害を逃れて、ついに功を成した。それは秦の利方や漢の摩騰も、これより勝ることはなかった。『周易』に、「器を隠して時を待つ」というのは、阿道のことをいうのだ。

釈阿道、或云本天竺人、或云従呉来、或云自高句麗入魏、後帰新羅、未知孰是。風儀特異、神変尤奇。恒以行化為任、毎当開講、天雨妙花。始新羅訥祇王時、有黒胡子者。従句高麗至一善郡、宣化有縁、郡人毛礼、家中作窟室安置。於是梁遣使、賜衣著香物、君臣不知香名及与所用。乃遣中使賫香遍問中外。胡子見之、称其名目曰、焚此則香気芬馥、所以達誠於神聖。所謂神聖、不過三宝。一曰仏陀、二曰達摩、三曰僧伽。若焼此発願、必有霊応。時王女病革、王、使胡子焚香表誓、厥疾尋愈。王、甚喜餽贈尤厚。胡子、出見毛礼、以所得物贈之、報其徳焉。因語曰、吾、有所帰、請辞俄而不知所去。及毘処王時、有阿道和尚与侍者三人、亦来止毛礼家、儀表似胡子。住数年、無疾而化。其侍者三人留住、読誦経律、往往有信受奉行者焉。然按古記、梁大通元年三月十一日、阿道来至一善郡、天地震動。師、左執金環錫杖、右擎玉鉢応器、身著霞衲、口誦花詮、初到信士毛礼家。礼、出見驚愕而言曰、曩者、高麗僧正方、来入我国、君臣怪為不祥、議而殺之。又有滅垢玭、従彼復来、殺戮如前。汝、尚何求而来耶。宜速入門、莫令隣人得見、引置密室、修供不怠。適、有呉使以五香献原宗王。王、不知所用、遍詢国中。使者至問法師、師曰、以火焼而供仏也。其後《使》、偕至京師、王、令法師見使。使、礼拝曰、此辺国高僧何不遠而至此。王、因此知仏僧可敬、勅許斑行。又按高得相詩史曰、梁氏、遣使曰元表、送沈檀及経像、不知所為咨四野、阿道、逢時指法。相註云、阿道、再遭斬害、神通不死、隠毛礼家。則梁呉之使、莫弁其詳。又阿道之跡、多同黒胡子、何哉。然自永平至大通丁未、凡四百十余年、句高麗興法已百五十余年、而百済已行一百四十余年矣。若按朴寅亮殊異伝云、師父魏人崛摩、母曰高道寧、高麗人也。崛摩奉使高麗、私通還魏。道寧因有身誕焉。師、生五稔有異相。母謂曰、偏祜《孤》之子、莫若為僧。師、依教即於是日剃髪。十六入魏、覲省崛摩、遂投玄彰和尚受業。十九年帰寧於母。母諭曰、此国機縁未熟、難行仏法。惟彼新羅、今雖無声教、爾後三十余月、有護法明王御宇、大興仏事。又、其国京師有七法住之処。一曰、金橋天鏡林（今興輪寺）、二曰、三川岐（今永興寺）、三曰、龍宮南（今皇龍寺）、四曰、龍宮北（今芬皇寺）、五曰、神遊林（今天王寺）、六曰、沙川尾（今霊妙寺）、七曰、婿請田（今曇厳寺）。此等仏法不滅、前劫時伽藍墟也。汝、当帰彼土。初伝玄旨、為浮屠始祖、不亦美乎。師、既承命子之声、出疆而来、寓新羅王闕西里（今厳荘寺是也）。時当味鄒王即位二年癸未矣。師、請行竺教、以前所不見為怪、至有将殺之者、故退隠于続村母禄家。今善州也。逃害三年、成国宮主疾病不癒。遣使四方、求能治者、師応募赴闕、為療其患。王、大悦問其所欲。師請曰、但創寺於天鏡林、吾願足矣。王許之。然世質民頑、不能帰向。乃以白屋為寺。後七年、始有欲為僧者、来依受法。毛禄之妹名史侍、亦投為尼。乃於三川歧立寺、曰永興、以依住焉。味鄒王崩後、嗣王亦不敬浮屠、将欲廃之。師、還続村自作墓、入其内閉戸示滅。因此聖教不行於斯盧。厥後二百余年、原宗果興像教。皆如道寧所言。自味鄒王法興凡十一王矣。阿道出現年代前却、如是其差舛、並是古文不可取捨。然若当味鄒時、已有弘宣之益、則与順道同時明矣。以其中廃而至梁大通乃興耳、故並出黒胡子・元表等、叙而観焉。

賛曰。自像教東漸、信毀交騰、権輿光闡、代有其人。若阿道、黒胡子、皆以無相之法身、隠現自在。或先、或後、似同異。若捕風搏影、不可執跡而定也。但其先試可而後啓行。始逃害而終成功、則秦之利方、漢之摩騰、亦無以加焉。易曰、蔵器待時、阿道之謂矣。

釈(1)阿道、或いは「本は天竺の人」と云い、或いは「呉(2)より来たれり」と云い、或いは「高句麗より魏(3)に入り、後に新羅に帰る」と云い、未だ孰《いず》れが是《ぜ》なるを知らず。風儀(4)特に異なり、神(5)変尤も奇なり。恒《つね》に行化を以て任とし、当《まさ》に開講せんとする毎《ごと》に、天は妙なる花を雨《ふら》せり。

始め新羅の訥祇王(6)の時、黒胡子(7)という者有り。高句麗(8)より一善郡(9)に至り、宣化縁有りて、郡人の毛礼(10)、家の中に窟室を作りて安置す。是《ここ》に於いて梁(11)使を遣わして、衣著香物を賜うに、君臣香名及び与《も》って用うる所を知らず。乃《すなわ》ち中使(12)を遣わし賚《たま》わさ(13)れし香を遍《あまね》く中外に問う。胡子これを見て、その名目を称えて曰《いわ》く、「これを焚けば則ち香気芬馥《ふんぷく》し、以て誠を神聖に達する所のものなり。所謂神聖は、三宝に過ぐるものあらず。一には仏陀を曰《い》い、二には達摩を曰い、三には僧伽を曰う。若《も》しこれを焼きて発願せば、必ずや霊応有らん」と。時に王女の病革《あらた》まり、王、胡子をして香を焚きて誓を表せしめば、その疾尋《つ》いで愈《い》ゆ。王、甚だ喜び[14]醜贈すること尤《はなは》だ厚し。胡子、出でて毛礼を見るや、得し所の物を以てこれに贈りて、その徳に報ゆ。因《よ》って語って曰く、「吾、帰する所有り」と、辞を請いて俄《にわか》にして去る所を知らず。

[15]毘処王の時に及び、阿道という和尚有りて[16]侍者三人とともに、また来たりて毛礼の家に止まり、[17]儀表は胡子に似たり。住《とど》まること数年、疾無くして[18]化す。その侍者三人留りて住し、経律を読誦し、往々にして信受奉行する者有り。

然るに[19]古記を按ずるに、「梁の[20]大通元年三月十一日、阿道来たりて一善郡に至るに、天地震動す。師は左に金環の錫杖を執り、右に[21]玉鉢の応器を擎《ささ》げ、身には[22]霞衲《かのう》を著け、口に[23]花詮《かせん》を誦し、初めて[24]信士の毛礼の家に到る。礼、出でて見《まみ》え驚愕して言いて曰く、「[25]曩者《むかしは》、[26]高麗の僧正方、我国に来たりて入り、君臣怪みて不祥と為し、議してこれを殺せり。また、[27]滅垢玼なる者有りて、彼より復《ま》た来たるも、殺戮されしこと前の如くなり。汝《なんじ》、尚何をか求めて来たるや。宜しく速やかに門に入るべし、隣人をして見るを得さしむること莫《なか》れ」と、引きて密室に置き、供《ぐ》を修すること怠らず。適《たまたま》、呉の使有りて五香を以て[28]原宗王に献ず。王、用うる所を知らざりければ、遍く国中に詢《と》う。使の者至りて法師に問うに、師曰く、「火を以て焼きて仏を供するなり」と。その後、偕《とも》に京師に至り、王、法師をして使に見《まみ》えしむ。使、礼拝して曰く、「この辺国に高僧何ぞ遠しとせずここに至るや」と。王、これに因りて仏僧を敬うべきことを知り、勅許して斑行《はんこう》[29]せしむ」と。

また、高得相[30]の詩史を按ずるに曰く、「梁氏、元表[31]という使を遣わして、沈檀《ちんだん》[32]及び経像を送りしに、為す所を知らず四野[33]に咨《と》えば、阿道、時に逢いて法を指す」と。相註に云《いわ》く、「阿道、再び斬害に遭いしも、神通ありしかば死せずして、毛礼の家に隠る」と。則《すなわ》ち梁と呉との使、その詳しきことを弁ずる莫《な》し。また、阿道の跡、多く黒胡子に同じきは、何ぞや。然れども永[34]平より大通丁未に至るまで、凡そ四百十余年、高句麗[35]に法興すこと已《すで》に百五十余年にして、百[36]済も已に行うこと一百四十余年なり。

朴寅亮[37]の『殊異伝』を按ずるに、「師の父は魏の人崛摩[38]、母高道寧[39]と曰い、高麗の人なり。崛摩使を高麗に奉じて、私通して魏に還る。道寧因りて娠[40]有りて誕《うま》る。師、生まれて五稔[41]にして異相有り。母謂いて曰く、「偏孤[42]の子、僧となるに若《し》くは莫し」と。師、教えに依りて即ちこの日に剃髪す。

十六にして魏に入りて、崛摩に覲省《きんせい》[43]し、遂に玄彰和尚[44]に投じて受業す。十九の年に母に帰寧[45]す。母諭して曰く、「この国の機縁[46]未だ熟せず、仏法行い難し。惟《た》だ、かの新羅、今は声教無しと雖《いえど》も、爾後三十余月[47]して、護法の明王の御宇《ぎょう》、大いに仏事を興すこと有るあらん。また、その国の京師に七法住[48]の処有り。一に曰く、金橋[49]の天鏡林[50]〈今の興輪寺[51]〉、二に曰く、三川歧[52]〈今の永興寺[53]〉、三に曰く、龍宮[54]の南〈今の皇龍寺[55]〉、四に曰く、龍宮の北〈今の芬皇寺[56]〉、五に曰く、神遊林[57]〈今の天王寺[58]〉、六に曰く、沙川尾[59]〈今の霊妙寺[60]〉、七に曰く、婿請田[61]〈今の曇厳寺[62]〉。これらにおいては仏法不滅にして、前劫[63]の時の伽藍墟なり。汝、まさにかの土に帰るべし。初めて玄旨[64]を伝え、浮屠[65]《ふと》の始祖と為《な》る、また美しからずや」と。師、既に子に命ずる声を承りて、疆《さかい》を出て来りて、新羅王闕の西の里に寓す〈今の厳荘寺[66]これなり〉。時味鄒王[67]即位二年の癸未に当たれり。

師、竺教[68]《じくきょう》を行わんと請うに、前に見えざる所を以て怪となし、まさにこれを殺さんとする者有るに至りて、故に退きて続村[69]の母禄の家に隠る。今の善州[70]なり。害を逃るること三年、成国宮主[71]の疾病癒えず。使を四方に遣わし、能《よ》く治する者を求むれば、師応じて募り闕に赴き、為にその患いを療す。王、大いに悦びてその欲する所を問う。師請いて曰く、「但《た》だ天鏡林[72]に創寺することあらば、吾願い足れり」と。王これを許す。然れども世は質にして民は頑なにして、帰向すること能《あた》わず。乃ち白屋[73]を以て寺となす。

後七年、始めて僧とならんと欲する者有り、来りて依りて法を受く。毛禄の妹名は史侍[74]、また投じて尼となれり。乃ち三川岐に寺を立て、永興と曰い、以て依りて焉《ここ》に住む。味鄒王崩じて後、嗣王[75]もまた浮屠を敬わず、まさにこれを廃せんとす。師、続村に還りて自ら墓を作りて、その内に入りて戸を閉ざして示滅[76]す。これに因りて聖教は斯盧[77]《しろ》に行われず。その後二百余年、原宗果たして像教を興す。皆道寧の言の如し」と云うが若《ごと》し。

味鄒王より法興[78]にいたるまで凡そ十一の王なり。阿道が出現せる年代前却[79]、かくの如く舛差[80]《せんさ》

あれども、並びにこれ古文なれば取捨すべからず。然れども若し味鄒の時に当たりて、已に[81]弘宣の益有らば、則ち[82]順道と同じ時なるは明らかなり。その中は廃れたるを以て梁の大通に至りて乃ち興れるのみ、故に黒胡子、元表等を並べて出し、叙して観んとするなり。

賛に曰う。[83]像教東漸してより、[84]信毀《しんき》交騰《こうとう》、[85]権輿《けんよ》光に闢《ひら》き、代にその人有り。阿道、黒胡子の若きは、皆無相の法身なるを以て、隠れ現れること自在なり。或いは先にして、或いは後れ、同じく異なるが似《ごと》し。風を捕え影を搏《う》つが若く、跡を執りて定むべからざるなり。但しそれ先に可なるかを試して而して後に行い啓《ひら》き、始めには害を逃れ、而して終に功を成す。則ち[86]秦の利方、[87]漢の摩騰も、また以て加うるもの無し。『易』に曰く、「[88]器を蔵して時を待つ」と、阿道の謂《いい》なり。

語注

（1）釈阿道……『三国遺事』では「阿頭」、『三国史記』では「我道」という。また十七世紀に建てられた『阿度和尚事績碑』では「阿度」といい、新羅に初めて仏教を伝えた僧。東晋永和十二年の翌年の升平元年（三五七）に生まれたとされる。本書「序」にも、本伝と同じく、阿道は新羅第二十三代の法興王が即位した後、梁の大通元年（五二七）に新羅に来て一善県に留まったとされる。しかし、同書「法空」では、味鄒王（在位二六二―二八四）が阿道とともに新羅に初めて仏法を興そうとしたが、成し遂げられなかったと記述している。また、本書「順道」によると、阿道は高句麗の小獣林王四年（三七四）に魏から高句麗に渡って来て、阿道のために建てられた伊弗蘭寺《いふつらん》（今の興福寺）に留まったとされる。しかし、『三国遺事』巻三・興法三「順道肇麗」には、阿道は前秦から来た人で、阿道のために伊弗蘭寺を創建し、住まわせたとする記述は誤りだとしている。

（2）呉……中国三国時代に孫権が長江流域に建てた国（二二二―二八〇）。

（3）魏……曹操の子である曹丕が中国華北地方に建てた国（二二〇―二六四）。

（4）風儀……容姿、行儀、作法が立派な様子。「法王之子。風儀英偉、志気豪傑」（『三国史記』二七・百済本紀五「武王」）。

（5）神変……行者が獲得する非凡で不可思議な神通の力を行使して現す種々の姿や形。または、不可思議な現象や出来事を現す神通変化のこと。「其神変尊敬尤甚」（『三国遺事』巻二・紀異二「武王」）。

（6）訥祇王……新羅第十九代王（在位四一七―四五八）。金氏の王、訥祇麻立干ともいう。

（7）黒胡子……本書の目次では、「阿道黒胡子、元表」と記す。『三国遺事』では「墨胡子」と記し、墨胡子は本当の名前ではなく、墨衣姿に拠る呼び名で、中国で達磨や道安法師などを「碧眼胡」「柒道人」などと呼んだのと同じだという。

（8）高句麗……底本は「句高麗」とするが、奎章閣本により改めた。高句麗の名称については本書「順道」語注7参照。「女真本靺鞨遺種、隋唐間、為勾高麗所幷」（『高麗史』巻九六・列伝九「諸臣」）。

（9）一善郡……高句麗との国境地域にあった新羅の行政区域の尚州に所属した郡。現在の慶尚北道善山地方。この地に『阿度和尚事績碑』が伝えられている。『新増東国輿地勝覧』巻二九・善山・

仏宇「桃李寺」条に、阿道が三人の侍者とともに新羅に渡り、善山の道開部曲にある毛礼の家に留まったとする話が伝えられている。

(10) 毛礼……伝未詳。母礼、母禄ともいう。『三国遺事』は毛礼と記し、毛録とも称したとする。

(11) 梁使を遣わして……梁は中国、南朝三番目の王朝(五〇二―五五七)。『三国遺事』は、梁の使が晋・宋の時代の新羅王である訥祇王の時(四一七―四五八)に遣わされたとするのは誤りだとしている。

(12) 中使……宮中からの使者。勅使、密使。「王勅中使、抵其家殺之」(『三国史記』巻五〇・列伝一〇「弓裔」)。

(13) 賷……大蔵経本は「賚」とする。たまわる、あたえる。「三月高句麗僧丘徳入唐賷経」(『三国史記』巻一〇・新羅本紀一〇「興徳王二年」)。

(14) 醜贈……贈り物、贈答品。『三国史記』は「餽贈」とする。「凡有餽贈者、辞多受少」(『魏書』巻一四・神元平文諸帝子孫列伝二「萇子子華」)。

(15) 毘処王……新羅第二十一代の王(在位四七九―五〇〇)。金氏の王。炤智麻立干ともいう。

(16) 侍者三人……三人の伝未詳。阿道とともに新羅にやって来た渡来人で、阿道の死後に実質的な布教活動を行った人物たち。

(17) 儀表……姿形、容姿。「既至見金春秋、儀表英偉厚待之」(『三国史記』巻五・新羅本紀五「真徳王二年」)。

(18) 化す……遷化《せんげ》の略。高僧が死ぬこと。「総章元年儼遷化、咸亨二年湘来還新羅」(『三国遺事』巻三・塔像四「前後所蔵舎利」)。

(19) 古記……三国時代に関して記録した朝鮮半島固有の古史書のことか。『三国史記』『三国遺事』では、三国の建国神話や王の死去記事、仏教伝来に関する記事の多くが「古記」「海東古記」「新羅古記」「百済古記」などに拠って記述されている。
(20) 大通元年……梁の武帝大通元年（五二七）。新羅では異次頓の殉教によって仏教が公認された法興王十四年である。
(21) 玉鉢の応器……玉鉢は菩薩・羅漢の持っている鉢の敬称。応器は応量器ともいう。仏道修行者の食器。修行者の食糧はこの一鉢に限る。現在は僧が托鉢の時に持つ鉢。
(22) 霞衲……修行僧の衲衣。袈裟。行脚僧の衲衣を雲に、袂を霞に喩えて行脚僧のことを雲衲霞袂ともいう。「応器知根、如響応声」（知訥『華厳論節要』巻二）。
(23) 花詮……『華厳経』『法華経』などの経文によって表されることわりのことか。
(24) 信士……男性の在俗信者。清信士ともいう。「義天入宋、多将天台教観、而来此外方冊所不載、高僧信士往来所賷」（『三国遺事』巻三・塔像四「前後所蔵舎利」）。
(25) 曩……さきに、むかし。「事必師古、伝諸曩冊」（『三国史記』巻六・新羅本紀六「文武王五年八月」）。
(26) 高麗の僧正方……「高麗」は高句麗。僧正方の伝未詳。
(27) 滅垢玭……僧正方に続いて新羅に渡った高句麗の僧か。伝未詳。
(28) 原宗王……新羅第二十三代の王（在位五一四―五四〇）。姓は金、名前が原宗、法興王ともいう。
(29) 斑行……広く世間に分かち行き渡らせる頒行《はんこう》のこと。

(30) 高得相の詩史……『三国遺事』は「高得相詠史詩」とする。「詩史」は三国時代の歴史を詩に詠んで注釈を付したものか。高得相は生没年については未詳だが、高麗時代の文人で『海東三国通暦』十二巻を著したとされる（『宋史』巻一二三・志一五六・芸文二、『海東繹史』巻四三・芸文志二）。

(31) 元表……梁の使僧か。生没年未詳。『三国遺事』も梁帝が元表を使として新羅に送ったとする。本書・流通一之一の目次に、「阿道 黒胡子、元表」と見える。

(32) 沈檀……仏を供養する際に焚く沈香と白檀《びゃくだん》の香木。「代宗皇帝優崇釈氏、彫沈檀木与明珠美玉」（『三国遺事』巻三・塔像四「四仏山掘仏山万仏山」）。

(33) 四野に咨えば……四方に問い尋ねること。「震雷鳴四野撃電動、千光刹那」（義浄『略明般若末後一頌讃述』）。

(34) 永平より～四百十余年……天竺から摩騰や竺法蘭らが中国に仏教を伝えたとする後漢の永平十年（六七）から、新羅に仏教伝来した梁の大通元年（五二七）に至るまでの四百十余年のこと。しかし、実際は四六〇年間となる。「四百十余年」は六の字が脱落したか。

(35) 高句麗に法興すこと……高句麗第十七代の小獣林王二年（三七二）、前秦の順道が仏像と仏経を伝えたこと。

(36) 百済も已に行うこと……百済第十四代枕流王元年（三八四）、晋から来たインドの僧摩羅難陀が仏法を伝えた。

(37) 朴寅亮の『殊異伝』……朴寅亮（未詳―一〇九六）は高麗時代の文臣で『古今録』一〇巻を著し、新羅時代の説話を集めて撰述した『新羅殊異伝』の作者の一人として推測されている人物。

(38)　崛摩……伝未詳。『三国遺事』は、阿道の父堀摩の姓を「我」とする。『阿度和尚事績碑』は、晋の穆帝永和十二年（三五六）の時、晋の使として高句麗に来たとする。
(39)　高道寧……伝未詳。『三国遺事』は、魏の斉王の正始年間（二四〇―二四八）に高句麗に使として遣わされた堀摩との私通によって高道寧が阿道を懐妊したとする。
(40)　娠有りて……底本は「有身」。『三国遺事』により改めた。
(41)　五稔にして……『三国遺事』では、阿道が五歳の時に母によって出家させられたとする。
(42)　偏孤の子……「孤」の底本は「祜」。崔南善本によって改めた。父を亡くした子。「父義正、早卒。愛少而偏孤、事母以孝聞」（『梁書』巻一二・列伝六「黯」）。
(43)　覲省……父母を尋ね挨拶することか。「因還故里、覲省二親、仍於本寺開弘経法」（『続高僧伝』巻一四「唐越州嘉祥寺釈智凱伝」）。
(44)　玄彰和尚……伝未詳。本書「序」末尾の目次に玄彰の名前が見えるが、本書に玄彰伝は見られない。
(45)　帰寧……故郷に帰って父母の安否を問う。帰省。「及年二十八歳有帰寧之志」（『三国史記』巻四六・列伝六「崔致遠」）。
(46)　機縁……仏道の悟りを開くきっかけ。仏の教えを聞いて道に目覚めるのはその人の心の中に仏の教えに反応する「機」が備わっているからであり、また、それは仏の教えを受ける因縁がその人にあったことによるということから「機縁」という。「(澄知和尚) 深喜淂達所、将天台教法、彼土機縁多少」（『入唐求法巡礼行記』巻一「開成四年正月一九日」）。
(47)　三十余月……『三国遺事』は、「三千余月」とする。

(48) 七法住の処……法師が住みながら仏法を行う七ヶ所の伽藍処。『三国遺事』は「七処伽藍之墟」。

(49) 金橋……『三国遺事』では、金橋は慶州の西川に架けられた橋で、民間では松橋といわれたとされる。金橋が架けられた西川は、『新増東国輿地勝覧』巻二一・慶州府「西川」条によると、都の西四里にあり、この川は咽薄山、墨匠山、只火谷山から流れる三つの川が合流し兄山浦に流れて行くとする。

(50) 天鏡林……興輪寺を建てた地、あるいはその近くにあった林。本書「法空」には、法興王二十一年（五三五）の時、天鏡林の木を切って興輪寺を造営する際に、魏の太武帝（在位四二四―四五二）が創建した招提寺の柱礎、石龕《せきがん》、階陛《かいへい》などの遺物が発見されたとする。

(51) 興輪寺……『三国遺事』巻三・法興「原宗興法厭髑滅身」では、法興王十四年（五二七）に興輪寺造営に着手し、二十一年（五三四）に天鏡林を切り開き工事を進め、真興王五年（五四四）に完成したとする。『三国史記』巻四・新羅本紀四「真興王」条にも真興王五年に完成したとする。また、『三国遺事』巻三・塔像四「東京興輪寺金堂十聖」には、興輪寺に阿道を始めとする新羅の高僧十人の像を安置したとされる。興輪寺の位置については、『新増東国輿地勝覧』巻二一・慶州府・古跡「興輪寺」条に、慶州府の南二里にあると見え、慶州市沙正洞が興輪寺址と推定され、一九八〇年代に新しく興輪寺が建てられた。しかし、この寺址から「霊廟之寺」「大令妙寺造瓦」などの銘の瓦が出土したため、興輪寺址ではない可能性が指摘され、現在は沙正洞の寺址より北西にある慶州工業高校の南が興輪寺址とされる。

(52) 三川岐……三つの川の合流地点。正確な位置は未詳。『三国遺事』は、毛禄の妹である史氏が阿道の下で出家をして尼となり、三川岐に寺を建て住んでいたと記し、その寺が今の永興寺であったと注を加えている。

(53) 永興寺……『三国遺事』巻三・法興「原宗興法厭髑滅身」には、法興王が興輪寺造営の工事を始めた年（五三五）に、法興王の妃も永興寺を建てて毛禄の妹である史氏の遺風を慕って出家し、法名を妙法として永興寺に住んだとする。『三国史記』巻四・新羅本紀四・真興王三十七年（五七六）条には、真興王の妃である思道夫人も出家して尼となり、永興寺に住んだとする。寺の位置については、『新増東国輿地勝覧』巻二一・慶州府「永興寺」条に、「在府城南」と見えるが、正確な寺址は未詳である。

(54) 龍宮……龍の宮殿ではなく龍の住む沼沢池のことで、新羅の月城の南、皇龍寺の北の池をいうか。『三国遺事』巻三・塔像四「迦葉仏宴坐石」には、新羅の月城の東、龍宮南に迦葉仏宴坐石があると記され、この龍宮南の地が今の皇龍寺とされる。

(55) 皇龍寺……寺址は現在の慶州市九黄洞。『三国遺事』巻三・塔像四「皇龍寺丈六」には、真興王十四年（五五三）二月に龍宮の南に宮殿を建てようとしたが、その地から黄龍が現れたので、宮殿ではなく寺を造営し、皇龍寺と号したとする。そして、寺は真興王二十七年（五六六）に完成したとある。前仏時代の伽藍墟とされた皇龍寺は、『三国遺事』巻三・塔像四「皇龍寺九層塔」には、境内に六〇メートルを超える巨大な九層塔が建てられた新羅最大規模の寺院とされる。

(56) 芬皇寺……寺址は現在の慶州市九黄洞。『三国史記』巻五・新羅本紀四・善徳王条によると、芬皇寺は善徳王三年（六三四）春正月に完成されたとする。『三国遺事』巻二・紀異「元聖大王」には、新羅元聖王十一年（七九五）の時、唐の使臣が東池と青池に棲む龍とともに芬皇寺の井戸に棲む龍を小魚に変えて唐に持って帰ろうとしたが、龍の妻たちの訴えによって失敗に終わったとする話が伝えられている。皇龍寺の北に位置するこの寺も龍神信仰と関わる寺として意識されていたことが考えられる。

(57) 神遊林……現在、慶州市普門洞・九黄洞・排盤洞を含む狼山の南にある林。『三国遺事』巻二・紀異二「文武王法敏」は、狼山の南に神遊林があり、その地に四天王寺が建てられたとする。『三国遺事』巻一・紀異一「善徳王知機三事」には、善徳王は死後に忉利天に葬られることを願い、その霊地こそ狼山の南であると遺言をしたとする話が伝えられている。『新増東国輿地勝覧』巻二一・慶州府「狼山」条にも、狼山を都の東九里にある「鎮山」と記している。

(58) 天王寺……現在の慶州市排盤洞狼山の南にあった寺。『新増東国輿地勝覧』巻二一・慶州府・古跡「四天王寺」条に、「在狼山南麓」と見える。『三国史記』巻七・新羅本紀四・文武王条に、文武王十九年（六七九）八月に創建されたとある。『三国遺事』巻二・紀異二「景明王」には、四天王寺の壁画の中に描かれた狗が吠え、三日間仏経を講説したとする説話が語られている。

(59) 沙川尾……沙川は、現在の慶州の蚊川のことか。『三国遺事』巻四・義解五「元暁不羈」には、沙川は民間では牟川、または蚊川といわれたとある。『新増東国輿地勝覧』巻二一・慶州府・山川「蚊川」条に、蚊川は都の南五里にあり、伊川の下流を流れる川とされる。

(60) 霊妙寺……『三国史記』では、霊廟寺と表記する。現在、慶州市沙正洞にある興輪寺の北側が寺址として推測される。『三国史記』巻一・新羅本紀四・善徳王条によると、霊廟寺は善徳王四年（六三五）に完成したとある。同書の善徳王五年（六三六）五月条には、霊廟寺の玉門池が宮城の西側にあったと記されている。『新増東国輿地勝覧』巻二一・慶州府・仏宇「霊妙寺」条も、霊妙寺は都の西五里にあり、新羅の善徳王が建てた寺として伝えている。

(61) 婿請田……現在、慶州市塔洞にある五陵（蛇陵）南の付近のことか。『新増東国輿地勝覧』巻二一・慶州府・古跡「曇厳寺」条には、婿請田に建てられた曇厳寺の旧址が蛇陵の南にあると見える。

(62) 曇厳寺……寺址は現在の慶州市塔洞。『三国遺事』巻一・紀異二「新羅始祖赫居世王」には、新羅初期の六村の一つである楊山村の南に曇厳寺があったとされる。

(63) 前劫の時の伽藍墟……『三国遺事』は「前仏時」と表記。釈尊以前のはるか遠い昔から諸仏（釈迦牟尼仏、毘婆尸仏、尸棄仏、毘舎浮仏、狗留孫仏、狗那含牟尼仏、迦葉仏）が出現した前仏時代にすでに新羅に仏法が興っていて、その時の寺址であるという。

(64) 玄旨……玄妙なる趣旨の意。仏教では仏教の哲理や宗派の宗旨をさす。「是謂涅槃之玄旨也」（元暁『涅槃宗要』）。

(65) 浮屠……真理を悟った人の意を表すサンスクリット語に対応する音写。古くは浮図と音写され、後には仏陀などと音写される。仏教の開祖釈迦牟尼、釈尊をさすことが多いが、ここでは仏教の僧侶を表す。「王欲新京城問浮屠義相」（『三国史記』巻七・新羅本紀七「文武王二一年六月」）。

(66) 厳荘寺……未詳。

(67) 味鄒王即位二年……西暦二六三年。味鄒王は新羅第十三代の王（在位二六二―二八四）で、新羅の金氏始祖である金閼智の五代孫で、金氏として初めて王位に就いた人物。『三国史記』巻二・新羅本紀・味鄒王元年（二六二）条に見える味鄒王の金氏家系の祖先には、味鄒王の高祖父にあたる人物の名前が「阿道」と記されている。本書「法空」では、味鄒王が阿道とともに初めて仏法を興そうとしたが、成し遂げず、亡くなったとしている。
(68) 竺教……仏教。仏教が天竺の国より始まった故にいう。「予儒者也。道聴竺教」(『東文選』巻七五「平心堂記」)。
(69) 続村……現在の慶尚北道の善山付近にあった村をいうか。『三国遺事』は「続林」と表記し、今の一善県であると注記している。
(70) 善州……現在の慶尚北道善山地方。新羅時代には「一善州」「嵩善郡」と称し、高麗成宗十四年(九九五)に善州と改められた「本新羅一善郡(中略)成宗十四年、為善州」(『高麗史』巻五七・志一一・地理二「一善県」)。
(71) 成国宮主……味鄒王の娘か。『三国遺事』は「成国公主」とする。
(72) 世は質にして民は頑な……質素で淳朴な世の風習と、おろかな民の様子をいうか。
(73) 白屋……質素で素朴な寺をいうか。『三国遺事』では、阿道が茅で編んだ寺に居住し、その寺を興輪寺と号したとする。
(74) 史侍……伝未詳。『三国遺事』は「史氏」。新羅最初の女性出家者。
(75) 嗣王……味鄒王の次の王、新羅第十四代王である儒礼王(在位二八四―二九八)のこと。
(76) 示滅……僧の入滅のこと。寂滅ともいう。「湘来還新羅、長安二年壬寅示滅、年七十八」(『三国遺事』巻三・塔像三「前後所蔵舎利」)。
(77) 斯盧……新羅の名称の一つ。「始祖創業已来、国名未定或称斯羅、或称斯盧、或言新羅」(『三国史記』巻四・新羅本紀四「智証麻立干四年十月」)。
(78) 法興……新羅第二十三代王(在位五一四―五四〇)。姓は金、名前は原宗、または、牟即智、另即智ともいう。法空は崩御後の謚号《しごう》。本書「法空」を参照。
(79) 前却……進んだり、退いたりすること。「軍不得前却」(『高麗史』巻一三七・列伝五四「禑王十四年四月」)。
(80) 舛差……背き違うこと。間違い。「本朝官制、計以禄数比、乃差舛」(『高麗史』巻一二九・列伝四二「崔忠献」)。
(81) 弘宣の益……人々を仏道に導き、仏教の教えを広め、利益を与えること。「為欲弘宣大教故」(赫連挺『大華厳首坐円通両重大師均如伝』)。
(82) 順道……高句麗小獣林王二年(三七二)に秦から高句麗にやって来て仏教を伝えた人物。『三国史記』『三国遺事』ともに順道を高句麗に初めて仏法を伝えた人物としているが、『高僧伝』巻一〇・神異下「釈曇始」には、晋の孝武帝大元の末、高句麗の広開土王五年(三九六)に曇始が高句麗に初めて仏教を伝えたとしている。本書「順道」参照。
(83) 像教東漸してより……仏教が東の方へ次第に伝わり広まってから。「則像教之東漸実始乎」(『三国遺事』巻三・塔像四「前後所蔵舎利」)。
(84) 信毀交騰……信じることと謗ることが代わる代わる起こること。「自法流震旦。信毀相陵」(『広弘明集』巻五)。
(85) 権輿光に闡き……「権」は秤の重り、「輿」は車のものを載せるところ。秤も車も最初はそこから作り始めるので、物事の始まり、事の起こり、初めを意味する。「悠悠遂古、茫茫厥初、人倫草昧、造化権輿」(『定林寺址五層石塔』)。「光闡」は教えを広く明らかに説くこと。仏教が始まり、釈迦の教説を明らかに説く。

(86) 秦の利方……天竺の僧。利房、利防ともいう。『破邪論』下によると、秦始皇三十四年(紀元前二一三)の時に、一八人の賢者とともに秦に渡ったが、始皇帝によって監禁され、利方による仏教伝来は失敗に終わったという(本書「序」参照)。『仏祖統紀』巻三四では、秦始皇四年(紀元前二四三)に秦国に渡ったとしており、『法苑珠林』巻一二・一四・五五では、利防と表記し、秦始皇二十四年(紀元前二二三)としている。

(87) 漢の摩騰……中天竺の僧。摩騰迦、迦葉摩騰、摂摩騰ともいう。後漢の明帝永平十年(六七)に、竺法蘭とともに仏舎利・経典等を持って中国に渡り、仏教を伝えたとされる人物。本書「序」語注90参照。

(88) 器を蔵して時を待つ……『易経』繋辞下伝「君子蔵器於身、待時而動」からの引用。実力を蓄えながらじっくりと時を待って行動することを表す。

解説

新羅に初めて仏教を伝えた阿道の僧伝。阿道の出自については諸説があり、詳しく述べてはいないが、阿道こそ新羅仏教伝来に相応しい高僧であることを強調する。本伝は新羅仏教伝来の時期をめぐって、①訥祇王(四一七―四五八)、②毘処王(四七九―五〇〇)、③梁大通元年(五二七)、④味鄒王二年(二六三)などの四つの時期を挙げている。

①の訥祇王時代に高句麗から新羅にやって来たとする黒胡子は、阿道以前に新羅に仏教を伝えた人物となるが、本伝は②の毘処王時の阿道が、黒胡子の風貌とよく似ていると繰り返し強調し、二人を同一人物として捉えている。③の梁大通元年に阿道が新羅に渡って仏教を伝えたとするのは『古記』

および高得相『詩史』に基づく説である。『古記』は阿道以前に高句麗から正方と滅垢玼という僧が新羅に仏教を伝えようとしたが、失敗し殺されてしまい、漸く梁大通元年に阿道によって新羅仏教伝来が遂げられたという。高得相が『詩史』に付けた注記にも、阿道は再度の斬害に遭ったが殺されなかったとしており、阿道が梁大通元年以前に新羅への仏教伝来を試みたことを表している。

④の味鄒王二年の阿道については、朴寅亮の『新羅殊異伝』から引用して語っている。『新羅殊異伝』では、阿道が魏の人である父を尋ねて高句麗から魏に渡り、仏道を修行して帰国したとするなど、高句麗と中国が強く意識されている。また、母の予言によって阿道が新羅に仏教を伝えたことや、王女の病を治療させて布教が承認されたこと、毛禄の妹が阿道の下で出家して新羅最初の女性出家者となって永興寺を建てたことなど、仏教伝来から布教に至るまで女性との関わりの深さが注目される。この話は、『三国遺事』が引用した新羅人の金用行（八世紀）による『我道和尚碑』と一致する内容であるが、『三国遺事』は、阿道による新羅仏教伝来を味鄒王時代とするのは事実と異なると述べている。しかし、事実はともあれ、『我道和尚碑』を撰した人物が金氏であったことや、新羅時代に王権の確立において、仏教が欠かせない存在であったことなどを考えると、『我道和尚碑』は、仏教と新羅金氏王朝との結びつきを強調するために、金氏として初めて王位についた味鄒王の時に阿道が仏教を伝えたとしたのではないかと思われる。

このように阿道に関する話は、歴史事実から離れ、新羅金氏王朝の始祖である味鄒王に関わる僧伝として語り継がれ、やがて朴寅亮の『新羅殊異伝』に採録され、それを本書が引用したと考えられる。また、本伝は、味鄒王の時に阿道が仏教を伝えたとするならば、阿道は高句麗に仏教を伝えた（三七四）順道と同時代の人物となると述べて、高句麗と新羅の仏教伝来が同時代であったかのような印象を強くしている。そして、このように新羅仏教は阿道によって味鄒王の時に伝わったが、阿道以降に廃止され、梁大通元年の法興王の時に再び興ったとしているのである。

出典・同類話・関連資料

出典　『新羅殊異伝』「阿道」（平凡社東洋文庫『新羅殊異伝』「阿道」本文参照）

同類話　『三国史記』巻四・新羅本紀四「法興王十五年」

『三国遺事』巻三・興法三「阿道基羅一作我道、又阿頭」

関連資料　本書「順道」

『三国史記』巻四・新羅本紀四「法興王十五年」

十五年、肇行仏法。初訥祇王時、沙門墨胡子、自高句麗、至一善郡、郡人毛礼、於家中作窟室安置。於時、梁遣使賜衣著香物、群臣不知其香名与其所用、遣人賷香徧問。墨胡子見之、称其名目曰、此焚之。則香気芬馥、所以達誠於神聖、所謂神聖。未有過於三宝、一曰仏陀、二曰達摩、三曰僧伽。苦焼此発願、則必有霊応。時王女病革、王使胡子焚香表誓、王女之病尋愈。王甚喜餽贈尤厚、胡子出見毛礼、以所得物贈之、因語曰、吾今有所帰。請辞、俄而不知所帰。至毘処王時、有阿道一作我道和尚、与侍者三人、亦来毛礼家、儀表似墨胡子、住数年、無病而死。其侍者三人留住、講読経律、往往有信奉者。

『三国遺事』巻三・興法三「阿道基羅一作我道、又阿頭」

按我道本碑云。我道高麗人也。母高道寧。正始間、曹魏人我姓我也堀摩奉使句麗、私之而還、因而有娠。師生五歳、其母令出家。年十六帰魏、省覲堀摩、投玄彰和尚講下就業、年十九又帰寧於母。母謂曰、此国于今不知仏法、爾後三千余月、鶏林有聖王出、大興仏教。其京都内有七処伽藍之墟、（中略）未幾、末雛王、即世、国人将害之、師還毛禄家、自作塚、閉戸自絶、遂不復現。因此大教亦廃、至二十三法興大王、以蕭梁天監十三年甲午登位、乃興釈氏、距末雛王癸未乃歳、二百五十二年、道寧所言三千余月、験矣。拠此、本記与本碑、二説相戻。不同如此。嘗試論之、梁唐二僧伝、及三国本史皆載。麗済二国仏教之始、在晋末大元之間、則二道法師、以小獣林甲戌、到高麗明矣、此伝不誤。若以毘処王時方始到羅、則是阿道留高麗百余歳乃来也。雖大聖行止出没不常、未必皆爾、抑亦新羅奉仏、非晩甚如此。又若在末雛之世、則却超先於到麗甲戌百余年矣。于時、雞林未有文物礼教、国号猶未定、何暇阿道来請奉仏之事。又不合高麗未到而越至于羅也。設使暫興還廃、何其間寂寥無聞、而尚不識香名哉。一何大後、一何大先、揆夫東漸之勢、必始于麗済而終乎羅。則訥祇既与獣林世相接也。阿道之辞麗抵、宜在訥祇之世。又王女救病、皆伝為阿道之事、則所謂墨胡者非真名也、乃指目之辞。如梁人指達摩為碧眼胡、晋調釈道安為柒道人類也。乃阿道危行避諱、而不言名姓故也。蓋国人随其所聞、以墨胡阿道二名、分作二人為伝爾。況云阿道儀表似墨胡、則以此可験其一人也。道寧之序七処、直以創開先後預言之、両伝失之、故今以沙川尾於五次、三千余月、未必尽信書。自訥祇之世、抵乎丁未、无慮一百余年、若曰一千余月、則殆幾矣。姓我単名、疑難詳。

（金　英順）

七　法空

釈法空は、新羅の第二十三代の法興王である。名は原宗。智証王の嫡子で、母は延帝夫人である。王は身長が七尺、寛大かつ温厚で人を愛し、聖人の如く明神の如く、万民から絶大な信頼を得ていた。三年（五一六）、龍が楊山の井戸の中に現れた。四年（五一七）、初めて兵部を置いた。七年（五二〇）、律令を頒布《はんぷ》し、初めて百官公服の朱紫の順序を制定した。

法興王が即位して以来、仏教を興そうとするたびに朝臣らはがやがやと騒ぎ、王はそれに躊躇した。しかし王は阿道の切実な願いに鑑み、朝臣らを集めて尋ねるには、「卓越した祖先である味鄒《みすう》王と阿道は初めて仏教を宣伝したが、その大きな功績が成し遂げられぬうちに亡くなった。それで釈迦の妙なる教化が、世に行われないままとなった。私はたいそう心を痛めている。寺院を大掛かりに建立し、再び祖先や神仏の影像を設置し、先王の徳政を忠実に守るべきだ。お前たちはどう考えるか」と。大臣の恭謁《きょうえつ》らが諫めて言うには、「このごろ収穫の状況が悪くて、人々は不安を抱いていています。それに、隣国の兵隊が国境を侵犯していて、戦争状態が続いているのです。どうして民を動員して労役させて、無用の寺院を造る暇があるのでしょうか」と。王は身辺の朝臣らに信心がないのを憐れに思い、嘆いて、「私が不徳の身をもって大業を継いでから、陰陽二気の順序が整わず、民衆たちは不安を抱いている。故に臣下らが逆らって従わないのだ。いったい誰が微妙な仏法の教術をもって、この迷える人々を諭し教えられるだろうか」と言った。長い間王の呼びかけに応じる者はなかった。

十六年に至って、内史の舎人で朴厭髑《ぼくえんどく》〈異次頓《いじとん》や居次頓ともいう〉がいた。年は二十六歳、凡人とは思われないすぐれた人で、強い信念をもっている。彼は正義のためならば勇敢に行動する気概をもって、大きくすぐれた王の祈願を叶えたいと思い、密かに奏して、「陛下がもし仏教を興そうとするならば、「王が仏教を創めたい」と、私から勅令を司る官吏に偽って伝えさせてください。そうすれば朝臣らが必ずや諫言してくるでしょう。そこで陛下は即座に、「私はそのような勅令を下していない、誰が命を偽って出したのか」と勅を下してください。朝臣らは小臣の罪を弾劾するにきまっています。もしその弾劾を認めれば、朝臣らはそれに従うでしょう」と言った。

王が、「頑迷で傲慢な彼らは、そなたを殺したとしてもどうして従うだろう」と言った。朴厭髑は、「釈尊の教説は、天神までも信奉するところです。もし小臣を殺せば、天地に異変が起こるでしょう。もし本当に異変があったとすれば、誰一人として傲慢で不遜でいられる者はいないでしょう」と答えた。王は、「私の本意は国家に利益をもたらし損害を取り除くことにありながら、かえって忠臣を殺してしまうことになろうとは。無傷で済む手だてはないか」と続けた。朴厭髑は、「わが身を犠牲にしてでも仁義を成し遂げようとするのは、臣下の大節です。まして私の死によって釈迦の加護は絶えることなく、常に夜を明るく照らし、国家の版図もますます保たれていくでしょう。私は死の日を迎えても、生きている時のように精神そのものがいつまでも生き続けるでしょう」と言った。王は、「そなたは平民の出身でありながら、大志を胸に抱いている」と激賞した。そして厭髑と洪大な盟誓《めいせい》を結んだ。

こうして、いよいよ「寺院を天鏡林に創設せよ。事務を司る者は勅令に従って工事を始めよ」との勅旨が伝えられた。果たせるかな、臣下らは朝廷において面と向かって王の過ちを責めたり争ったりした。王は「この勅旨を出したのは私ではない」と言った。厭髑は忌憚なく、「私が意図的にそう伝えたのです。もし仏法を行えば、国全体は安泰になるでしょう。世を治め民を救うことにも役立つでしょう。そのため、王の勅令を偽って伝えたからといって、何ら罪もないでしょう」と正当性を述べた。そこで王は群臣と一堂に会してその是非を聞き質した。みなが言うには、「今の僧徒は、子供のような坊主頭をして破れた服を身につけて、世間を惑わすような詭弁を弄しています。世間外れの言動を取っているのです。もしそれに従ったら、後に後悔するでしょう。私たちはたとえ死罪を言い渡されても、敢えて勅令には従いません」と。厭髑が奮い立って言うには、「あなたたちの発言は間違っています。思うに非常の人事があれば、その後に非常の事があるといいます。聞くところによると、仏教は非常に奥が深いものということですから、世間に行われなくてはなりません。また、燕や雀のような小鳥にどうして鴻鵠《くぐい》のような大きな鳥の志が分かるでしょうか」と。王は、「多くの衆が言うことは、堅固で打ち破ることができぬ。対してそなただけが異議を唱えているからといって、両方の言い分に従うわけにもいかない」と言って、下級の官吏に斬首の命令を下した。

　厭髑が天に告げて誓うには、「私が仏法の隆盛のために刑場に赴くのは、大きな利益を興そうという願いによるものです。もし仏に霊験があれば、わが死に際して変事が起こるでしょう」と。いざ斬首となると、厭髑の首が飛んで金剛山の頂上に落ちていた。斬られたところから白い乳が数十丈もの高きに及んで迸《ほとばし》り出た。空が暗くなり、美妙な花が降り注ぎ、地も激しく揺れ動いた。君主と臣下と士人と庶民はみな天変が起こるのを恐れ、舎人が仏法を珍重することから命を落としたことを泣き悲しんで、互いに声を挙げて泣いた。ついに、その遺体を金剛山に埋葬して、手厚く供養の礼を尽くした。その時に君臣は、「今後は、仏を信奉し僧に帰依する。もしこの誓いを裏切るならば、聖明な神がその者を殺すであろう」と誓いを交わした。

　君子が言うには、「大なる聖人は千年の気運に応じて生まれ、その仁と義はいずれも瑞祥として反映して現れるものであって、天地に応じ、月日に亘り、鬼神を動かさぬものはない。まして人事のことはなおさらだ。思うに聖人は自ずと道を信じるのを最も大事とし、事業が拡大されるのを最も重要とする。そのために、もし国や民に大きな利益があれば、「泰山《たいざん》は鴻毛《こうもう》よりも軽い」とあるように、貴い命を捧げるのだ。なんと偉大なことだろう。まさに有意義な死であることよ」と。この年に、殺生を禁止する命令を下した〈国史および古い諸伝に照らして斟酌して述べる〉。

二十一年、天鏡林で木を伐り倒し、寺院を立てようとした。土地をきれいにしたところ、柱礎や石塔と階段が現れた。果たしてそれは昔の寺の古い礎であった。建築工事の用材はすべてこの林のもので賄われ、工事が竣工となった。この時に王は位を譲り、僧となり、名を法空と改めた。三衣《さんえ》と瓦鉢《がばち》を執持し、志と行いは気高く他に抜きん出ており、一切の衆生を慈悲によって念じた。そこで、その寺を名づけて大王興輪寺とした。大王が住んだことに因んだのである。これが新羅の寺院創立の始まりである。

王妃も仏を信奉し、比丘尼《びくに》となり、永興寺に住した。この時から仏事が盛んになった。故に王の諡《おくりな》を法興というのは、決して浅はかな賛辞ではない。その後、厭髑の命日になるたびに、興輪寺で追善の法会を営み厭髑のことが偲ばれる。太宗王の時代になり、宰相の金良図は、浄土教を信奉し、花宝と蓮宝という二人の娘を家から出して、寺の婢とした。また逆臣の毛尺の親族を寺隷に充てた。故にこの二族の後人は今になっても、寺で働いているのである。

私は東都を遊覧し、金剛山の峰に登り、ぽつんとある墓や壊れた石碑を目にして、慨然として胸がいっぱいにならずにはいられなかった。この日に山里の住人たちが会食した。その由縁を尋ねたところ、わが舎人の命日であった。これまた過ぎ去った日が長いだけに、追憶の思いは募るものというべきであろう。「阿道碑」を案ずるに、法興王が出家して、法名を法雲とし、字を法空とした、という。今、国史および『殊異伝』とを見ると、法雲と法空の二者に分けて伝記がある。好古の方々には、詳らかに検証していただきたい。

賛に曰う。そもそも一国の君主というものは、臣下とともに事業を興す場合、すでに成し遂げた成果を受け継いでいくのはよいが、始業の策謀を共にしてはいけないとするものである。加えて、時の利と不利もあれば、信心の有無にもかかっている。つまり、原宗は仏法を興そうとしたが、朝命令を出して夕方にそれを実行するのはもとより難しい。しかし原宗は本願力によって、崇高な地位におりながら、賢明な忠臣の補佐を頼りに、大きな利益を天下に利して与えることが可能となり、ついに漢の明帝と肩を並べるようになった。何という偉業だろう。それに対して何の批判があろうか。梁の武帝に匹敵するというならば、それは決して妥当ではない。梁の武帝は皇帝でありながら大同寺の奴僕となったため、帝王の事業が地に落ちたからである。それに対して法空はすでに王位を譲り、その跡継ぎの地位を堅固にして初めて、沙門となったのである。いわば、われをおいて他に誰ができるものか、といった自信満々の布石なのだ。経にいう、「王と比丘とは身を異にすれども同体なり」とはまさにこのことなのだ。もし迷いの雲を一掃させ、悟りの太陽を照射させ、性空の智慧の世界を漫遊することができると言うならば、それは、ただ厭髑一人の力によるものか、いやそうではないだろう。

釈法空、新羅第二十三法興王也。名原宗。智証王元子、母延帝夫人。王身長七尺、寛厚愛人、乃神乃聖、彰信兆民。三年、龍現揚井中、四年、始置兵部。七年、頒示律令、始制百官朱紫之秩。即位已来、毎欲興仏法、群臣喋喋騰口舌、王難之。然念阿道之至願、乃召群臣問曰、聖祖味鄒与阿道肇宣仏教、大功未集而崩。能仁妙化、遏而不行。朕甚痛焉。当大立伽藍、重興像設、其克従先王之烈。其如卿等何。大臣恭謁等諫曰、近者年不登、民不安。加以隣兵犯境、師旅未息。奚暇労民作役、作無用之屋哉。王憫左右無信、歎曰、寡人以不徳、叨承大宝、陰陽不序、黎民未安。故臣下逆而不従。誰能以妙法之術、暁諭迷人者乎。久無応者。至十六年、奥有内史舎人朴厭髑或云異次頓 或云居次頓。年二十六、匪直也人、秉心塞淵。奮義見之勇、欲助洪願、密奏曰、陛下若欲興仏教、臣請偽伝王命於有司曰、王欲創仏事。如此則群臣必諫。当即下勅曰、朕無此令、誰矯命耶。彼等当劾臣罪。若可其奏、彼当服矣。王曰、彼既頑傲、雖殺卿何服。曰、大聖之教、天神所奉。若斬小臣、当有天地之異。若果有変、誰敢違傲。王曰、本欲興利除害、反賊忠臣。可無傷乎。曰、殺身成仁、人臣大節。況仏日恒明、皇図愈永。死之日、猶生之年也。王大加嗟賞曰、汝是布衣、意懐錦繡。乃与厭髑深結洪誓。遂伝宣曰、創寺於天鏡林。執事者奉勅興功。廷臣果面折廷諍。王曰、朕不出令。髑乃昌言曰、臣固為之。若行此法、挙国泰安。苟有益於経済、雖矯国令何罪。於是大会群臣問之。僉曰、今見僧徒、童頭毀服、議論奇詭。而非常道。若忽従之、恐有後悔。臣等雖死罪、不敢奉詔。髑奮曰、今群臣之言非也。夫有非常之人、而後有非常之事。吾聞仏教淵奥、不可不行。且燕雀焉知鴻鵠之志哉。王曰、衆人之言、牢不可破。汝独異言、不能両従。遂下吏将誅。髑告天誓曰、我為法就刑、庶興義利。仏若有神、吾死当有異事。及斬其頭、飛至金剛山頂落焉。白乳従断処湧出、高数十丈。日色昏黒、天雨妙花、地大震動。君臣士庶咸皆上畏天変、下慟舎人重法隕命、相向挙哀而哭。遂奉遺体、営葬金剛山、礼也。於時君臣盟曰、自今而後、奉仏帰僧。有渝此盟、明神殛之。君子曰、大聖応千百年之運、仁発於祥、義動於瑞、莫不応乎天地、亘乎日月、動乎鬼神。而況於人乎。夫其自信於道、則天地不得為不応也。然功貴成而業貴広。故苟有大頼、則軽泰山於鴻毛。壮哉、得其死所矣。是年、下令禁殺生按国史及古諸伝商量而述。二十一年、伐木天鏡林、欲立精舎。掃地得柱礎、石龕及階陛。果是往昔招提旧基。樑棟之用、皆出此林。工既告畢。王遜位為僧、改名法空。念三衣瓦鉢、志行高遠、慈悲一切。因名其寺、曰大王興輪寺。以大王所住故也。此新羅創寺之始。王妃亦奉仏、為比丘尼、住永興寺焉。自此啓興大事、故王之謚曰法興、非虚美也。厥後毎丁厭髑忌旦、設会於興輪寺、以追其遠。及太宗王時、宰輔金良図、信向西方、捨二女。曰花宝、曰蓮宝、為此寺婢。又以逆臣毛尺族類充賎。故二種銅錫、至今執役。予遊東都、登金剛嶺、見孤墳短碑、慨然不能自止。是日山人会食。問其故、即吾舎人諱日也。亦可謂去滋久、思滋深矣。按阿道碑、法興王出、法名法雲、字法空。今按国史及殊異伝、分立二伝。諸好古者、請詳検焉。

　賛曰。大抵国君、与下挙事、可与守成、未可与慮始。加有時之利不利、信無信繫焉。則原宗雖欲創興仏法、固難朝令而夕行。然承本願力、位拠崇高、又頼賢臣啓沃、能以美利利天下、卒与漢明斉駆並駕。偉矣哉、夫何間言。以梁武比之、非也。彼以人主、為大同寺奴、帝業墜地。法空既遜譲、以固其嗣、自引為沙門。何有於我哉。経所謂王比丘殊身同体矣。若乎掃迷雲、放性空之慧日、挟之以飛者、惟厭髑之力乎。

釈法空は、新羅第二十三(1)法興王なり。(2)原宗と名づく。(3)智証王の元子にして、母は(4)延帝夫人なり。(5)王の身長は七尺、寛厚にして人を愛し、(6)乃神乃聖《かみひじり》にして、(7)彰《あき》らかに兆民に信ぜらる。(8)三年、龍楊井の中に現る。(9)四年、始めて兵部を置く。(10)七年、律令を頒《わか》ち示し、始めて百官の(11)朱紫の秩《ちつ》を制す。

即位已来《いらい》、毎《つね》に(12)仏法を興さんと欲するも、群臣(13)噪噪《そうそう》として口舌を騰《あ》げたれば、王はこれを難ず。然して(14)阿道の至願を念《おも》い、乃《すなわ》ち群臣を召して問いて曰《いわ》く、「聖祖の(15)味鄒は阿道と与《とも》に肇《はじ》めて仏教を宣するも、大功未だ集めずして崩ぜり。(16)能仁の妙化は、(17)遏《さえぎ》られて行われず。(18)朕甚だ焉《これ》を痛む。当《まさ》に大いに(19)伽藍を立て、重ねて(20)像設を興し、それ(21)克《よ》く先王の烈《てがら》に従わん。それ卿等の如きは何《いか》んとするや」と。大臣の(22)恭謁ら諫めて曰く、「近ごろは年(23)登《みの》らずして、民安からず。加うるに(24)隣兵の境を犯すを以て、(25)師旅未だ息《や》まず。奚《なん》ぞ民を労し役を作して、無用の屋を作るに暇《いとま》あらんや」と。王、左右の信無きを憫《あわ》れみ、嘆じて曰く、「(26)寡人《かじん》不徳を以て叨《みだり》に大宝を承けたるも、陰陽は序ならず、黎民《れいみん》は未だ安んぜず。故に臣下も逆らいて従わず。誰か能《よ》く妙法の術を以て、迷える人を暁《あか》し諭《さと》さん」と。久しく応うる者無し。(27)十六年に至り、粤《ここ》に内史の舎人(28)朴厭髑〈或いは異次頓と云い、或いは居次頓と云う〉。年二十

六、[29]直《ただ》なる人に匪《あら》ざり、心を秉《と》ること塞《まこと》に淵《ふか》し。[30]義見の勇を奮い、[31]洪《おお》き願いを助けんと欲して、密かに奏して曰く、「陛下が若《も》し仏教を興さんと欲せば、臣請うに、偽りて王命を有司に伝えて曰く、「王は仏事を創《はじ》めんと欲す」と。かくの如くすれば即ち群臣必ず諫《いさ》めん。[32]当即《ただち》に勅を下して曰《のたま》うべし、「朕はこれを令すること無し。誰が命を[33]矯《いつわ》る」と。彼等は当に臣の罪を劾すべし。若しその奏を可とせば、彼は当に服すべし」と。

王曰く、「彼は既に[34]頑傲にして、卿を殺すと雖も何ぞ服さん」と。曰く、「[35]大聖の教えは、天神の奉ずる所なり。若し小臣を斬らば、当に天地の異有るべし。若し果たして変あらば、誰か敢えて[36]違傲《いごう》ならん」と。王曰く、「本より[37]利を興し、害を除かんと欲するも、反《かえ》りて忠臣を賊《そこな》う。傷《しょう》すること無かるべきや」と。曰く、「[38]身を殺して仁を成すは、[39]人臣の大節なり。況《いわ》んや[40]仏日恒《つね》に明らかに、[41]皇図愈《いよいよ》永し。[42]死する日といえども、猶《な》お生ける年のごときなり」と。王、[43]大いに嗟賞《さしょう》を加えて曰く、「汝はこれ布衣《ふい》なるも、意に[44]錦繍《きんしゅう》を懐《いだ》けり」と。乃ち厭髑と与《とも》に深く[45]洪き誓いを結ぶ。

遂に宣を伝えて曰く、「寺を[46]天鏡林に創《はじ》めん。事を執る者は勅を奉じて功を興せ」と。廷臣は果たして[47]面折廷諍す。王曰く、「朕は令を出さず」と。髑、[48]乃ち昌《まさ》しく言いて曰く、「臣、固《もと》よりこれを為す。若しこの法を行わば、国を挙げて泰安ならん。苟《いやし》くも経済に益有らば、国令を矯ると雖も、何ぞ罪ならんや」と。ここに於いて[49]大いに群臣を会してこれを問う。僉《みな》曰く、「今僧徒を見るに、[50]童の頭、毀《やぶ》れたる服にして、[51]議論奇詭《きき》なり。而《しか》も常に道に非ず。若し忽《たやす》くこれに従わば、(52)恐らくは後悔すること有らん。臣等罪に死すと雖《いえど》も、(53)敢えて詔《みことのり》を奉ぜず」と。髑奮いて曰く、「今の群臣の言は非なり。それ(54)非常の人有りて、而る後に非常の事有り。吾れ聞く仏教は(55)淵奥《えんおう》にして、(56)行われざるべからず。且つ(57)燕雀焉《いずくん》ぞ鴻鵠《こうこく》の志を知らんや」と。王曰く、「衆人の言は、(58)牢として破るべからず。汝独り言を異《こと》にすれども、両《ふた》つながら従うこと能わず」と。遂に(59)吏を下して誅さんとす。

髑天に告げて誓いて曰く、「我、法の為に刑に就くも、(60)義利を興すことを庶《こいねが》う。仏に若し神有らば、吾死せば当に異事有るべし」と。その頭を斬るに及び、飛んで(61)金剛山の頂に至りて落つ。(62)白乳断たれる処より湧出《ゆうしゅつ》すること、高さ数十丈。日の色は昏《くら》く黒く、(63)天は妙花を雨《ふら》し、地は大いに震動す。君臣士庶は咸皆《みな》上は天変を畏れ、下は(64)舎人が法を重んじて命を隕《おと》せるを慟《なげ》き、相い向かいて(65)哀を挙げて哭《な》く。遂に遺体を奉じて、金剛山に(66)葬を営みて、礼せり。時に君臣盟《ちか》いて曰く、「(67)今より後は、仏を奉じ僧に帰す。(68)この盟に渝《かわ》ること有らば、明神これを殛《ころ》さん」と。

君子曰く、「(69)大聖は千百年の運に応じて、仁は祥を発し、義は瑞を動かし、天地に応ぜざるは莫《な》く、日月に亘り、鬼神を動かす。況や人に於いてをや。それその自ら道を信ずれば、則ち天地も応ぜずと為ることを得ざるなり。然らば(70)功は貴く成りて業は貴く広し。故に苟《も》し大頼有らば、則ち(71)泰山も鴻毛より軽し。壮なるかな、その死の所を得たり」と。(72)この年、令を下して殺生を禁ず。〈国史及び古諸伝を按じ、商量して述ぶ〉。

二十一年、伐木して天鏡林に精舎《しょうじゃ》(73)を立てんと欲す。地を掃いて柱礎(74)、石龕《せきかん》(75)及び階陛《きざはし》(76)を得たり。果たしてこれ往昔《むかし》の招提《しょうだい》(77)の旧基なり。樑棟《りょうとう》(78)の用は、皆この林より出し、工(79)既に畢《おわ》りを告ぐ。王(80)は位を遜《しりぞ》きて僧と為り、名を法空(81)と改む。三衣(82)と瓦鉢を念《おも》い、志行は高遠にして、一切を慈悲せり。因りてその寺を名づけて、大王興輪寺(83)と曰う。大王の住みし所を以ての故なり。これ新羅に寺を創めし始めなり。

王妃(84)も亦《ま》た仏を奉じて比丘尼と為り、永興寺(85)に住めり。これより大事を啓《ひら》き興す故に王の諡《おくりな》を法興(86)と曰うは、虚美には非ざるなり。その後厭髑(87)の忌旦に丁《あた》る毎《ごと》に、会を興輪寺に設け、以てその遠き(88)を追う。太宗王(89)の時に及び、宰輔(90)の金良図(91)、西方を信向し、二女を捨す。花宝と曰い、蓮宝と曰い、この寺の婢(92)と為れり。又逆臣毛尺(93)の族類を以て賤(94)に充《み》つ。故に二種の銅錫、今に至るまで役を執れり。

予東都(95)に遊び、金剛の嶺に登るに、孤墳(96)に短碑を見、慨然として自ら止《とど》むこと能わざりき。この日、山人会食す。その故を問うに、即ち吾が舎人の諱日(97)なり。亦た謂う可し、去ること滋《ますます》久しく、思うこと滋深し、と。「阿道碑(98)」を按ずるに、「法興王出でて、法名は法雲、字《あざな》は法空」とあり。今国史及び『殊異伝(99)』を按ずるに、分かちて二伝(100)を立つ。諸《もろもろ》の好古の者、請《ねが》わくは詳らかに検《けん》さんことを。

賛に曰う。大抵国君下と与《とも》に事を挙ぐるには、守成(101)を与にすべく、未だ慮始《りょし》を与にすべからず。加うるに時の利と不利有り、信と信無きは焉《これ》を繋《つな》ぐ。則ち原宗創めて仏法を興さんと欲すと雖も、固より朝[102]に令して夕に行うこと難し。然れども[103]本願力を承け、位は崇高に攄り、又賢臣の[104]啓沃を頼み、[105]能く美《よ》き利を以て天下を利す。卒《つい》に漢明と[106]斉《ひと》しく駆け並び駕せり。[107]偉なる哉《かな》、[108]夫《そ》れ何をか間言せん。[109]梁武を以てこれに比するは、非なり。彼は人主を以て、[110]大同寺の奴と為り、帝業を地に墜《おと》せり。法空既に遜譲し、以て[111]その嗣を固め、自ら引きて沙門と為れり。[112]我に於いて何か有らんや。経に所謂《いわゆる》、「[113]王と比丘は身を殊にすれども同体なり」と。若乎《もし》くは迷雲を掃い、[114]性空の[115]慧日を放つ、これを挟《たばさ》みて以て飛ぶは、惟《ただ》、厭觸の力なるか。

語注

（1）法興王……新羅第二十三代王（在位五一四―五四〇年）。『三国遺事』王暦では諡は法興に始まるというが、『三国史記』法興王条と『三国遺事』巻一・紀異・智哲老王条には父の智証王を諡の最初とする。

（2）原宗……『三国史記』では諱《いみな》とする。なお、『日本書紀』巻一七・継体二十三年（五二九）四月是月条に見える「新羅王佐利遅」の「佐利」は源（原）、遅は智と同じく新羅の人名に多い美称であることから、法興王をさすという説がある。

（3）智証王……新羅第二十二代王。在位五〇〇―五一三年。父は十九代訥祇《とつぎ》王の弟、母は訥祇王の女《むすめ》、烏生夫人。金氏。智証麻立干（『三国史記』）、智哲老王、智度路王ともいう。

（4）延帝夫人……朴氏、登欣伊飡の女（『三国史記』）。『三国遺事』王暦では「迎帝夫人」とする。

（5）王の身長……「七尺」は二メートルを超える長身であり、「寛厚にして人を愛す」は、寛大かつ温厚で、慈悲心が深いこと。「信父丹、官至少府侍中、世以儒雅顕。少有大節、寛厚愛人、沈毅有謀」（『魏志』巻一二、鮑勛伝裴松之注所引『魏書』）。

（6）乃神乃聖にして……これこそ神というもので微妙であり、これこそ聖というもので通ぜぬところはない、という意。「乃」は助字。「～のようである」の意。「駕洛国元君首露者、天所降而俾御大宝。乃神乃聖、惟其人乎」（『三国遺事』巻二・紀異二「駕洛国記」）。

（7）彰らかに兆民に信ぜらる……「兆民」は多くの民。兆億、兆庶に同じ。『書経』「商書」に「克寛克仁、彰信兆民」。心は広く慈悲深く、万民から絶大な信頼を得ていること。『文選』巻三五、張協「七命」に「垂仁也、富乎有殷之在亳」とあり、李善注に『尚書』「仲虺」曰、惟王克寛克仁、彰信兆民。孔安国曰、言湯有寛仁之徳」とある。

（8）三年、龍楊井の中に現る……西暦五一六年。底本は「揚井」とするが、『三国史記』法興王条に「三年、春正月、親祀神宮。龍見楊山井中」とあるのによって「楊井」と改めた。

（9）四年……西暦五一七年。『三国史記』法興王条に「四年夏四月、始置兵部」とあるが、同書巻三六・雑志七・職官上には「兵部、令一人、法興王三年始置」とあり、後者が正しい。

（10）七年……西暦五二〇年。『三国史記』は、七年春正月に初めて官吏の公服を朱色・紫色に区別して位階を定めたとする。新羅の官位制は『三国史記』巻三八・雑志上「職官」に規定されている。

（11）朱紫の秩……官位制をさす。朱紫は官人の衣服や、官印の印綬の高位をさす。秩は序列。新羅の官位は最終的には十七階制であった。

（12）仏法……以下、『三国遺事』巻三・興法三「原宗興法」に関連記事がある。

（13）噪噪……がやがやと騒ぐさま。「吾聞鳳凰百鳥主、爾竟不為鳳凰之前致一言、安用噪噪閑言語」（『白氏文集』巻四「秦吉了」）。

（14）阿道……我道（『三国史記』）、阿頭（『三国遺事』）などとも表記する。新羅への仏教伝来を担った僧。『三国遺事』興法「阿道基羅」ならびに本書「阿道」語注1参照。

（15）味鄒……味鄒（雛）王。新羅第十三代王（在位二六二―二八四年）。本書「阿道」語注67参照。

（16）能仁……釈迦をさす。

（17）遏られて行われず……ある行動が止められて実行の運びには至っていないこと。「今古文集、遏而不行、唯公文章、横被六合、可謂力敵造化歟」（『全唐文』巻四三七・李陽氷「草堂集序」）。

（18）朕甚だ焉を痛む……朕がたいそう心を痛めている、という成句。「一人有辜、挙宗拘繫、農民失業、怨恨者衆、傷害和気、水旱為災、関東流冗者衆、青幽冀部尤劇、朕甚痛焉」（『漢書』巻一〇、「成帝紀」）。

（19）伽藍……衆僧が集い修行する清浄な場所をさすサンスクリット語saṃghārāmaの音写で、僧伽藍摩の略。後に寺院、あるいは寺院の主要な建物群をさすようになった。

（20）像設……祭祀される祖先や供養される神仏の影像をさす。『楚辞』「招魂」に「天地四方、多賊姦些、像設君室、静閑安些」とあり、朱熹集注に「像、蓋楚俗、人死則設其形貌於室而祠之也」とある。

（21）それ克く先王の烈に従わん……「先王」は前掲注15の味鄒王のこと。「烈」は手柄。王の功業や徳政。先王の徳政を忠実に遵守する、の意。「今不承於古、罔知天之断命、盤曰其克従先王之烈、

若顚木之有由蘖、天其永我命於茲新邑、紹復先王之大業、厎綏四方」（『書経』「盤庚上」）。
(22) 恭謁……王に諫言した大臣の名前。ここでは「恭しく謁する」という意味を響かせているか。
(23) 年……一年に一度実る穀物。五穀、特に米をさす。『荘子』逍遥遊などに見える。『三国史記』新羅本紀・智証麻立干には七年条に旱害、十年条に霜害、十一年条に地震などの災害関係記事が続く。
(24) 隣兵の境を犯すを以て……『三国史記』には五年春に株山城を築城、十一年秋に、王が南境の拓地を巡行した記事や、十二年春に大阿飡伊登と沙伐州の軍主に命じた記事などがある。一方、この時期に南方の加羅諸国の経略が進み、十九年には金官加羅が配下に入った。「頃之隣兵犯境、王謂跋摩曰、外賊恃力欲見侵侮。若与闘戦傷殺必多」（『梁高僧伝』巻三・三「求那毘地伝」）。
(25) 師旅未だ息まず……兵士二千五百の軍隊を師、五百人を旅といい、合わせて戦争を意味する。一句は、戦争がなお続いているとの意。「戊寅、詔、纂組文繡、正害女紅。今師旅未息、黎元空虚、豈可使淫巧之風、有虧常制」（『旧唐書』巻一一「代宗紀」）。
(26) 寡人、不徳を以て～黎民は未だ安んぜず……「寡人」は徳の少ない人。王自らの謙辞。「大宝」は王位をさす。『易経』「繫辞下伝」に「聖人之大宝曰位」とあるところから、後に「大宝」で帝位をさすようになる。「陰陽は序ならず」は陰と陽の順が調っていれば天下泰平のしるしであるが今はそうではない、ということ。「黎民」は庶民。黎は黒で、無冠の民をさす。また黎は衆をさすという説もあるが、意味は同じ。『三国遺事』巻三・興法三「原宗興法厭髑滅身」は『易経』の記述に沿いつつ、若干の用語の調整を施している。
(27) 十六年に至り、粤に……西暦五二九年。新羅への仏教公伝の年代は、法興王十五年（『三国史記』と同十四年（『三国遺事』）説があるが、十四年と見るべきだろう。なお、底本および奎章閣本、大蔵経本は「奥」とするが、意味からみて字形が近似する崔南善本によって「粵」と改めた。

(28) 朴猒髑……異次頓、居次頓ともいう。法興王に身を賭して仏教興隆を勧めた臣下。以下、殉死に至る経緯は『三国遺事』に詳細な記述がある。名前の表記については諸本によって異同が著しいが、『三国遺事』は、「猒髑の名は、異次または伊処とも書かれるが、これは方言に基づく音写により違いが生じたのである。ここではその音を漢訳して「猒」とするが、「髑」の方は「頓」「道」「覩」「独」などの文字が宛てられることもある。これらはすべて書く人が便宜的に用いた、いわば助辞ともいうべきもので、上の文字は漢訳し、下の文字は漢訳していないため、混乱が見られるのである」とする。

(29) 直なる人に匪ざり、心を秉ること塞に淵し……「匪」は「非」に同じ。「直」は特にの意。人は平凡の人の意。一句はただ平凡の人とは思われない、すぐれた人で、強い信念をもっていること。『詩経』国風・「定之方中」に「匪直也人、秉心塞淵、騋牝三千」とあるのに拠る。

(30) 義見の勇を奮い……正義のため勇敢に行動する。『論語』為政の「見義不為無勇也」に拠る。なお、「義見」は覚訓独自の（語順）用法か。正格は「見義」である。

(31) 洪き願い……大きくすぐれた（王の）祈願。「縁茲摩訶善根、仰発洪願、三宝常存、法輪永固、王祚克隆、七世先霊、託生妙楽、見在眷属、値仏聞法、四生之類、等成正覚」（『全北斉文』巻一〇、闕名「宋買等造天宮石像碑」）。

(32) 当即に勅を下して曰う……「当即」は、仏典出自の俗語で、直ちに、即座にの意。「当用手巾有五事」。直ちに勅命を出して言う。「三者不得持拭鼻。四者以用拭膩汚当即浣之。五者不得拭身

体」（後漢安世高訳『大比丘三千威儀』巻二）。
(33) 矯る……曲がったもの、悪いものを正しく直す意だが、ここでは偽り称える意。「券徧合、起矯命、以責賜諸民」、鮑彪注「矯、託也。託言孟嘗之命」（『戦国策』「斉策四」）。
(34) 頑傲……頑迷で傲慢な態度。「建於虞舜、聖徳光明、克諧頑傲、以孝烝烝」（『全後漢文』巻七五・蔡邕「九疑山碑」）。
(35) 大聖の教え……釈尊の教説。「如我所知、正覚師子、諸天世人、之所奉事、則以力勢、恒住如斯、第一初聞、大聖之教」（西晋竺法護訳『正法華経』巻二、「応時品」）。
(36) 違傲……傲慢で不遜な様子。「違慠」とも。「太祖忿其違傲、二十三年、使龍驤将軍、交州刺史檀和之伐之」（『宋書』巻九七・列伝五七「林邑国」）。
(37) 利を興し、害を除かん……利益をもたらし、損害を取り除くこと。「夫君之寵臣、欲以除害興利、臣之事君、必以殺身静乱、以功報主也」、李善注「尸子曰、禹興利除害、為万民種也」（『文選』巻三七・曹植「求自試表」）。
(38) 身を殺して仁を成す……我が身を犠牲にしてでも仁義を成し遂げようとする。『論語』衛霊公篇に「志士仁人、無求生以害仁、有殺身以成仁」とあるのに拠る。『宋高僧伝』にも「許友以死殺身成仁、漸契不拘将隣直道」（巻二三「宋臨淮普照王寺懐徳伝」）と見える。
(39) 人臣の大節……臣下としての大義。「哀死事生、人臣大節、公等可思念此言、令万代称嘆」（『北史』巻九・周本紀上「世宗明帝」）。
(40) 仏日恒に明らかに……釈迦の加護は絶えることなく。「城隍奏楽、五稼豊登、四塞澄清、狼煙罷驚、法輪常転、仏日恒明」（『敦煌変文』「頻婆娑羅王后宮采女功」）。

（41）　皇図……国家の版図。『文選』巻一・班固「東都賦」に「於是聖皇乃握乾符、闡坤珍、披皇図、稽帝文」、呂延済注に「皇図、謂河図也」とあり、「皇図」は、もと河図、版図をさす言葉で、後に王朝そのものをさす意味が派生してくることが分かる。なお、原文「皇図愈永」の四字句は覚訓が案出した独自の表現か。

（42）　死する日といえども、猶お生ける年のごときなり……死の日を迎えても、生きている時のように精神そのものがいつまでも生き続けること。「臣螻蟻之生已及遅暮、於世固無所待。其区区但欲其教法不微不昧而流播於無窮、人得以資之而務道為善。則臣雖死之日猶生之年也。非敢僥倖」（宋、契嵩撰『鐔津文集』巻九）。

（43）　大いに嗟賞を加えて……「嗟賞」は嘆きつつ讃えること。「帝望見之、大加嗟賞、遣使者労之」（『元史』巻一一九・列伝六「脱脱伝」）。

（44）　錦繡……錦と刺繡を施した豪奢な夜装。高貴の表象。ここでは「布衣」と対の句を成し、平凡の人と大志の持ち主の比較を暗に匂わす表現。

（45）　洪き誓い……仏典出自語。大いなる誓願。「有高行頭陀僧智清、緒発洪誓、精心住持、請以仏跡寺僧什喩、仙台観道士譚仙岩同力増修、指期恢復」（『全唐文』巻三三八・顔真卿「撫州宝応寺翻経台記」）。

（46）　天鏡林……興輪寺を建立した地。興輪寺は現在の慶州市沙正洞の慶州工業高等学校内地にあった寺で、この興輪寺址の東方の皇南洞古墳公園には味鄒王陵があることから、天鏡林は現在の古墳公園の南西部、皇南洞から沙正洞にかけての一帯をさすと推測されている。本書「阿道」語注50参照。

(47) 面折廷諍す……「面折」は面と向かって直接相手の非を責めること。「廷諍」は朝廷において多くの臣下の前で君主の錯《あやま》ちを諫言すること。「陳平、絳侯曰、於今面折廷諍、臣不如君。夫全社稷、定劉氏之後、君亦不如臣。王陵無以応之」(『史記』巻九「呂太后紀」)。

(48) 乃ち昌しく言いて曰く……「昌言」は善言、正当な言論。忌憚のない言葉を行うこと。「乃昌言曰、昔在蕭公、暨於孫卿。皆先識博覧、明允篤誠」(『文選』巻一一・何晏「景福殿賦」)。

(49) 大いに群臣を会して……群臣と一堂に会すること。「詔曰、明日大会群臣、其令太傅乗輿上殿」(『魏志』巻四「三少帝紀」)。

(50) 童の頭、毀れたる服にして……「童の頭」はまだ毛髪の生えていない頭。ここでは、僧侶の形姿をさす。「毀れたる服にして」は、破れた服を着ること。僧侶の装束をさす。二者とも異様な僧侶の姿を否定的に捉えた表現で「童髪毀服」の変形か。「仏之道、大而多容(略)名而異行、剛狷以離偶、纖舒以縦独、其状類不一、而皆童髪毀服以游於世、其孰能知之」(『全唐文』巻五七九・柳宗元「序隠遁道儒釈」、宋祖琇撰『隆興編年通論』巻二三、宋本覚編集『釈氏通鑑』巻一〇など)。

(51) 議論奇詭……世間を惑わすような詭弁を弄する。

(52) 恐らくは後悔すること有らん……後になって後悔することだろう。「君侯不受拝、如是便還、但相為惜此挙動、恐有後悔耳」(『蜀志』巻一一「費詩伝」)。

(53) 敢えて詔を奉ぜず……敢えて詔書には従えない。君主の命令を婉曲に拒否する常套句。「市巷諷議、皆言陛下欲有廃立之志。誠如此者、臣等有死而已、不敢奉詔」(『晋書』巻一一八「載記」)とある。

(54) 非常の人有りて、而る後に非常の事有り……すぐれた人材。『文選』巻四四、司馬相如「喩巴蜀父老檄」に「蓋世必有非常之人、然後有非常之事。有非常之事、然後有非常之功。夫非常者、固常人之所異也」とあるのに拠る。

(55) 淵奥……非常に奥が深い様子。「吾道微妙、経典淵奥、上士得之、一号溝港、二号頻来、三号不還、四号応真」(後秦鳩摩羅什訳『海八徳経』巻一)。

(56) 行われざるべからず……必然的に実行しなければならないことをいう。二重の打ち消しの形で強い意思を表す表現。「夫民必知義然後中正、中正然後和調、和調乃能処安、処安然後動威、動威乃可以戦勝而守固。故曰、義不可不行也」(『管子』「五輔」)。

(57) 燕雀焉ぞ鴻鵠の志を知らんや……燕や雀のような小鳥(小人のたとえ)に、どうして鴻鵠《くぐい》のような大きな鳥の志(英雄や大人物の抱負)が分かるだろうか。司馬遷『史記』巻四八「陳渉世家」に拠る。

(58) 牢として破るべからず……牢固として破ることができないの意。特に、反対や非難の声が喧《かまびす》しい様子を強調するのに用いる。「大官臆決唱声、万口和附、並為一談、牢不可破」(『新唐書』巻二二七・韓愈「平淮西碑」)。

(59) 吏を下し……刑罰を司る官吏に命じたこと。

(60) 義利を興すこと……「義利」は(仏法の)大きな利益のこと。「普往十方諸国土、広説妙法興義利、住於実際不動揺、此人功徳同於仏」(唐実叉難陀訳『大方広仏華厳経』巻一三「光明覚品」)。

(61) 金剛山……現在の慶州市龍江洞にある小金剛山。新羅の北岳に擬せられる山で、『三国遺事』巻一・紀異一「真徳王」条では、新羅の四霊地の一つとされる。江原道の著名な金剛山ではない。

(62) 白乳……斬られた首から白乳が湧出することは、『付法蔵因縁伝』巻六末尾の「獅子比丘伝」

に「即以利剣、用斬獅子、頂中無血、唯乳流出」と見える。『三国史記』は末尾に、朴厭髑の殉死について、金大問（八世紀初）の『鶏林雑伝』に拠って記述したと示し、『鶏林雑伝』の記事は韓奈麻の金用行（八世紀）の『我道和尚碑』に見える碑銘と異なっていると注記している。また金剛山西麓の栢栗寺にあった六面石幢（現、慶州博物館蔵）の第一面には異次頓のはねられた首から白乳が噴き出る場面を陰刻した絵図があり、第二面から六面にかけては異次頓の供養文が記され、この伝承の生成を知るうえで貴重な手がかりを与えてくれる。石刻銘は摩滅が著しいが、近代になって発見された木刻の法帖により、復原と解読が進められている。

(63)　天は妙花を雨し……天地の諸神がその献身的な振る舞いに感動して引き起こされる現象。『高僧伝』などに散見する瑞祥の表現。「当爾之時、地大震動、天雨妙花、覆冕王上」（呉支謙訳『撰集百縁経』巻四「出生菩薩品」）。

(64)　舎人が法……宮内に近侍する下級官吏であった厭髑の説いた仏法のこと。

(65)　哀を挙げて哭く……哀しみ傷む声（哀咽・哀号）を出して、むせび泣く。原文の四字句「挙哀而哭」は撰者独創のものか。他の用例、管見に入らない。

(66)　葬を営みて、礼せり……遺体を埋葬して手厚く供養した。「〜礼也」は漢籍では尊ぶべき故人を偲ぶ哀悼文の決まり文句。「粤九月二十六日、将遷座於長寧陵、礼也」（『文選』巻五八「宋文皇帝元皇后哀策文」）。

(67)　今より後は……今後、これから。「時王念言、此象数来、多所損傷、自今而後、百年聴現一象」（『長阿含経』巻三）。

(68)　この盟に渝ること有らば、明神これを殛さん……もし誓言を裏切った者があれば、聖明な神がそれを殺すであろうとの意。漢籍では誓願または同盟を結ぶ際の決まり文句。「明神」は神に対する敬称。『詩経』大雅・「雲漢」には「敬恭明神、宜無悔怒」とあり、その怒りにふれることを畏怖した。ここは、『左伝』僖公二十八年に「癸亥、王子虎盟諸侯於王庭、要言曰、皆奨王室、無相害也。有渝此盟、明神殛之、俾隊其師、無克祚国、及而玄孫、無有老幼。君子謂是盟也信。謂晋於是役也能以徳攻」とあるのに拠る。『宋高僧伝』巻十七「唐朗州薬山唯儼伝」にも「有渝此盟、無享人爵、無永天年、先聖明神是糺是殛」と見える。

(69) 大聖は千百年の運に応じて……当該段落は『全唐文』巻七九九・皮日休「首陽山碑」に「天必従道、道不由天、其曰人乎哉。大聖応千百年之運、仁発於祥、義発於瑞。上聖帝也、次素王也、莫不応乎天地、亘乎日月、動乎鬼神。或有守道以介死、秉志以窮生、確然金石、不足為貞、瀞然冰玉、不足為潔、非其上古聖人、不以動其心、況当世富貴之士哉。斯其自信乎道、則天地不可得而応者也。嗚呼（中略）若夷斉者自信其道、天不可得而応者也。天尚不可応、況於人乎、況於鬼神乎」とあるのを簡略化したもの。

(70) 功は貴く成りて……『全唐文』巻二三八・蘆蔵用「紀信碑」に「故功貴成、業貴広、苟有大頼、則軽太山於鴻毛。壮哉、紀公。誠得其死矣」とあるのに拠る。

(71) 泰山も鴻毛より……太山は泰山・岱山とも書き、中国の山岳信仰の中枢を占める。奇岩と急流に富み、国家の崇祀する五岳の筆頭として東方に配され、秦の始皇帝が天神地祇を祀り、天下統一と自身の不老長生を祈願する封禅が行われ、漢の武帝らも倣ったことから、特に東岳泰山と呼ばれた。鴻毛はおおとりの羽で、軽いものの比喩であり、『文選』巻四一・司馬遷「報任安書」の「死或重於泰山、或軽於鴻毛」に拠る。

(72)　この年〜殺生を禁ず……『三国史記』には「令を下して殺生を禁ず」とあるが、厭髑の奏言と処刑は同十五年（『三国遺事』では十四年）のこととされており、「この年」は「翌年」とすべきであろう。
(73)　精舎……出家修行者の住する寺院、僧院。サンスクリット語のヴィハーラ Vihāra の漢訳語。『法華経』巻五「分別功徳品」には「栴檀立精舎、以園林荘厳」とあるように、立派な建築をさすのではなく、釈迦在世中の祇園精舎のように、練行僧の舎宅を意味した。
(74)　柱礎……『三国遺事』巻三六・東京興輪寺金堂十聖条、同巻・興輪寺壁画普賢条、巻五・密本摧邪条などの記事によると、同寺には塔・金堂・呉堂・南門（北門）・左経楼（右経楼）と回廊などがあったことが知られる。慶州国立博物館の外庭には、同寺で使用された石槽がある。
(75)　石龕……石龕は仏塔の下に設けられた小室。尊像を祀ったため厨子や仏壇の意味でも用いられた。
(76)　階陛……堂に登るための階段。特に陛は盛り土を重ねた宮殿のきざはしをさすが、これは興輪寺の創建が法興王の発願によるためであろう。
(77)　招提……招提は東西南北の四方の意で、各地で修行する僧をさす。サンスクリット語 Caturdiśa の音写。魏の太武帝が始光元年（四二四）に伽藍を作り、これを「招提」と名づけた故事に拠る。「招提、訳云四方也。招此云四、提此云方、謂四方僧也」（唐慧琳撰『一切経音義』巻六四）。
(78)　榤棟の用……榤は柱の上に横に渡して屋根を支える材木で、棟は屋根の最上部の背の部分で、その用材をいい、合わせて建築工事をさす。しかし、法興王の生前には完工しなかったらしく、次の二十四代の真興王五年（五四四）二月に完成したことが『三国史記』巻四に記されている。
（79）工既に畢りを告ぐ……　工事が竣工すること。「廼謀於衆、増広殿宇。工既告畢、丙辰四月、大設落成之会」（宋守一編輯『東国僧尼録』巻一）。
（80）王は位を遜きて僧と為り……法興王の出家は南朝・梁の武帝（四六四―五四九）による強力な仏教振興策に倣ったものと見られる。
（81）法空……本節の後段では「阿道碑」に「法興王出家し、法名を法雲、字は法空」とあるが、『新羅殊異伝』では二伝を立てることから、その考証を後代に託している。「法雲」は法興王ではなく、次の真興王の法名であることが『三国史記』巻四・新羅本紀四・真興王条の末尾に「一心奉仏、至末年、祝髪被衣、自号法雲、以終其身」と明記されている。
（82）三衣と瓦鉢を念い、志行は高遠にして、一切を慈悲せり……「三衣」は僧の着る三種の袈裟。僧伽梨の大衣、鬱多羅僧の上衣、安陀衣の中着衣に分けられる。「瓦鉢」は僧が托鉢や日常の食事に用いる食器。「三衣瓦鉢」を持つことは欲望と世事を少なくすることを意味する。「鉢是出家人器、非俗人所為。応執持三衣瓦鉢、即是少欲少事等」（唐道宣撰述『四分律刪繁補闕行事鈔』巻三）、「此菩薩者、義弁第一慈悲喜護、言語柔和志行高遠、先笑後言和顔悦色」（姚秦竺仏念訳『最勝問菩薩十住除垢断結経』巻五「勇猛品」）。
（83）大王興輪寺……法興王自らが創建を発願したものの、生前に完工しなかったため、その没後に追悼を込めて興輪寺に大王を付して記したか。
（84）王妃も亦た仏を奉じて……　『三国遺事』王暦には「法興王の妃、巴刁夫人は出家して法流と名づく」とあり、同書巻三・原宗興法には『冊府元亀』を引いて「史氏の遺風を慕い、王と同じく落彩して尼となり、妙法と名乗り、亦た永興寺に住すること、有年にして終われり」とあるが、この記事は現存本『冊府元亀』を含め、他の諸書には見えない。

(85)　永興寺……新羅最初の尼寺。法興王による興輪寺と同年代に王妃が創建したように読めるが、異伝がある。『三国遺事』巻三「阿道基羅」条には「我道本碑」を引いて味雛王の時に毛禄の妹で史氏という尼僧が三川岐に寺を創建し、永興寺と名づけて住んだという。もう一説は『三国遺事』巻三「原宗興法」の記事だが、後者の方が史実に近いとしても、その完成は真興王五年に興輪寺が完成した後のことと考えられる。『三国史記』巻四・真興王三十七年（五七六）条に、王の薨去記事に続けて「王妃亦之為尼、住永興寺」とあるので、最初の住持は出家後の真興王と見るべきであろう。

(86)　法興……新羅における仏教弘通を公認した王として、仏法興隆に因む諡号を贈られた。新羅仏教伝道史上、阿道と異次頓と法興王を三聖と呼ぶ。

(87)　厭髑の忌旦……厭髑の奏言と殉教を本書では法興王十六年（五二九）とするが、前掲注27のように、十四年とする『三国遺事』の説が正しい。

(88)　遠きを追う……祭祀時に真心を傾けて先人を追憶すること。「曾子曰、慎終追遠、民徳帰厚矣」（『論語』学而篇）。

(89)　太宗王……新羅第二九代太宗武烈王（在位六五四―六六一）。姓は金、名前は春秋。

(90)　宰輔……君主の執政を補佐する大臣で、宰相をさすのが一般的である。「周公之為宰輔也、以謙下士、故能得真賢」（後漢王符『潜夫論』「本政」）。

(91)　金良図……太宗武烈王の宰相。仏を篤く信じた。子供の頃、急に口がきけなくなり、体が硬直して、ものも言えず体も自由にならなかった。一匹の大鬼と大勢の小鬼が身に附着したからであった。密本摧邪という法師の神呪によって、鬼どもが退治されたため、金良図は健康が完全に回復した。これが金良図の仏教信奉のきっかけとなった（『三国遺事』巻五・神呪六「密本摧邪」）。

(92) 婢……女の召使い。下女。『説文』、婢者、女之卑称」（唐慧琳撰『一切経音義』巻二七）。

(93) 毛尺……新羅人。百済に逃げ、大耶城（現在の陝川郡にあった新羅の城）の黔日《けんじつ》と共謀して百済兵を引き入れ、大耶城を陥落させたが、六六〇年百済が滅亡し、新羅・唐の連合軍によって斬首された（『三国史記』巻五・新羅本紀五「太宗武烈王」）。

(94) 賤に充つ……「賤」は不本意ながら社会から卑賤視され、身分的に最下層に置かれた人をさす。

(95) 東都……新羅の首都慶州。慶州の東北部には本伝関連の小金剛山がある。

(96) 孤墳に短碑……「孤墳」は荒廃した野原や丘に孤立した、墓参りする人もない墓。「短碑」は幾多の歳月を経て風化された、筆跡もはっきりと読めない碑石。本書他の用例、管見に入らない。

(97) 諱日……命日のことで、人が亡くなった日のこと。

(98) 「阿道碑」……本書「阿道」語注1参照。

(99) 『殊異伝』……『新羅殊異伝』（平凡社東洋文庫）参照。新羅の歴史故事や奇異譚をまとめた説話集。散逸しており、わずか一三例が後世の文献に引用されるだけで、成立時も編纂者も未詳である。新羅ゆかりの古典として朝鮮半島の文学史の始発に位置づけられる作品である。

(100) 二伝……在位中の法興王（出家後の法空）の伝記と、甥の真興王（出家後の法雲の）伝記をさす。

(101) 守成を与にすべく、未だ慮始を与にす……上の句は、先代の事業をともに守り続けることは難しいとの意。下の句は、事業の立ち上げをともに謀ることは難しいとの意。『全唐文』巻三〇一・劉彤「論塩鉄表」に「臣聞、可与守成而難与慮始者、常情是也。陛下若允臣愚計、便付有司、則恐由習常、就之無日」とあるのに拠る。
(102) 朝に令して夕に行う……法令などが一旦頒布されると、時を置かずに執行に移すこと。類例に「朝令夕弁」という表現がある。「涔酷虐士卒、日役千人、朝令夕弁、去城数十里内先賢丘墓、多令毀廃」(『旧唐書』巻一二九・列伝七九「韓滉」)。
(103) 本願力……仏になるため修行している期間(因位)に立てた誓願による力。修行の結果(果位)得た功徳はすべて本願力によるという。特に阿弥陀仏が悪人を救うのもこの力による。
(104) 啓沃……真心を込めて君主を諭し、補佐すること。『書経』「説命上」に「啓乃心、沃朕心」とあるのを出典とする。「啓沃」について孔頴達疏に「当開汝心所有、以灌沃我心、欲令以彼所見、教己未知故也」とある。
(105) 能く美き利を以て天下を利す……大きな利益を天下に利して与える。『易経』「乾卦」に「乾元者、始而亨者也。利貞者、性情也。乾始能以美利利天下、不言所利、大矣哉」とあるのに拠る。
(106) 斉しく駆け並び駕せり……数頭の馬が轡を並べて、一台の車を引っ張り疾走する意から、実力、能力、地位などに差がないことを表す四字句の成語。「並駕斉駆」とする表現が一般的である。「気象廓然、可与「両都」、「三京」斉駆並駕」(宋張戒『歳寒堂詩話』下巻)。
(107) 偉なる哉……なんと偉大なことだろうとの詠嘆句。唐以後に生まれた新しい詠嘆表現。「殆至宝将出之、幸会其数天也、偉矣哉」(『旧唐書』「附録」)。

(108) 夫れ何をか間言せん……「間言」は「閑言」とも。非議したり、異議を唱えたりすること。「伊彼宗人、祭於菜地、苟不失礼、夫何間言」（『全唐文』巻九〇二、王志悌「対大夫菜地祭判」）。

(109) 梁武……中国南朝の梁の初代皇帝（在位五〇二―五四九）、蕭衍《しょうえん》。大通元年（五二七）以降、自らが建立した同泰寺で「捨身」の名目で数回にわたって莫大な財物を施与した。そのたびに皇太子や百官たちは巨額の財物を積んで皇帝の身を請け出し、あらためて即位の儀式が行われた。武帝は杜牧の「江南春」に「南朝四百八十寺、多少楼台煙雨中」と歌われるほど中国仏教史上での黄金時代を作ったが、晩年、侯景の反乱によって建康台城に幽閉されて餓死した。

(110) 大同寺……梁の武帝によって大通元年（五二七）に創建された寺。寺名の「大同」が創建年の年号「大通」と同じ意味である上、発音においても相通じるところから、「大同」と名づけられたと推測される。正式な寺名は同泰寺である。梁の武帝が同泰寺に捨身する史実は正史の『梁書』に三回、『南史』に四回の記述が残されている。『梁史』巻八・武帝紀によると、「大通元年、初、帝創同泰寺、至是開大通門以対寺之南門、取反語以協同泰。自是晨夕講義、多由此門。三月辛未、幸寺舎身、甲戌還宮、大赦、改元大通、以符寺及門名」とある。一方、同泰寺を現在の南京の北東にある鶏鳴寺とする説もある。

(111) その嗣……新羅第二十四代真興王（在位五四〇―五七六）。法興王の甥。仏教を公認した法興王に次いで出家僧尼を許可する国法を制定し、皇龍寺に丈六尊像を鋳成するなど仏教振興に尽力した。

(112) 我に於いて何か有らんや……法空にしかできないのはどうしてか。法空に倣って成就すべきことを全うするように、と人々を鼓舞する発話。「子曰、黙而識之、学而不厭、誨人不倦、何有於我哉」（『論語』述而篇）。
(113) 王と比丘は〜同体なり……法興王が王と比丘という二役を全うしたことを讃えた言い方か。
(114) 性空……一切の諸法は因縁和合して生じたものであって、その本性はつくられたものではなく、空である、という意。
(115) 慧日……太陽のごとき智慧。仏の智慧の無限広大なことを、日光に喩えていう。智慧の日光。

解説

新羅第二十三代法興王（法名・法空）の伝。本伝の内容は三部構成となっている。仏教を興そうとした法興王が、朴厭髑《ぼくえんどく》の殉教によってその願いを果たす第一部。王が大王興輪寺を建立し、自らも出家して、仏教がいよいよ興隆する第二部。最後は、覚訓の考察と賛である。

法興王は、先王の徳政を受け継ぎ、阿道以来の仏教の振興を図ろうとした。しかし、群臣らは口を揃えて反対した。その時、内史の舎人朴厭髑が一計を献じ、「小臣が寺院創建の王命を偽って役人に伝えれば、臣下らは私に罪を問い、王がそれを可とすれば、群臣も従うだろう」と申し出た。朴厭髑の策のとおりに事は進み、彼は、臣下たちの前で仏教の霊験を訴えるも、王命を偽った罪で斬首された。ところが、死に際して数々の異変が起こり、天変地異を恐れた臣下らは仏を信奉することを誓った。王は、朴厭髑の死を無にしないためにも、天鏡林で新羅初の寺院である興輪寺の創建に着手して完成を見た。賛では、甥の真興王に王位を禅譲し、梁の武帝の「捨身」に倣い、自ら仏門に帰依することによって、国を挙げて仏教の振興に取りかかろうとした志や、新羅における以後の絢爛たる仏教の開花を迎える布石となったことが示されている。覚訓は、時には人物の会話を交え、時には論客の説を引き、終わりに賛辞を添え、「法興王」こそ、新羅で正真正銘の「法を興す王」だという主旨を全面的に押し出しているのである。そして覚訓自ら厭髑が最後に奇蹟を起こした慶州の金剛山を訪れ、懐旧の思いにふける。厭髑の命日に地元の人々が供養していたというから、そこが聖地になって信仰を集めていたことが分かる。覚訓自身の語りとしても注目されるだろう。

東アジアにおける僧伝史として本伝で看過できないのは、梁の武帝と法興王に対する覚訓独自の比較論である。すなわち、梁の武帝の場合、国政を自ら放棄し、餓死の横死を遂げたため国家が動乱に陥り、結局、仏教弘揚の助けになることがなかった。それとは対照的に、新羅の場合、朴厭髑の献身はもちろんのこと、法興王は、初めから政略的に後継者の人事を固め、国家次元の支援を獲得した上で、一先王の率先的な手本として僧衣を身にまとった。いわば、仏教にいう「権智」を働かせて仏教を広める結果につながったという、覚訓の独自の評価を成しているのである。

さらに本伝の具体的な表現の特徴をたどってみると、以下の四種を挙げることができる。

第一に三大『高僧伝』との関連であり、共通するものに『左伝』の「有渝此盟、明神殛之」の一句があり、『宋高僧伝』巻十七「唯儼伝」に見え、「護法篇」に用いられる点が注目される。『論語』衛霊公篇の「殺身成仁」は、『宋高僧伝』巻二三「懐徳伝」に見え、「遺身篇」に使われる点も注意され、『高僧伝』の共通性をうかがわせる。

一方、三大『高僧伝』には見えない漢籍の使用例として、『易経』乾卦の「能以美利利天下」、『尚書・商書』の「彰信兆民」、「其克従先王之烈」、「啓沃」、『詩経』国風の「匪直也人、秉心塞淵」、『論語』述而篇の「何有於我哉」等々が挙げられる。長大な三大『高僧伝』に対して、本伝に限られた経典の使用の状況を斟酌すれば、覚訓や当代の学の素養が浮き彫りになるのではないか。

第二に、覚訓の史伝表現とも言うべきものと中国史書のそれとのつながりをみると、以下のような例が挙げられる。『史記』の「面折廷諍」、「燕雀安知鴻鵠之志」、『三国志』の「寛厚愛人」、「大会群臣」、「恐有後悔」、『晋書』の「不敢奉詔」、『北史』の「人臣大節」、『旧唐書』の「師旅未息」、「偉矣哉」、『新唐書』の「牢不可破」等々で、しかもこれらの史書を出自とする四字句、成句もしくは俗諺は、いずれも三大『高僧伝』に見られない表現である。内容にもよるが、本書の筆法が従来の『高僧伝』より正史の列伝に近しいことを裏づけるものとなろう。

第三に本伝の表現の新しさとして、李白・杜甫や韓愈・柳宗元など唐代の代表的詩人ではなく、所謂「無名のやから」と遇された文士の文章との共通性を見いだせる点を指摘できるかと思う。皮日休《ひじつきゅう》「首陽山碑」、蘆蔵用《ろぞうよう》「紀信碑」、劉彤《りゅうとう》「論塩鉄表」、王志悌《おうしてい》「対大夫菜地祭判」等々である。これらの文章に直接依拠したかどうかは不明だが、当時の高麗で多種多彩に漢籍漢文が享受されていたこと、覚訓もまたその文学圏にあったことを裏づけるものといえよう。

第四は中国古典の名文美文を集めた文集として名高い『文選』との関連である。本書に見える以下の表現は他の典籍にも散在するが、それらがまとまって拾えるのは、曹植の「除害興利」、庾亮《ゆりょう》の「雖死之日、猶生之年」、何晏《かあん》の「乃昌言曰」、司馬相如の「非常之人、然後有非常之事」、『文選』司馬遷の「死或重於泰山、或軽於鴻毛」等々、『文選』をおいて他にないだろう。高麗時代における『文選』受容の様相を覚訓の文章から位置づけることができるのではないだろうか。

以上、本伝の表現に限っての検証であるが、当時の文人たちとの交流が深く、詩文の草集もあったという覚訓の文章表現の特性の一端がここにかいま見えるであろう。

出典・同類話・関連資料

出典　『三国史記』巻四・新羅本紀四「法興王」
　　『三国遺事』巻三・興法三「原宗興法 距訥祇世一百余年 厭髑滅身」
関連資料　本書「阿道」、『三国遺事』巻三・興法三「阿道基羅 一作我道。又阿頭。」参照。

『三国史記』巻四・新羅本紀四「法興王」

法興王、立。諱原宗 冊府元亀。姓募名泰 智証王元子。母延帝夫人。妃朴氏保刀夫人。王身長七尺。寛厚愛人。十五年。（中略：本書「阿道」関連資料『三国史記』巻四・新羅本紀四「法興王十五年」を参照）至是王亦欲興仏教。群臣不信。喋喋騰口舌。王難之。近臣異次頓 或云処道 奏曰。請斬小臣以定衆議。王曰。本欲興道。而殺不辜非也。答曰。若道之得行。臣雖死無憾。王於是召群臣問之。僉曰。今見僧徒。童頭異服。議論奇詭。而非常道。今若縦之。恐有後悔。臣等雖即重罪。不敢奉詔。異次頓独曰。今群臣之言非也。夫有非常之人。然後有非常之事。今聞仏教淵奥。恐不可不信。王曰。衆人之言。牢不可破。汝独異言。不能両従。遂下吏将誅之。異次頓臨死曰。我為法就刑。仏若有神。吾死必有異事。及斬之。血従断処湧。色白如乳。衆怪之不復非毀仏死事 此拠金大問鶏林雑伝所記書之。与韓奈麻金用行所撰我道和尚所録、殊異。

十六年。下令禁殺生。


『三国遺事』巻三・興法三「原宗興法 距訥祇世一百余年 厭髑滅身」

新羅本記。法興大王即位十四年。小臣異次頓為法滅身。即蕭梁普通八年丁未。西竺達摩来金陵之歳也。（中略）粤有内養者。姓朴字厭髑 或作異次。或云伊処。方音之別也。訳云厭也。髑、頓、道、覩、独。等皆随書者之便。乃助辞也。今訳上不訳下。故云厭髑又厭覩等也 其父未詳。祖阿珍宗。即習宝葛文王之子也新羅官爵凡十七級。其第四曰波珍喰。亦云阿珍喰也。宗其名也。習宝亦名也。羅人凡追封王者。皆称。葛文王。其実史臣亦云未詳。又按金用行撰阿道碑。舎人時年二十六。父吉升。祖功漢。曾祖乞解大王挺竹柏而為質。抱水鏡而為志。積善曾孫。望宮内之爪牙。聖朝忠臣。企河清之登侍。時年二十二。当充舎人羅爵有大舎小舎。等。蓋下士之秩瞻仰龍顔。知情撃目。奏云。臣聞、古人問策蒭蕘。願以危罪啓諮。王曰。非爾所為。舎人曰。為国亡身。臣之大節。為君尽命。民之直義。以謬伝辞。刑臣斬首。則万民咸伏。不敢違教。王曰。解肉枰軀。将贖一鳥。洒血摧命。自怜七獣。朕意利人。何殺無罪。汝雖作功徳。不如避罪。舎人曰。一切難捨。不過身命。然小臣夕死。大教朝行。仏日再中。聖主長安。王曰。鸞鳳之子。幼有凌霄之心。鴻鵠之児。生懐截波之勢。爾得如是。可謂大士之行乎。於焉大王権整威儀。風刁東西。霜仗南北。以召群臣。乃問。卿等於我。欲造精舎。故作留難郷伝云。髑為以王命。伝下興工創寺之意。群臣来諫。王乃責怒於髑。刑以偽伝王命。於是群臣戦戦兢懼。傯侗作誓。指手東西。王喚舎人而詰之。舎人失色。無辞以対。大王忿怒。勅令斬之。有司縛到衙下。舎人作誓。獄吏斬之。白乳湧出一丈郷伝云。舎人誓曰。大聖法王。欲興仏教。不顧身命。多却結縁。天垂瑞祥。遍示人庶。於是其頭飛出。落於金剛山頂云云天四黯黪。斜景為之晦明。地六震動。雨花為之飄落。（中略）真興大王即位五年甲子。造大興輪寺按国史与郷伝。実法興王十四年丁未始開。二十一年乙卯大伐天鏡林。始興工。梁棟之材。皆於其林中取足。而階礎石龕皆有之。至真興王五年甲子寺成。故云甲子。僧伝云七年誤。大清之初。梁使沈湖将舎利。天嘉六年。陳使劉思並僧明観奉内経並次。（中略）讃曰。聖智従来万世謀。区区輿議謾秋毫。法輪解逐金輪転。舜日方将仏日高。右原宗。徇義軽生已足驚。天花白乳更多情。俄然一剣身亡後。院院鐘声動帝京。右厭髑。

（増尾伸一郎・馬　駿）

八　法雲

釈法雲。俗名は彡麦宗《さんばくそう》、諡《おくりな》は真興といい、法興王の弟の葛文《かつぶん》王の子である。母は金氏である。生まれて七歳で即位した。その人となりは寛容で仁にあふれ、物事をつつしんで行い公約を守り、善言を聞いてそれに目覚め、善に向かって突き進むがごとく、悪い勢力に対してはその根本から途絶して除こうとした。

七年（五四六）、興輪寺が完成し、人々が出家して僧尼となるのを許した。八年（五四七）、大阿《だいあ》飡柒夫《そんしつぶ》等に命じて、広く文士を集め、国史を修撰させた。十年（五四九）、梁が使節を派遣して入学僧覚徳とともに仏舎利を送ってきた。王は群臣に興輪寺の前路でそれを奉迎させた。十四年（五五三）、有司に命じて月城の東に新城を築かせたところ、黄龍がその地に現れた。王はこれをあやしみその場を仏寺に改め、黄龍と名付けた。二十六年（五六五）、陳が使節の劉思と僧明観を派遣して、仏教の経論七百余巻を送ってきた。二十七年（五六六）、祇園寺と、実際寺の二寺が完成し、黄龍寺もまた落成した。三十三年（五七二）十月、戦死した士卒のために八関斎会を外寺に設け行い、七日を経て終了した。三十五年（五七四）、黄龍寺の丈六像を鋳造した。ある伝には、「阿育王《あいく》が海に泛《う》かべた船に黄金を載せ、糸浦に到着したのを受けいれて鋳造した」という。このことは慈蔵伝にある。三十六年（五七五）、丈六像が涙を流し踵にまで至った。

三十七年（五七六）、初めて原花を奉戴して仙郎とした。初め君臣らは人物を見分ける方法がないことを憂慮して、人々を集めて交流させ、それぞれの品行と道義を観察し、それによって人材を発掘し登用しようとした。そして美女二人を選んだ。一人は南無といい、もう一人は俊貞といった。二人のもとには三百人余りの人々が集まった。二人は美しさを競っていたが、俊貞は南無を連れだし、無理に酒を勧めて酔わせたのち河に投げ入れて殺してしまった。二人のもとにいた人々は調和を保つことができず集団は解散した。その後美貌を有する男子を選び出し、おしろいをつけて美しく飾らせ、それを奉戴して花郎とした。花郎のもとには人々が大勢集まり、ある者は道義をもって切磋琢磨し、ある者は歌舞音楽によって互いに楽しみ、山水に遊び、遠くどこまでも足を運んだ。こうして正しい人物であるか否かを見きわめ、善い人物を選んで、朝廷へ推薦することとした。それゆえ金大問の『世記』には、「賢明な臣と忠義な臣が、こうして抜きんでて現れるようになり、すばらしい将軍や勇猛な士卒が、この制度によって生み出されるようになった」とある。崔致遠《さいちえん》の「鸞郎碑序《らんろう》」には、「わが国には玄妙の道が存し、それは風流というものである。しかし実のところそこには三教が包括されており、それによって人々に接し教化するのである。また家の中にあっては家に対して孝、家の外にあっては国に対して忠であれというのは、孔子の中心思想である。人為を加えず自然のままに従い、言語をすてて不言の教えを垂れるというのは、老子の主張するところである。もろもろの悪事をなさず、すべての善を行うというのは、仏陀の教化するところである」とある。また唐の令《れい》狐《こ》澄《ちょう》の『新羅国記』には、「貴族の子弟の美しい者を選んで、おしろいをつけて美しく飾り、これを花郎と名づけた。国の人々はみなこれを尊び仕えた。これは王が人々を教化する手段といえよう。原郎の時代から新羅末に至るまで、合わせて二百余人、その中でも四仙が最もすぐれた花郎である」とある。このことはまた『世記』にあるとおりである。

王は幼くして即位し、一心に仏を奉じた。晩年に至って、剃髪して僧となり、法服を身につけ、自ら法雲と号し、禁戒をたもち、身業・口業・意業の三業は雑念なく清らかであったが、ついにその生涯を閉じた。その逝去に際しては、国の人々は礼をつくして哀公寺の北側の峯に埋葬した。この年安含《あんごん》法師が隋からやってきた。それについては安含伝のところで弁ずる。

賛にいう。風俗というものは人々の間にあって、たいへん大きな意味をもつものである。王はその治世において風俗をよい方向へ改めようとした結果、水が低い方へ向かって勢いよく流れるように人々が数多く集まるのを、誰も妨げることができないほどであった。始め真興王は仏教を崇拝し、花郎の遊びを始めた。新羅国の人々はこれに付き従って手本としたいと願うようになり、玉石を売る店に人々が駆け込んでいくように、また春の眺望を楽しむための台に競って登っていくかのように多くの人が集まった。それが結局どのような結果につながったかというと、悪を離れて善をなし、義を見ては心を改めてそれに従い、正しい道において官位を得て進んでいくようにさせたということにつきる。中国漢の哀帝は徒《いたず》らに色をこのんだ。そこで班固は「麗しい容姿が人の心を台無しにしてしまうのは、ただ女ばかりがそうしたことを招いてしまうのではなく、男色ということもまたあるのだった」と述べている。しかしこうした評は法雲の事績と同じように並べて述べるべきではない。

海東高僧伝巻第一終

釈法雲。俗名乡麦宗、諡曰真興、而法興王弟葛文王之子也。母金氏。生七歳即位。克寛克仁、敬事而信、聞善若驚、除悪務本。七年、興輪寺成、許人出家為僧尼。八年、命大阿飡柒夫等、広集文士、修撰国史。十年、梁遣使与入学僧覚徳送仏舎利。王使群臣奉迎興輪寺前路。十四年、命有司築新宮於月城東、黄龍見其地。王疑之改為仏寺、号曰黄龍。二十六年、陳遣使劉思及僧明観、送釈氏経論七百余巻。二十七年、祇園、実際二寺成、而黄龍亦畢功。三十三年十月、為戦死士卒設八関斎会於外寺、七日乃罷。三十五年、鋳黄龍寺丈六像。或伝、阿育王所泛船載黄金、至糸浦輸入而鋳焉。語在慈蔵伝。三十六年、丈六出涙至踵。三十七年、始奉原花為仙郎。

初君臣病無以知人、欲使類聚群遊、以観其行義、挙而用之。遂簡美女二人。曰南無、曰俊貞。聚徒三百余人。二女争娟姸、貞引南無、強勧酒酔而投河殺之。徒人失和而罷。其後選取美貌男子傅粉粧飾之、奉為花郎。徒衆雲集、或相磨以道義、或相悦以歌楽、娯遊山水、無遠不至。因此知人之邪正、択其善者、薦之於朝。故金大問世記云、賢佐忠臣、従此而秀、良将猛卒、由是而生。崔致遠鸞郎碑序曰、国有玄妙之道、曰風流。実乃包含三教、接化群生。且如入則孝於家、出則忠於国、魯司寇之旨也。処無為之事、行不言之教、周柱史之宗也。諸悪莫作、衆善奉行、竺乾太子之化也。又唐令狐澄新羅国記云、択貴人子弟之美者、傅粉粧飾而奉之、名曰花郎。国人皆尊事之。此蓋王化之方便也。自原郎至羅末、凡二百余人、其中四仙最賢。且如世記中。王幼年即祚、一心奉仏。至末年、祝髪為浮屠、被法服、自号法雲、受持禁戒、三業清浄、遂以終焉。及其薨也、国人以礼葬于哀公寺之北峯。是歳安含法師至自隋。至安含伝弁之。

賛曰。風俗之於人、大矣哉。王者欲移易於当世、如水之就下沛然、孰禦哉。始真興既崇像教、設花郎之遊。国人楽従倣傚、如趨宝肆、如登春台。要其帰、在乎遷善徙義、鴻漸於大道而已。彼漢哀帝徒以色是愛。故班固曰、柔曼之傾人意、非特女徒、蓋亦有男色焉。評之不可同日而語矣。

海東高僧伝巻第一終

[1]釈法雲、俗名は[2]彡麦宗、諡は真興と曰《い》いて、[3]法興王の弟、[4]葛文王の子なり。[5]母は金氏なり。生まれて[6]七歳にして即位す。[7]克《よ》く寛に克く仁にして、[8]事を敬みて信あり、[9]善を聞きて驚くが若《ごと》く、[10]悪を除くは本を務む。

[11]七年、[12]興輪寺成り、人の出家して僧尼と為るを許す。八年、[13]大阿飡[14]柒夫等に命じて、広く[15]文士を集め、[16]国史を修撰せしむ。十年、[17]梁使を遣わして[18]入学僧覚徳とともに、仏舎利を送る。王群臣をして興輪寺の前路に奉迎せしむ。十四年、有司に命じて新宮を[19]月城の東に築かしむるに、黄龍その地に見《あらわ》る。王これを疑いて改めて仏寺と為し、号して[20]黄龍と曰う。二十六年、[21]陳使[22]劉思及び[23]僧明観を遣わして、[24]釈氏の経論七百余巻を送らしむ。二十七年、[25]祇園、実際の二寺成りて、黄龍も亦[26]畢功《ひっこう》す。三十三年十月、[27]戦死の士卒の為に[28]八関斎会を外寺に設け、七日にして乃《すなわ》ち罷《や》む。三十五年、[29]黄龍寺の丈六像を鋳す。或る伝に、「[30]阿育王[31]泛かぶる所の船に黄金を載せ、糸浦に至るを輸入して鋳するなり」と。語は[32]慈蔵伝に在り。三十六年、[33]丈六涙を出し踵に至る。

三十七年、[34]始めて原花を奉じ仙郎と為す。初め君臣以て人を知ること無きを病《うれ》えて、[35]類聚群遊せしめ、以てその行義を観、挙げてこれを用いんと欲す。遂に美女二人を簡《えら》ぶ。南無と曰い、俊貞と曰う。徒三百余人を聚《あつ》む。二女[36]娟妍《えんけん》を争いて、貞南無を引きて、強《あなが》ちに酒を勧め酔わしめて河に投げこれを殺す。徒人和を失いて罷む。その後美貌の男子を選び取りてこれを[37]傅粉《ふふん》粧飾せしめ奉じて[38]花郎と為す。徒衆雲集し、或いは相磨するに道義を以てし、或いは相悦するに歌楽を以てし、山水を[39]娯遊し、遠く至らざるところ無し。これに因《よ》りて人の邪正を知り、[40]その善なる者を択《えら》びこれを朝に薦《すす》む。故に[41]金大問の『世記』に云う、[42]「賢佐忠臣これよりして秀で、良将猛卒これに由りて生ず」と。[43]崔致遠の[44]鸞郎碑序に曰う、「[45]国に玄妙の道有り、[46]風流と曰う。実は乃ち[47]三教を包含し、[48]群生を接化す。且つ入りては[49]則ち家に孝、出でては則ち国に忠なるが如きは、[50]魯司寇《ろしこう》の旨なり。[51]無為の事に処《お》り、不言の教を行うは、[52]周柱史の宗なり。[53]諸悪莫作《まくさ》、衆善奉行は、[54]竺乾太子の化なり」と。又[55]唐令狐澄の[56]『新羅国記』に云う、「貴人の子弟の美なる者を択びて、傅粉粧飾せしめこれを奉じ、名づけて花郎と曰う。国人皆尊《たっと》びてこれに事《つか》う。此蓋《これけだ》し王化の方便なり。[57]原郎より羅末に至るまで、凡そ二百余人、其の中[58]四仙最も賢し」と。且つ[59]『世記』の中の如し。

王幼年に[60]即祚《そくそ》し、一心に奉仏す。末年に至りて、[61]祝髪して[62]浮屠と為り、法服を被り、自ら[63]法雲と号し、禁戒を受持し、[64]三業に清浄にして、遂に以て終焉す。その[65]薨《こう》ずるに及ぶや、国人礼を以て[66]哀公寺の北峯に葬る。この歳、[67]安含法師隋より至る。安含伝に至りてこれを弁ぜん。

賛に曰う。[68]風俗の人に於けるや、[69]大いなるかな。王者当世に[70]移し易《か》えんと欲す。[71]水の下《ひく》きに就きて沛然《はいぜん》たるが如し、孰《たれ》か禦《とど》めんや。始め真興既に[72]像教を崇《たっと》び、花郎の遊を設く。国人従いて[73]倣傚《ほうこう》せんと楽《ねが》い、[74]宝肆《ほうし》に趨《はし》るが如く、[75]春台に登るが如し。[76]その帰するところを要《もと》むれば、[77]善を遷《うつ》し[78]義を徙《うつ》し、[79]大道に[80]鴻漸《こうぜん》せんことに在るのみ。彼の[81]漢の哀帝は[82]徒らに色を以てこれ愛す。故に[83]班固曰く、[84]「柔曼たることの人の意を傾くは、特に女の徒に非ず、蓋し亦男色も有るなり」と。これを評するに同日にして語るべからざらん。

海東高僧伝巻第一終

語注

（1）釈法雲……新羅第二十四代真興王（在位五四〇—五七六）。智証王の孫、法興王の甥。七歳で即位したため、王太后（法興王妃の保刀夫人）が一年間余り摂政を行った。仏教を公認した法興王に次いで出家僧尼を許可する国法を制定し、皇龍寺に丈六尊像を鋳成するなど仏教振興に尽力した。

（2）彡麦宗……底本は「厶麦宗」に作るが崔南善本により「彡麦宗」と改めた。なお、『三国史記』には「諱彡麦宗或作深麦夫」とある。

（3）法興王……新羅第二十三代王（在位五一四—五四〇）。本書「法空」語注1参照。

（4）葛文王……立宗葛文王。法興王の弟。なお『三国史記』『三国遺事』には葛文王の称号を持つ者は十数名に及ぶ。

（5）母は金氏なり……『三国史記』に「母夫人金氏、法興王之女（中略）王幼少、王太后摂政」とある。

（6）七歳にして即位す……真興王の即位時の年齢を本伝および『三国史記』は「七歳」とするが、『三国遺事』巻一・紀異一「真興王」には、「即位時年十五歳」とある。

（7）克く寛に克く仁にして……『尚書』商書・仲虺《き》之誥に「克寛克仁、彰信兆民」と見える言葉で、孔安国注には、「言湯寛仁之徳明信於天下」とある。

(8) 事を敬みて信あり……物事をつつしんで行い公約を守ること。「子曰、道千乗之国、敬事而信、節用而愛人、使民以時」(『論語』学而篇)。

(9) 善を聞きて驚くが若く……善言を聞いて目覚めその善に向かって突き進むこと。「孟子曰、舜之居深山之中、与木石居、与鹿豕遊。其所以異於深山之野人者、幾希。及其聞一善言、見一善行、若決江河沛然、莫之能禦也」(『孟子』尽心章上)。

(10) 悪を除くは本を務む……悪い勢力を除こうとするのならばその根本から途絶せねばならないということ。「樹徳務滋、除悪無本」(『尚書』周書・泰誓下)。

(11) 七年……真興王七年(五四六)。『三国史記』には「五年春二月」とあり、『三国遺事』巻三・興法三「原宗興法猒髑滅身」では、「真興王甲子寺成」と記し、本書が七年とするのは誤りだという。

(12) 興輪寺……興輪寺については本書「阿道」語注51参照。またその建立の経緯については本書「法空」を参照。興輪寺の創建、完成は新羅の仏教公認を象徴的に伝える意義を持つ。現在の慶州市慶州工業高等学校内の校庭西南部が興輪寺址と推定されている。

(13) 大阿飡……新羅の官位号。十七階位の第五。「五曰大阿飡、従此至伊伐湌、唯真骨受之、他宗則否」(『三国史記』巻三八・職官志上「大輔」)。

(14) 柒夫……居柒夫。「真興王拓境碑」や「真興王巡狩碑」などにも名が見える真興王の重臣。『三国史記』には、伊飡異斯夫が、「六年秋七月、伊飡異斯夫奏曰、国史者記君臣之善悪、示褒貶於万代。不有修撰、後代何観」と奏上したことに対して真興王が居柒夫に命じて国史を編纂させたとある。『三国史記』巻四四・列伝四「居柒夫」では、居柒夫が国史編纂により波珍飡の官を兼任したとする。
(15) 文士……文章や書物に通じた人物。「文士弁飾、諸侯乱惑」(『戦国策』秦一)。
(16) 国史……未詳。ここでは新羅の歴史を記録した史書をさすか。
(17) 梁……中国の南北朝時代に江南にあった王朝(五〇二—五五七)。
(18) 入学僧覚徳……新羅初の留学僧。「入学僧」と称するのは新羅独自の表現か。「此新羅入学之始」(本書「覚徳・明観」)。
(19) 月城……現在の慶州市月城洞にあった新羅の王宮。半月城、在城ともいう。新羅第五代王の婆娑尼師今二十二年(一〇一)に築城。「春二月、築城名月城、秋七月、王移居月城」(『三国史記』巻一・新羅本紀一「婆娑尼師今二十二年」)。
(20) 黄龍……皇龍寺のことか。「黄」と「皇」は音通。なお「黄」は五行において中央に位置する。新羅最大の寺院。現在の慶州市九皇洞の芬皇寺南、雁鴨池東北に寺址がある。
(21) 陳……中国の南北朝時代の南朝最後の王朝(五五七—五八九)。
(22) 劉思……本書「覚徳・明観」にも「陳使劉思及び入学僧明観を遣わして」とあるが、具体的な伝記等は未詳。『仏祖統紀』巻五一に「梁武帝、通事舎人劉思劾表求出家、賜名恵地敬帝、補闕宗殆棄官出家、号無名、有息心銘行於世」とあるが、この劉思と同一人物かは待考。
(23) 僧明観……前注22参照。具体的伝記等は未詳。『南史』など中国の歴史書、あるいは大蔵経所収の典籍に「明観」なる人物は他に見出せない。
(24) 釈氏の経論七百余巻……『三国史記』および『三国遺事』巻三・塔像四「前後所将舎利」では

「千七百余巻」とする。また本書「覚徳・明観」には「二千七百余巻」とある。なお、これらの巻数の根拠や内容は不明。ちなみに隋・開皇十四年（五九四）成立の『衆経目録』は二二五七部五三一〇巻を収録している。

(25) 祇園、実際の二寺……未詳。『三国史記』巻四・新羅本紀四「真興王二十七年春二月」条に同記事が見える。

(26) 畢功す……「功」は事業、ここでは寺院建立のこと。黄龍寺の完成をいう。

(27) 戦死の士卒……『三国史記』には、真興王の時、高句麗、百済、伽耶としばしば戦乱状態に陥ったことが記録されている。その追善のために行われた斎会だと考えられる。

(28) 八関斎会……仏教では在家の男女が一日一夜を期して持つ戒法で、殺生、不与取、非梵行、虚誑語、飲酒、塗飾香鬘舞歌観聴、眠坐高広厳麗床上の七戒と食非時食の斎法を加えていう。中国の南北朝期に盛んになり、新羅では真興王十二年（五五一）に高句麗から新羅に来た恵亮が百座講会とともに初めて行ったのが初見（『三国史記』巻四四「居柒夫伝」）、真興王三十三年（五七二）には戦没兵士の追善のために外寺で七日間の八関会が開かれた。新羅古来の宗教行事とも習合して次第に国家行事として発展し、花郎の四仙による歌舞が行われ、花郎徒が深く関わっていた。高麗時代には最大の国家行事として毎年十一月に行われるようになった。「太祖元年十一月、有司言、前主毎歳仲冬大設八関会、以祈福、乞遵其制、王従之」（『高麗史』巻六九・志二三・礼一一「仲冬八関会」）。

(29) 黄龍寺の丈六像……真興王三十五年（五七四）皇龍寺に造成された五メートルに及ぶ巨大仏像。護国寺院であった皇龍寺の象徴的存在として知られる。「鋳成皇龍寺丈六像、銅重三万五千七

斤、鍍金重一万一百九十八分」（『三国史記』巻四・新羅本紀四「真興王三十五年三月」）。

(30) 阿育王……古代インドのマガダ国マウリヤ王朝第三代アショーカ王（在位紀元前二六八—前二三二頃）。仏法を保護宣伝した王として『阿育王伝』『阿育王経』などに多くの説話が伝わる。本書「序」語注73参照。

(31) 泛かぶる〜鋳するなり……「糸（絲）」字は崔南善本によって底本の字（「絲」）を改めた。『三国遺事』には、南方の海から糸浦に到着した船から見つかった牒文に、「阿育王が釈迦三尊像を鋳造できず、船に仏像の材料となる黄鉄と黄金を積んで送る。有縁の国土で丈六仏が完成されることを願う。一仏二菩薩の模像も送る」とあったので、真興王は東竺寺を創建して三尊の模像を迎え、金鉄をもとに丈六の尊像を鋳成して皇龍寺に安置したとある。「来泊於河曲県之糸浦今蔚州谷浦也撿看有牒文云、西竺阿育王（中略）鋳成丈六尊像、一鼓而就」（『三国遺事』巻三・塔像四「皇龍寺丈六」）。

(32) 慈蔵伝……本書の佚文「慈蔵伝」をさすか。慈蔵（五九〇—六五八）は皇龍寺第二主。『三国遺事』巻四「慈蔵定律伝」には丈六造像に関する記事は見えないが、同巻四・塔像四「皇龍寺丈六」には、慈蔵が五台山で文殊菩薩に感じたことを機に皇龍寺の造像に取りかかったとある。「唐新羅国大僧統釈慈蔵伝」（『続高僧伝』巻二四）も参照。

(33) 丈六涙を出し踵に至る……翌年の真興王の死の前兆として現れた霊異として記されたものと考えられる。「皇龍寺丈六像出涙至踵」（『三国史記』巻四・新羅本紀四「真興王三十六年」）。

(34) 始めて原花を奉じ仙郎と為す……花郎の先駆である「原花」を「仙郎」としたこと。これは、新羅における花郎と「仙」の字で表現される思想・信仰とのつながりを示すものであり、『三国遺事』では、真興王が「原花」を置くことにした理由として、「一心に奉仏」するとともに、「天性風味にして多く神仙を尚」ぶ人物であったことがあげられている。花郎集団の理念として、まず新羅固有の天神信仰や神仙思想などがあったとされるが、本伝においては真興王の「神仙」への傾倒ということには触れられない点、「高僧伝」としての本書の立場を反映するかとも考えられる。「慕伯父法興之志、一心奉仏（中略）択人家娘子美艶者、捧為原花」（『三国遺事』巻三・塔像四「弥勒仙花・未尸郎・真慈師」）。

（35）類聚群遊せしめ……人々を集めて交流させること。「欲使類聚群遊、以観其行義」（『三国史記』巻四七・列伝七「金歆運」）。

（36）娟妍を争いて……「娟妍」は容貌が美しくすぐれていること。「争妍」は美しさを競うこと。またともに美しく判定がむずかしいこと。「妬寵而負恃、争妍而取憐」（韓愈「送李愿帰盤谷序」）。

（37）傅粉……おしろいをつけること。「前画工画望卿舎、望卿袒裼傅粉其傍」（『漢書』巻五三・景十三王伝二三「広川王劉越伝」）。

（38）花郎……本伝および『三国史記』は、ともに真興王三十七年（五七六）を新羅花郎制定の年とする。花郎は、新羅の上級貴族の子弟を奉じて構成された青年集団。新羅の花郎は、歌舞遊娯を行う青年社交クラブ風のもので、国家有事の際には青年戦士団となった。その集会は、花郎と呼ぶ尊貴な青年を奉戴して結成したもので、青年にとって国家的・社会的教育を受ける所であったという（三品彰英）。なお花郎集団の基本理念は、本伝が後に引く崔致遠の「鸞郎碑序」においては、儒教、道教、仏教を融合するものであったと記されるが、実際には弥勒信仰を中心とする仏教の理念に基づき、護国を期する存在としての性格が次第に強まったようである。

(39) 娯遊……遊び楽しむこと。「若此者数百千処、娯遊往来、宮宿館舎、庖厨不徙、後宮不移、百官備具」(司馬相如「上林賦」)。
(40) その善なる者を択び……善い人物を選ぶこと。「子曰、三人行、必有我師焉。択其善者而従之、其不善者而改之」(『論語』述而篇)。
(41) 金大問の『世記』……金大問は第三十三代聖徳王代の学者。『三国史記』巻四六・列伝六「金大問」には「本新羅貴門子弟、聖徳王三年、為漢山州都督、作伝記若干巻、其高僧伝、花郎世記、楽本、漢山記、猶存」とあり、金大問の著作として『花郎世記』をあげる。また、『三国史記』巻四七・列伝七・金歆運伝の論には「大問」の「伝記」の引用として、本伝と類同の文が見える。なお、一九八九年に釜山で『花郎世記』の筆写本が、また一九九六年に『花郎世記』の母本の存在が発表され、その真偽を巡り研究が進められている。
(42) 賢佐……賢明な臣下。「得民心者民往之、有賢佐者士帰之」(劉向『説苑《ぜいえん》』尊賢)。
(43) 崔致遠……八五七―?。咸通九年(八六八)渡唐、乾符元年(八七四)進士に及第、溧水県尉、高駢の従事官などを務めた後、光啓元年(八八五)帰国。最期は伽耶山海印寺で没したとされる。『桂苑筆耕集』ほか、多数の著作が伝わる。『新羅殊異伝』(平凡社東洋文庫)を参照。
(44) 鸞郎碑序……本伝と同文を引く『三国史記』以外には所伝を見ない。
(45) 玄妙の道……「玄妙」とは『老子』第一章「玄之又玄、衆妙之門」とあるのに拠る。「道」は深遠微妙なものであり、万物は皆ここから出るものとされる。「玄妙之道」とはすなわち道家が称するその深奥なる「道」のこと。
(46) 風流……ここでは『老子』に発する語である「玄妙の道」、および儒・道・仏の三教をすべて包含する新羅国の理想的ありさまを形容する言葉と解される。
(47) 三教……儒教、道教、仏教の三教。新羅の花郎制度が三教思想を合わせ持つものとして説かれる(『三国遺事』巻三・塔像四「弥勒仙花・未尸郎・真慈師」)。
(48) 群生を接化す……唐・不空訳『補陀落海会軌』にも見える表現であるが、用例は少ない。人々に接し教化すること。「須菩提白仏言、世尊(中略)接化衆生無有窮極」(『菩薩瓔珞経』供養舎利品)。
(49) 入りては~国に忠なる……家の中では孝、家の外にあっては国に忠であること。「子曰、弟子、入則孝、出則悌」(『論語』学而篇)、「以孝事君則忠」(『孝経』士章)。
(50) 魯司寇……孔子のこと。「孔子為魯司寇、以原憲為家邑宰」(『論語』雍也篇・何晏集解)。
(51) 無為の事に処り、不言の教を行う……人為を加えず自然のままに従い、言語を捨てて不信の教えを垂れる、の意。「是以聖人処無為之事、行不言之教」(『老子』第二章)。
(52) 周柱史……老子のこと。『史記』老子列伝に「老子者(略)周守蔵室之史也」とあり、『史記』注釈書の『索隠』には、「按、蔵室史、周蔵書室之史也。又張蒼伝、老子為柱下史、蓋即蔵室之柱下、因以為官名」とある。
(53) 諸悪莫作、衆善奉行……もろもろの悪をなさず、すべての善を行う。『増一阿含経』や『大般涅槃経』などに見えるいわゆる七仏通戒偈の初句。
(54) 竺乾太子……釈迦のこと。「竺乾」は本書「摩羅難陀」語注6参照。ただし「竺乾太子」の語は、本書他の用例、管見に入らない。
(55) 令狐澄……唐代の人物。詳しい伝は未詳だが、『新唐書』巻五八・芸文志・史部雑史類に「令狐澄、貞陵遺事二巻〔絢子也。乾符中書舎人〕」とある。

(56)『新羅国記』……本書と『三国史記』は唐の令狐澄が著述『新羅国記』とするが、『新唐書』巻五八・芸文志・史部地理類によると、「顧愔、新羅国記一巻〔大暦中、帰崇敬使新羅、愔為従事〕」とある。しかし、顧愔が著した『新羅国記』は佚書で、令狐澄撰『大中遺事』における引文のみが佚文として伝わる(『説郛』巻七四、『重校説郛』四九)。そのため本書と『三国史記』は、令狐澄が引用した『新羅国記』を再引用し、『新羅国記』を令狐澄著と誤認したとされる。

(57)原郎……花郎の先駆たる原花(仙郎)をさすか。

(58)四仙……「四仙」の語は、花郎や八関会に関わる記録の中でしばしば見えるが、実際に何をさすのかは未詳。高麗末期の説話集『破閑集』巻下には「雞林旧俗、択男子美風姿者、以珠翠飾之、名曰花郎(中略)若原嘗春陵之養士、取其潁脱不群者、爵之朝、惟四仙門徒最盛」とあり、四仙として花郎徒の原・嘗・春・陵の四人があげられている。また、朝鮮時代の歴史説話集『海東異蹟』上「四仙」には、新羅の四仙として述郎・南郎・永郎・安詳の四人の花郎があげられている。

(59)『世記』……金大問の『花郎世記』をさすか。

(60)即祚……即位すること。『三国史記』は「即位」に作る。

(61)祝髪……剃髪して僧になること。「居柒夫、少跅弛有遠志、祝髪為僧遊観四方」(『三国史記』巻四四・列伝四「居柒夫」)。

(62)浮屠……浮図とも。仏陀、仏教。ここでは僧のこと。「秦王苻堅、遣使及浮屠順道、送仏像経文」(『三国史記』巻一八・高句麗本紀六「小獣林王二年六月」)。

(63)法雲……真興王の法名。本書「法空」には「法興王出、法名法雲、字法空」とあり、法名について混乱が見える。

(64) 三業……仏教で説く身、口、意の三つで起こす業。これら三業は必ず善悪、苦楽の果報をもたらし、業があるかぎり輪廻は続くと考えられた。「身口意等起不浄業、三業不浄、故増長地獄畜生餓鬼」(『大般涅槃経』巻三六)。

(65) 薨……中国において「薨」の字は、周代では諸侯の死亡をいい、後には大官の死亡、唐代では二品以上の官僚の死亡を示し、帝王の場合は「崩」で示す。

(66) 哀公寺の北峯……真興王が葬られた所。哀公寺の東には太宗武烈王が葬られている(『三国遺事』巻一・紀異一「太宗春秋公」)。哀公寺は、閔周冕編『東京雑記』巻二・古蹟によると、「哀公寺在府西十里。羅時所創、其下防梁作水田。俗号哀公梁」とあり、これにより仙桃山西南麓の孝峴洞の三層石塔が哀公寺址に比定されているが、現在、真興王陵は仙桃山東の西岳洞の武烈王陵五基の一に比定されている。

(67) 安含法師……本書「安含」参照。安弘が同一人物か否かなど所伝に混乱がある。

(68) 風俗……長い時間を経て形成されてきた気風、習慣。「故正得失、動天地、感鬼神、莫近於詩。先王以是経夫婦、成孝敬、厚人倫、美教化、移風俗」(『詩序』)。

(69) 大いなるかな……「大矣哉」は『易』などに繰り返し見える語。「乾始能以美利利天下、不言所利、大矣哉」(『周易』乾)。

(70) 移し易えんと欲す……良い方向に改めようとしたこと。「移風易俗、莫善於楽」(『孝経』広要道章)。

(71) 水の下きに～禦めんや……人民が仁君に帰服する様子。「誠如是也、民帰之、由水之就下沛然、誰能禦之」（『孟子』梁恵王章句上）。

(72) 像教……仏法のこと。「像教得重興、因師説大乗」（唐・劉得仁「送智玄首座帰蜀中旧山」）。

(73) 傚傚……まねすること。「士大夫務於権利、怠於礼義、故百姓傚傚、頗踰制度」（西漢桓寛著『塩鉄論』巻六「散不足」）。

(74) 宝肆……宝石を売る店。「毅因適広陵宝肆、鬻其所得、百未発一、財以盈兆」（『太平広記』巻四一九・龍二「柳毅」）。

(75) 春台に登るが如し……春台は、春の日に登って景色を眺めるところ。「衆人熙熙、如享太牢、如春登台」（『老子』二〇章「異俗」）。

(76) その帰するところを要むれば……それが結局どのような結果につながるかというと。「然要其帰、必止乎仁義節倹」（『史記』巻七四・孟子列伝一四「孟子」）。

(77) 善を遷し……悪を離れて善をなす、善に向かって改めること。「王者之民、皥皥如也。殺之而不怨、利之而不庸。民日遷善而不知為之者」（『孟子』尽心章句上）。

(78) 義を徙し……義をみて心を改めてそれに従うこと。『論語』顔淵篇に「子曰、主忠信、徙義、崇徳也」とあり、何晏集解に「包曰、徙義、見義則徙意而従之」とある。

(79) 大道……「大道」という語には、儒家思想に基づく「正しい道、行われるべき道理」といった意（『礼記』礼運）と、道家思想に基づく「自然の法則」といった意（『荘子』天下）、あるいは「神仙になる道」などさまざまなニュアンスが含まれるが、本伝において「玄妙の道」が「三教」を含むものと述べられていたことからすると、儒・道・仏三教いずれとも相反することなく、調和のとれたものとして、人々が善に赴き、才を磨き発揮していくさまをいうか。

（80）鴻漸……官位を得て昇進すること。もとは『易』漸卦に「初六、鴻漸于干」「六二、鴻漸于磐」「九三、鴻漸于陸」「六四、鴻漸于木」「九五、鴻漸于陵」とあり、鴻鵠が低いところから高いところへ向かって飛翔していくさまをいう。また『文選』班固「幽通賦」に「皇十紀而鴻漸兮、有羽儀於上京」とあり、その李善注には「応劭曰、鴻、鳥也。漸、進也。言先人至漢十世、始進仕」とある。

（81）漢の哀帝……前漢の第十二代皇帝（在位紀元前七—紀元前一）。『漢書』によれば哀帝は男色を好み、特に寵愛した董賢に惜しみなく財宝や称号を与え、元寿二年（紀元前一）十二月には大司馬に昇進させた（『漢書』巻一一「哀帝紀」）。

（82）徒らに色を以てこれ愛す……『漢書』哀帝紀の賛には「雅性不好声色」とあり、哀帝自身に対して好色だとの批判はないものの、『漢書』佞幸伝・董賢伝には、「賢伝漏在殿下、為人美麗自喜、哀帝望見、説其儀貌（略）常与上臥起。嘗昼寝、偏藉上褏、上欲起、賢未覚、不欲動賢、乃断褏而起。其恩愛至此」とあり、董賢に対する寵愛の様子が詳しく記されている。董賢は大司馬の官職にまで昇ったが、哀帝の死後は王莽によって死に追い込まれ最期を遂げた。

（83）班固……三二—九二年。字は孟堅。父班彪の遺志を継いで『漢書』を執筆。「両都賦」「白虎通義」などの著作がある。

（84）柔曼たる～有るなり……「柔曼」は容姿がうるわしいこと。『漢書』巻九三・列仏六三・佞幸伝「董賢伝」の班固による賛にほぼ同文が見える。

法雲は新羅第二十四代真興王。七歳で即位した真興王は、その在位時には、興輪寺、皇龍寺等の寺院が創建され、梁から仏舎利が、また陳からは経論七百余巻が送られた。真興王は仏教への信仰が篤く、晩年は僧となり法雲と名乗った。なお本伝には、真興王の事績として八関斎会と花郎の制度を開始したことも詳述される。

新羅の国家体制整備に重要な役割を果たした真興王については『三国史記』真興王条に詳しいが、本伝は『三国史記』の内容と多く重なりながらも、特に仏教を受け入れ、寺院の建築など国家仏教の基盤をつくった真興王の事績を中心に構成されている。また、八関会や花郎の起源のことが合わせて見られ、新羅独自の風俗を考察するうえでも重要な記述を含む。

梁、陳など中国南朝との僧侶の往来、経典の輸入、仏舎利の将来等々の交流が明確に記され、興輪寺、皇龍寺の創建など、新羅が仏教国家の体制を整えたことを示す。皇龍寺の創建が、その土地に住まう黄龍の出現とともになされたとする縁起的記述は、新来の仏教が在地の信仰と融合し、その力も合わせて取り込み、定着していった様相を表し、日本の仏教伝来を語る説話との類似性を思わせる（『日本霊異記』上巻冒頭など）。また、阿育王がもたらした黄金で皇龍寺の丈六像を鋳造する説話は、中国南朝における阿育王伝説（寧波・阿育王寺など）の派生によると思われ、東アジアの説話展開から注目される。

さらには、八関斎会（八関会）と花郎の最も早い記述が見られることが重要である。八関会は、高麗以後、最大の国家行事として毎年行われるが、本伝においては、戦死した士卒の追善として「外寺」で行われたと記される。後世、山水に遊ぶ歌楽が中心になるが、本伝はそれが本来、仏教儀礼であったことを伝えている。そして八関会と花郎制度とが、新羅においては密接に関わり合いながら発展継承されたさまが推察される。

花郎については、『三国史記』を介して、金大問の『花郎世記』や崔致遠の「鸞郎碑序」、『新羅国記』などの関連記事が引用される。花郎は、新羅が国家有用の人材を発掘し確保していくための手段として利用されたことが本伝から読み取れるが、注目すべきは、「鸞郎碑序」に、新羅国家の理想を「玄妙の道」「風流」と評しながら、儒・道・仏の「三教」をすべて包含するものと説明していることである。新羅の花郎制度は、神仙思想を基にしつつ弥勒信仰とのつながりも言われるが、ここではそれに儒教倫理を加え、「三教」に及ぶことが強調されている。崔致遠のこの記述が、鸞郎の時代状況をふまえるのか、崔致遠執筆の時代を反映するものかは鸞郎の経歴が特定できないこともあって未詳だが、東アジアに展開した「三教」すべてを肯定的に受け入れる思想として、空海の著名な『三教指帰』などとも合わせて重視されよう。

表現面では、本伝冒頭および末尾の賛など、『三国史記』や『三国遺事』からの引用ではなく、本書独自の作文と思われる部分には、五経など中国古典に基づく表現が多い。儒家思想を濃厚に反映するそれらの表現と、当時の新羅および本書編述の高麗時代における儒学の状況との関連が問題視されるであろう。また賛では、貴人の子弟から美男子を選び、青年集団のリーダーとした花郎制度の効果を讃える一方、容姿端麗な臣下董賢と起臥を共にするほど寵愛したという漢哀帝（の男色）を引き合いに出して、それとは同列に述べるべきではない、と評する。本書「法空」と同様、中国の皇帝の非をあげ（「法空」では梁武帝が寺奴となり帝業を失墜させたとする）、それとの比較から新羅王の事績を讃歎している。

海東仏教の基点である中国を「中華」と讃える一方で、その中国の事績を批判して海東を讃えるのは、一見矛盾した言説のようにも見えるが、そこにこそ、本書が生み出された当時の東アジア情勢が反映されているのではなかろうか。例えば『三国遺事』が中国の道教を「左道」とし、その信者を「黄巾の徒」という批判的な表現で記すのは、元の制圧を受けた高麗の時代状況が影響していると言われるように（増尾伸一郎）、新羅王を中国の皇帝よりも上位に褒め讃える覚訓の賛は、高麗の高宗に献上される本書の位相をおのずと表していると見ることができよう。

出典、同類話、関連資料

出典　『三国史記』巻四・新羅本紀四「真興王」
同類話　『三国遺事』巻三・塔像四「皇龍寺丈六」
『三国遺事』巻一・紀異一「真興王」
関連資料　『三国遺事』巻三・塔像四「弥勒仙花・未尸郎・真慈師」
『三国遺事』巻三・興法三「原宗興法厭髑滅身」

『三国史記』巻四・新羅本紀四「真興王」

真興王立。諱彡麦宗、或作深麦夫。時年七歳。法興王弟葛文王立宗之子也。母夫人金氏。法興王之女。妃朴氏思道夫人。王幼少。王太后摂政。

五年春二月。興輪寺成、三月。許人出家為僧尼奉仏。

六年秋七月。伊飡異斯夫奏曰、国史者、記君臣之善悪。示褒貶於万代。不有修撰、後代何観。王深然之、命大阿飡居柒夫等、広集文士、俾之修撰。

十年春。梁遣使与入学僧覚徳送仏舎利。王使百官、奉迎興輪寺前路。
十四年春二月。王命所司、築新宮於月城東、黄龍見其地。王疑之改為仏寺、賜号曰皇龍。
二十六年春二月。北斉武成皇帝詔、以王為使持節東夷校尉楽浪郡公新羅王。秋八月。命阿湌春賦、出守国原。九月。廃完山州、置大耶州。陳遣使劉思与僧明観、来聘、送釈氏経論千七百余巻。
二十七年春二月。祇園、実際二寺成。立王子銅輪為王太子。遣使陳貢方物。皇龍寺畢功。
三十三年冬十月二十日、為戦死士卒、設八関筵会於外寺、七日罷。
三十五年春三月。鋳成皇龍寺丈六像。銅重三万五千七斤。鍍金重一万一百九十八分。
三十六年。春夏旱。皇龍寺丈六像、出涙至踵。
三十七年春。始奉源花。初君臣病無以知人、欲使類聚群遊、以観其行義、然後挙而用之。遂簡美女二人。一曰南毛、一曰俊貞。聚徒三百余人。二女争娟相妬、俊貞引南毛於私第、強勧酒、至酔、曳而投河水以殺之。俊貞伏誅。徒人失和罷散。其後、更取美貌男子、粧飾之、名花郎以奉之。徒衆雲集、或相磨以道義、或相悦以歌楽、遊娯山水、無遠不至。因此知其人邪正、択其善者、薦之於朝。故金大問花郎世記曰、賢佐忠臣、従此而秀、良将勇卒、由是而生。崔致遠鸞郎碑序曰、国有玄妙之道、曰風流。設教之源。備詳仙史。実乃包含三教、接化群生。且如入則孝於家、出則忠於国、魯司寇之旨也。処無為之事、行不言之教、周柱史之宗也。諸悪莫作、衆善奉行、竺乾太子之化也。唐令狐澄新羅国記曰、択貴人子弟之美者、傅粉粧飾之、名曰花郎。国人皆尊事之也。安弘法師入隋求法。与胡僧毗摩羅等二僧廻。上稜伽勝鬘経及仏舎利。秋八月。王薨。諡曰真興。葬于哀公寺北峯。王幼年即位。一心奉仏。至末年祝髪被僧衣。自号法雲、以終其身。王妃亦効之為尼。住永興寺。及其薨也、国人以礼葬之。

『三国遺事』巻三・塔像四「皇龍寺丈六」

新羅第二十四真興王即位十四年癸酉二月。将築紫宮於龍宮南。有黄龍現其地。乃改置為仏寺。号黄龍寺。至己丑年。周囲墻宇。至十七年方畢。未幾。海南有一巨舫。来泊於河曲県之糸浦（今蔚州谷浦也）。撿看有牒文云、西竺阿育王。聚黄鉄五万七千斤、黄金三万分（別伝云、鉄四十万七千斤、金一千両。恐誤。或云三万七千斤）。将鋳釈迦三尊像。未就。載舡泛海而祝曰、願到有縁国土。成丈六尊容。并載模様一仏二菩薩像。県吏具状上聞。勅使卜其県之城東爽塏之地。創東竺寺。邀安其三尊。輸其金鉄於京師。以大建六年甲午三月（寺中記云、癸巳十月十七日）。鋳成丈六尊像。一鼓而就。重三万五千七斤。入黄金一万一百九十八分。二菩薩入鉄一万二千斤。黄金一万一百三十六分。安於皇龍寺。明年像涙流至踵。沃地一尺。大王升遐之兆。

『三国遺事』巻三・塔像四「弥勒仙花・未尸郎・真慈師」

第二十四真興王。姓金氏。名彡麦宗（中略）一心奉仏。広興仏寺。度人為僧尼。又天性風味。多尚神仙。択人家娘子美艶者、捧為原花。要聚徒選士、教之以孝悌忠信。亦理国之大要也。乃取南毛娘姣貞娘両花。聚徒三四百人。姣貞者嫉妬毛娘。多置酒飲毛娘。至酔潜舁去北川中。挙石埋殺之（中略）累年。王又念欲興邦国。須先風月道。更下令選良家男子有徳行者。改為花娘。始奉薛原郎為国仙。此花郎国仙之始。故竪碑於溟州。自此使人悛悪更善。上敬下順。五常六芸。三師六正。広行於代（国史。真智王大建八年庚申始奉花郎。恐史伝乃誤）。

『三国遺事』巻三・興法三「原宗興法厭髑滅身」

真興大王即位五年甲子。造大興輪寺按国史与郷伝。実法興王十四年丁未始開。二十一年乙卯大伐天鏡林。始興工。梁棟之材。皆於其林中取足。而階礎石龕皆有之。至真興王甲子寺成。故云甲子。僧伝云七年誤大清之初。梁使沈湖将舎利。天寿（嘉）六年陳使劉思幷僧明観。奉内経幷次。寺寺星張。塔塔雁行。竪法幢。懸梵鏡。（中略）真興乃継徳重聖。承袞職処九五。威率百僚。号令畢備。因賜額大王興輪寺。前王姓金氏。出家法雲。字法空［僧伝与諸説亦以王妃出家名法雲。又真興王為法雲。又以為真興之妃名法雲。頗多疑混］。

（河野貴美子）

海東高僧伝巻第二

京北五冠山霊通寺住持教学賜紫沙門臣覚訓奉　宣撰

流通一之二

覚徳　明観　　智明　曇育　　円光　円安
安含　胡僧二人　漢僧三人　曇和　安広　　阿離耶跋摩
恵業　　恵輪　　玄恪　玄照　亡名二人
玄遊　僧哲　　玄大梵

九　覚徳・明観

巻第二・流通一之二

僧覚徳は新羅《しらぎ》の人である。聡明広博であり、その聖なるところを測ることはできないほどであった。新羅は既に仏教を信奉し、人は皆我先にと仏に帰依していた。覚徳は自分がまず仏の智に達することによって、世を教化することができると知り、言うには、「高いところに移るためには必ず谷から出なければならないし、仏道を学ぶためには師を求めることに務めなければならない。もし天性のまま何の努力もせず、のんびりと怠けた姿勢で修行を行うとすると、それは仏の弟子としての姿でもないし親の恩を捨ててまで仏弟子になった当初の意にも反することである」と言った。

そのため覚徳は舟に乗って梁に入り、法を求める先鋒になったのである。ただしそれがいつ頃だったのかはよく分からない。これが新羅から中国への留学僧の始まりであった。結局覚徳はさまざまな偉い師匠を訪ねて師事し、ことごとく秘伝の伝授を受けたが、その様子はまるで目の網膜を蔽っていた膜を除くかのような、あるいは耳をふさいでいた耳垢を取り除くかのようなものであった。覚徳は精進を始めるとずっと悟りを得る最後までやり遂げ、決して途中で迷い乱れてでたらめにしたり修行を怠ったりするようなことは一切なかった。徳は高く行いも尊く、その道に対する人望はますます高まるばかりであった。覚徳は、「私がこのように仏法の宝物を採ったのは、自分だけが使うためではない。まさに新羅に帰って、まだこの宝を得ていない多くの衆生を漏れることなく救うべきであろう」と考えた。よって、真興王十年（五四九）、覚徳は仏舎利を賜って梁の使臣とともに帰国し都に戻った。王は急いで官吏に命じて百官を送り、礼儀を備えて興輪寺の前路にてこれを出迎えた。これがまた新羅における舎利の始まりなのである。昔、庚僧会《こうそうえ》は呉に行って、孫権に七日も期間を延ばしてもらって舎利が現れることを祈り、霊験に会うことができた。覚徳は真興王自ら仏法を信じている時に、さらに梁の重使とともに戻って来たため、何の困難も妨げもなく舎利を持ち込むことができた。また煩悩の火を消しとめる功力をもって、海の果てまで限なく潤し、仏法の修行を怠っていた衆生を仏の道へと奮い立たせたのである。皆に仏法の道に往く志を抱かせた、その功徳は言葉で表しようがないだろう。

その後、真興王二十六年（五六五）、陳は使臣劉思《りゅうし》および入学僧明観《めいかん》を送り、経典をおよそ二千七百余巻も送ってきた。新羅において仏法による教化を初めて広めた時は、経典と仏像がまだ十分調わず欠けているものが多かった。この時に至って明らかに調和と均衡が取れその足りなかった経典類が大分調えられるようになった。この二人の高僧のその後の行跡や臨終について、詳しいことは伝わっていない。

巻第二・流通一之二

釈覚徳、新羅人。聡明広博、凡聖莫測也。新羅既奉行仏教、人争帰信。師以達智、知世之可化、謂曰、「遷喬必出谷、学道務求師。若安安而居、遅遅而行、非釈子棄恩之本意」。即附船入梁、為求法之先鋒。但不知第何年耳。此新羅入学之始。遂歴事明師、備承口訣、如除翳膜、如去耵聹。有始有終、無荒無怠。徳高行峻、道望弥隆。「以採宝者、非但自用。当還故国、普振群貧」。乃、於真興王十年、与梁使賚仏舎利還至旧都。王遽命有司、即遣百官、備礼儀出迎于興輪寺前路。此亦舎利之始也。昔、僧会適呉、求伸七日、方値神験。師当人主已信之際、随上国重使、来儀本国、了無艱辱。又以法水、普潤海表、使惰夫立。表皆懐欲往之志、其功利復何勝道哉。後二十六年、陳遣使劉思及入学僧明観、送釈氏経論無慮二千七百余巻。初則新羅法化初張、経像多闕。至是班班将大備焉。二師所終、皆未詳聞矣。

巻第二・流通一之二

釈覚徳[1]は新羅の人なり。聡明広博[2]にして、その聖なるを測ることもなきなり。新羅は既に仏教を奉行し、人は争いて帰信せり。師、智に達するを以て、世、之を化せしむると知り、謂《い》いて曰《いわ》く、「(3)喬《たか》きところに遷《うつ》らんとするには必ず谷より出で、道を学ばんとするには務めて師を求む。若《も》し(4)安安として居り、(5)遅遅として行うは、(6)釈子、恩を棄つる本意にも非《あら》ず」と。

即ち、(7)舶に附き梁に入り、求法《ぐほう》の先鋒となる。但し、第何年かは知らざるのみなり。これ、新羅の入学の始めなり。遂に(8)明師に歴事して、備《つぶさ》に(9)口訣《くけつ》を承けば、(10)翳膜《えいまく》を除くが如く、(11)耵聹《ていねい》を去るが如し。始め有りて終わり有り、(12)荒《すさ》むことなくて怠ることもなし。徳は高く行いも峻《たか》く、(13)道望は弥《いよい》よ隆《たか》し。「(14)宝者を採るを以て但《ただ》、自用にするのみに非ず。当《まさ》に故国に還りて、(15)普《あまね》く群貧を振うべし」と。乃《すなわ》ち、真興王十年、(16)梁使とともに仏舎利を賚《たま》わりて、還りて(17)旧都に至る。王、遽《にわ》かに有司に命じ、即ち百官を遣わし、礼儀を備えて(18)興輪寺の前路に出迎えせり。これ、亦《ま》た舎利の始めなり。昔、(19)僧会は(20)呉に適《ゆ》き、(21)七日を伸ばすを求むれば、方《まさ》に神験に値《あ》う。師、まさに(22)人主、己れよりこれを信ずる際に当たりて、上国の重使に随い、本国に来儀するに、(23)艱碍《かんがい》なくして了《おわ》る。又、(24)法水を以て、普く(25)海表を潤し、(26)惰夫を立たしむ。皆に往かんと欲する志を懐《いだ》かせしむるに、其の功利復《ま》た何ぞ道《い》うに勝《た》えんや。

後の(27)二十六年、(28)陳は(29)劉思及び入学僧(30)明観を遣わし、(31)釈氏の経論を無慮(32)二千七百余巻送る。初め、則ち新羅の法化、初めて張らるるときは、経と像の闕すること多かりし。ここに至りて(33)班班として将《まさ》に大いに備う。(34)二師の終わる所を、皆、未だ詳《つまび》らかに聞かざるなり。

語注

(1) 釈覚徳……新羅初の留学僧。生没年未詳。五四九年の春、梁の使臣とともに仏舎利を持って帰国した。

(2) 聡明広博にして……物事の理解が早く賢いこと。「広博」は学識が広いこと。知識を習得する能力がすぐれて博学多識であるという意。「出俗之者何滞方守株。不能脱羈解絆乎。於広博知見無所堪能」(『宋高僧伝』巻二八「智朗伝」)。

(3) 喬きところに～谷より出で……高い所に移ろうとするなら、必ず谷から出ていかなければならない。「鳥鳴嚶嚶、出自幽谷、遷于喬木」(『詩経』小雅・伐木三章)。本書では人の出世することの喩えとして『詩経』の表現が使われた。

(4) 安安として……物事が進捗しない様子。下句に見える「遅遅」と同じ意で、物事が遅々として進まない様子を表す。『詩経』大雅・皇矣に「執訊連連、攸馘安安」とあり、鄭玄箋に「及献所馘、皆徐徐以礼為之、不尚促速」とある。

(5) 遅遅として……「遅遅」とは遅れて気が進まないさま。ことが停滞してはかどらないことを「遅々不振」という。勇猛精進せずに怠けて進展がない有様。『詩経』国風・谷風に「行道遅遅、中心有違」とあり、伝に「遅遅、舒行貌」とある。「能凝神属垣遅遅不去。問曰。誰辺受学此経。曰従蘄州黄梅馮茂山忍禅師勧持此法。云即得見性成仏也」(『宋高僧伝』巻八「慧能伝」)。

(6) 釈子、恩を棄つる本意にも非ず……仏弟子として父母の恩を棄てて出家した本意に背くの意。「恩愛不能捨。棄恩入無為。真是報恩者。出家之後礼越常情。不拝君王不拝父母」(元、東陽徳煇『勅修百丈清規』「沙弥得度条」)。

（7）舶に附き梁に入り……「舶に附き」とは船便で移動すること。「路由雪山、備極艱阻、既而中路、附舶循海而行」（『出三蔵記集』巻一四）。新羅から梁に渡る場合、陸路は敵対している高句麗と北朝の東魏を経由しなければならないため、船で行くのが唯一の選択肢であったと考えられる。

（8）明師に歴事して……「明師」とはすぐれた師匠のこと。「遭遇明師、改悪修善、孝養父母」（『経律異相』巻二）。「歴事」とはあちこちを歩き回ること。「歴事諸仏、守護正法。当知皆是」（『陀羅尼雑集』巻三）。

（9）口訣……文書に記さないで、口で直接言い伝える奥義・秘伝のこと。秘伝、要義の口授。「詰問根源、恭承口訣」（『仏説十力経』巻一）。

（10）翳膜……眼にかすみがかかること。「挍量法義。何以故墨無明瞖膜覆其眼」（『大乗修行菩薩行門諸経要集』巻下・二七）。

（11）盯聹……耳の垢のこと。「結聹乃冷反埤蒼盯聹耳垢也」（『一切経音義』巻四六）。

（12）荒むことなくて怠ることもなし……「荒むことなく」とは迷い乱れて省みないことはないという意。「怠ることもなし」も類似表現として一緒に使われることが多い。「遠人不服則脩文徳以来之。又云。惟徳動天。無遠弗屆。又無怠無荒。四夷来王」（唐・信清『北山録』巻五・釈賓問八）。

（13）道望……道の誉れのこと。「徳望」「人望」と用法は同じ。「大和三年落髪。五年具戒。先誦諸経悉皆精練。行人属耳道望日隆」（『宋高僧伝』巻二九「願誠伝」）。

（14）宝者を採る……宝のような仏法を得ること「往採宝者、随意而帰」（『菩薩瓔珞経』）。

（15）普く群貧を振うべし……仏法という宝をまだ得ていない精神的に貧しい人々を救済すべきことを表す。「群貧」は他の用例、管見に入らない。

（16）梁使……梁の太清三年（五四九）に仏舎利を持って新羅に派遣された使者沈湖のことか。「国史云、真興王大清三年己巳、梁使沈湖送舎利若干粒」（『三国遺事』巻三・塔像四「前後所蔵舎利」）。沈湖に関する具体的な伝は未詳。

（17）旧都……新羅の都、現在の慶州。

（18）興輪寺……現在の慶州市沙正洞が寺址。本書「阿道」語注51参照。

（19）僧会……康僧会。中国三国時代の呉国の僧。本書「義淵」語注35参照。

（20）呉……中国の三国時代に孫権が長江流域に建てた王朝（二二二―二八〇）。

（21）七日を伸ばす～神験に値う……「七日を伸ばす」とは、七日を三回、合計二一日間を伸ばすこと。康僧会は孫権より霊験を見せるよう命じられ、七日間を誓願するも霊験が現れず、七日間の猶予を求めること三度に及び、遂に二一日目に瓶の中から舎利が現れる霊験を見せた（道宣『集神州三宝感通録』巻上「振旦神州仏舎利感通序」『梁高僧伝』巻一「康僧会伝」）。

（22）人主……人主とは人君、君主を意味する。ここでは新羅の真興王をさす。「人主不宜聡察、殿下聡明大過、宜小寛容」（『高麗史』巻三三・世家三三「忠宣王十四年」）。

（23）艱碍なくして了る……「艱碍」は困難で障害となることで、「艱礙」「艱导」とも。苦労することなく終わったことをいう。「海以風、無復艱礙、一日之行、過先功力」（『大方広仏華厳経』巻二六）。

（24）法水……煩悩の火を消し救う功力のこと。「法水之潤、等世界於無辺、智灯智炬」（『広弘明集』巻一五）。

（25）海表を潤し……「海表」とは地の果ての外の意。「即従大王、巡行諸国、至東海表、次行、南方、西方、北方」(『法苑珠林』巻四三・輪王篇四〇「七宝」)。ここでは、仏様の法水が海のはてまで至ったことを意味する。梁を中心と考えると、新羅はその最東端に当たる海表である。法水の功力が隅々、漏れることなく地の果て、すなわち新羅まで潤したことの喩え。

(26) 惰夫……勇猛に精進せず修行を怠ける多くの衆生のことをさす。「今有惰夫、口伝摂論、惟心不念、縁境又乖用此招生、恐難継相」(『続高僧伝』巻二〇「道綽伝」)。

(27) 後の二十六年……真興王二十六年(五六五)。『三国遺事』は真興王二十六年九月とする。

(28) 陳……中国の南北朝時代に江南に存在した南朝最後の王朝(五五七―五八九)。

(29) 劉思……具体的な伝記等は未詳だが、梁武帝に仕えた通事舎人に「劉思」という名前の人物がある(『仏祖統紀』巻五一)。

(30) 明観……伝未詳。本書「法雲」語注23参照。

(31) 釈氏の経論……内経、すなわち仏教経典のこと。「経」は成道した仏が説いて教えたもの。「論」は菩薩が仏が説いたものを著したもの。

(32) 二千七百余巻……陳より送られた仏教経典の巻数。『三国史記』『三国遺事』では、「千七百余巻」とするが、本書「法雲」では「七百余巻」、本伝は「二千七百余巻」としており、本書における誤写が考えられる。

(33) 班班～大いに備う……ほどよくつりあっているさま。「斯士前出諸経、班班有其中者、今為二阿含、各為新録一巻」(『出三蔵記集』巻九)。

(34) 二師の～聞かざるなり……覚徳と明観の最期を知らないの意。『高僧伝』などによく見られる決まり文句。高僧の臨終など、後のことが不明である場合は大体このような表現で話を締めくく

る。「所歴事迹別有記伝。其所訳出観世音受記経。今伝于京師。後不知所終」(『高僧伝』巻二「釈曇無」)。

解説

中国に留学して初めて仏舎利と経典を新羅に伝来した覚徳・明観の二人の僧伝。覚徳が中国に渡った年については分かっていないが、新羅で初めて求法のために中国へ留学し、五四九年に梁から贈られた仏舎利とともに帰国した。覚徳の帰国から十六年後の五六五年には、留学僧の明観が陳から送られた経典とともに新羅に戻った。これによって新羅の仏教伝来以降に欠けていた舎利や経典類が揃うようになったという。

覚徳は新羅に初めて舎利を持ち込んだことから、中国の呉に初めて舎利をもたらした康僧会に匹敵する高僧として評価される。呉王の孫権は仏法不信のため、康僧会は二一日も舎利の出現を祈願したが、新羅の真興王はすでに仏法に帰依していたので、覚徳は舎利を持ち帰った際、康僧会に比べ何の問題もなかったことが強調される。王権と仏法相互の護持が見られる。また、陳から二七〇〇余巻(一七〇〇巻とも)もの経典を新羅にもたらした明観も覚徳に次ぐ功績をあげた高僧であったため、本書第二巻の頭に二人の伝が収められたのである。

本伝では覚徳が梁に渡った渡航時期がいつなのか分からないとしているが、仮に帰国時と同じく入梁時も遣使船を利用したとすると、法興王八年(五二一)の新羅使臣派遣、もしくは七年後の法興王十五年(五二八)の梁使臣派遣のいずれかになろう。そうすると、覚徳は二〇年以上中国に留学していたことになるが確証はない。また、五四九年の春、覚徳が梁の使者と新羅に戻った背景には当時の東アジアの国際情勢も絡んでいたのではないかと考えられる。梁では覚徳が帰国する一年前に起こった侯景の反乱によって武帝が幽閉された後に死去し、第二代の簡文帝が即位したので、新政権の正統性を誇示するために新羅に使者を送った可能性が考えられる。

また、五六五年に陳から膨大な数の経典を持ち帰った明観の場合も同様で、梁滅亡後の陳王朝は、敵対する北斉が高句麗や新羅が使臣を派遣し、明観帰国の年二月には新羅が北斉から官爵までもらっていたので、それに対抗する形で九月に使者と経典を送り、友好関係を結ぼうとしたと考えられる。このように舎利や経典は東アジア外交上の重要な手段であった。仏法伝来はこうした人の往来と文物の伝来（本伝では「像と経」）によって果たされ、王権護持や外交戦略とも密接に関わっていたのである。

出典・同類話・関連資料

同類話　『三国史記』巻四・新羅本紀四「真興王」

『三国史記』巻四・新羅本紀四「真興王」

十年春、梁遣使与入学僧覚徳、逸仏舎利。王使百官、奉迎興輪寺前路。

二十六年九月、陳遣使劉思与僧明観来聘、送釈氏経論千七百余巻。

（琴　栄辰）

十　智明・曇育

僧智明《ちみよう》は、新羅の人である。仏法を理解することは群を抜いており、行いはそうした器量にかなっていた。内面に戒律を厳格に護持して、他人の徳を称讃し、邪悪なものはそれを引き寄せて自分に向け、正しいものは喜捨して人に与えた。温和で徳があり、その行動には見るべきものがあった。

インドの仏教が新羅に行き渡っても、はじめはそれほど盛んにならなかったが、すぐれた人が時々出現し、勇気を奮い立たせて行動を起こした。ある者は自ら悟ってその能力をきわめ、ある者は遠くまで仏法を求めようと出発の準備をした。新しい医学が古い医学を圧倒したことで、初めて毒と薬とが区別されてそれまでの誤りが正され、前任の長官が後任の長官にきちんと申し送ることで、上の者から下の者へと物事が正しく受け継がれていく。かくして西へと向かって中国に入り、充分に学んで帰って来る者が、続々と現れた。

智明は、世に名の知れるほど秀でた才能があり、真平王の七年（五八五）秋七月に、仏道についての教えを請いに行こうと、陳に入り、仏の教えを追求した。流れる雲のように海となく陸となく巡り歩き、あちらこちらへ転々と漂泊しながら修行した。仏法の道理を身に具えた名高い人であれば、ことごとく訪問し、仏道について尋ねた。その悟りを得ていく様はあたかも木が墨縄によってまっすぐな材木になるかのよう、また、黄金ですばらしい器を作り上げるかのようであった。ふらりとひとたび新羅を去ってから、またたく間に十年が経った。学問はすでに真髄を得たため、仏法を伝えようと切に思うようになった。

真平王の二十四年（六〇二）九月、入朝使に従って帰国した。真平王は智明の教えを敬い、慕い仰ぎ、また、彼の護持する戒律を尊重し、褒賞して大徳とし、是非とも自分のもとへ来るように誘いかけた。智明は、徳の高さは中国五岳の嵩山《すうざん》や華山《かざん》にせまるほど高く、度量は青暗い海原を呑み込むかのように大きかった。その徳を輝かせたものは暗黒に光射す月の光のような仏の教えであり、その度量を動かしたのは徳行による導きであったため、彼のもとに集まった僧侶も俗人も、これぞ守るべき常の教えであると讃えた。後に大大徳となり、隆盛にして高い位にあったが、その死については不明である。

智明が陳に入ってから五年目（五八九）に円光法師が陳に入り、それから八年（五九六）で曇育《どんいく》が隋に入り、七年して曇育は入朝使恵文《えぶん》に従って一緒に帰国した。曇育は智明と並んで、高い徳を備えた人物として世に名を顕したが、真平王の時代のこの二人の才能の豊かさには、もとより優劣などつけられなかった。

賛にいう。呉の季札《きさつ》は周王室の音楽を観、孔子は老子に礼を尋ねた。しかしこれは、彼らが初めて学んだということではなく、すでに知識のある彼らの学ぶ行為に意味があったということを言っているのである。覚徳らは中国に行き、仏道を追求して帰国した。これもまた、季札や孔子とは学ぶ内容が異なるとはいえ、見識ある者がさらに重ねて学びに行くという姿勢においては同じであったと言えようか。

釈智明、新羅人。神解超悟、行止合度。内蘊密行、讃揚他徳、挽回《曲》向己、捨直与人。顒々昂々、動有可観。自竺教宣通於海東、権輿之際、未曽大集、英俊間生、奮臂而作。或自悟以逞能、或遠求而命駕。新医禅於旧医、邪正始分、旧尹告於新尹、師資相授。於是西入中国、飽参而来、継踵而起。師以命世之才、当真平王之七年秋七月、問津利往、入陳求法。雲遊海陸、梗転西東。苟有道而有名、悉爰諮而爰詣、如木従縄、如金成器。飄然一去、忽爾十霜。学既得髄、心切伝灯。以真平王二十四年九月、随入朝使還国。王欽風景仰、推重戒律、褒為大徳、以勧方来。師岳立嵩華、量含滄溟。炤之以慧月、振之以徳風、緇素之徒、是彝是訓。後加大大徳。蔚居峻秩、不知所卒。初師入陳後五年円光法師入陳、八年曇育入隋、七年随入朝使恵文倶還。師与智明並以高徳顕名、当代之才之美、固不相上下者也。

　賛曰。季札観楽於周室、仲尼問礼於老聃。非始学也。亦有宗矣。徳等往還上国、訪道而返。斯亦異類而同帰者歟。

[1]釈智明は新羅の人なり。[2]神解《しんかい》は超悟にして、[3]行止《こうし》は度に合《かな》う。[4]内に密行を蘊《つつ》みて、他の徳を讃揚し、曲を挽きて己に向け、直を捨てて人に与う。[5]顒々昂々《ぎょうぎょうこうこう》たりて、動に観るべきもの有り。

[6]竺教の[7]海東に[8]宣通してより、[9]権輿の際には、未だ曾て大いに集まらざりしも、英俊間《まま》生じ、[10]臂《ひじ》を奮いて作《おこ》す。或いは自ら悟りて以て能を逞《きわ》め、或いは遠く求めんとして[11]駕を命ず。[12]新しき医は旧き医を[13]拚《と》りて、[14]邪と正始めて分かれ、[15]旧き尹《いん》は新しき尹に告げて、[16]師資相授す。是《ここ》に於いて西のかた中国に入り、[17]飽参して来るもの[18]踵《きびす》を継ぎて起《た》つ。

師は[19]命世《めいせい》の才を以て、[20]真平王の七年秋七月に当たり、[21]津《しん》を問い、利《もと》め往かんとして、[22]陳に入り、法を求む。[23]海陸に雲遊し、西へ東へ梗転す。苟《いや》しくも道を有し、名を有すれば、悉《ことごと》くここに諮《と》い、ここに詣でること、[24]木の縄に従うが如くにして、[25]金の器を成すが如し。飄然《ひょうぜん》としてひとたび去り、忽爾《たちまち》[26]十霜たり。学は既に髄を得、心は切に[27]灯を伝えんとす。

真平王二十四年九月を以て、[28]入朝使に随いて国に還れり。王は風《おしえ》を欽《つつ》しんで[29]景《した》い仰ぎ、戒律を推重《すいちょう》し、褒めて[30]大徳と為し、以て方《まさ》に来るべきを勧めり。師、岳は[31]嵩華《すうか》に立《せま》り、量は滄溟《そうめい》を含む。之を炤《て》らすに[32]慧月《えがつ》を以てし、之を振るうに[33]徳風を以てしたりければ、[34]緇素《しそ》の徒、[35]是れ彝《つね》にして是れ訓《おしえ》たりとす。後に大大徳を加えらる。[36]蔚《うつ》として[37]峻秩に居るも、卒する所を知らず。

初め師の陳に入りて後五年にして(38)円光法師陳に入り、(39)八年にして(40)曇育隋に入り、(41)七年にして入朝使の(42)恵文に随いて倶《とも》に還る。師は智明と並《とも》に高き徳を以て名を顕《あらわ》すも、当代の才の美、固《もと》より(43)相上下せざるものなり。

賛に曰《い》う。(44)季札《きさつ》、(46)楽を周室に観、(45)仲尼《ちゅうじ》、礼を老聃《ろうたん》に問うは、始めて学ぶに非ざるなも、宗《むね》有ることを示す。(47)徳(48)等上国に往還して、道を訪ねて返れり。斯《こ》れも亦た、類を異にするも(49)帰を同じくする者なるか。

語注

（1）智明……新羅真平王時代の高僧。本伝と『三国史記』に断片的な記事が見られるだけである。陳に留学し、帰国後はその教えや戒行をもって高僧としての地位を得た。高麗僧義天（一〇五五―一一〇一）が著した『新編諸宗教蔵総録』巻二所収の「海東有本見行録」中の四分律の項に「羯磨《こんま》記《き》一巻　智明述」とあるように、戒律書である四分律のうち、受戒・懺悔などの行事所作に関する著作があった。

（2）神解は超悟にして……「神解」はすぐれた理解力。「超悟」は真理を会得することが抜きん出ていること、すなわち、すぐれて深く仏理を悟ること。「神解超悟」は並外れた仏教的能力を表す文言として用いられる。「沙門曼陀羅（中略）扶南国人。神解超悟幽明畢観」（『古今訳経図記』巻四）。

（3）行止は度に合う……「行止」は進むことと止まること、すなわち行為のこと。「度」は度量、

器量。「不遅不速、進止合度」（『大方広仏華厳経』巻二八）。

（4）内に密行を蘊みて～直を捨てて人に与う……『梵網経菩薩戒本疏』初篇・自讃毀他戒七の「密行内蘊、讃揚他徳、攬曲向己、捨直与人」を引用したものと見られる。したがって、底本に「回」とあるのを見せ消ちを施して「曲」としているのは、誤りを正しているのであり、訓読では「曲を挽きて」とした。奎章閣本、高麗大学本、崔南善本も「曲」である。なお、『梵網経菩薩戒本疏』に見える「攬曲向己」の「攬」が、本伝では「挽」となっているが、「攬」は取り集めるの意であるので、「挽」（引き寄せる）と同意としてよい。「密行」は戒を厳密に守り実行すること、「讃揚」はほめたたえること、「曲」はよこしま、邪悪なこと、「直」は「曲」に対する語で、正しいことを意味する。

（5）顒々昂々……顒々は温和で敬順な様子、昂々は徳の高い様子を表す語。卬々に同じ。「顒顒卬卬、如圭如璋」（『詩経』大雅・巻阿）。

（6）竺教……天竺の教え、すなわち仏教のこと。本書「阿道」語注68参照。

（7）海東……朝鮮半島。この場合は新羅に特定してよいか。本書「序」語注105参照。

（8）宣通……行き渡る。よく通じる。「今、若君之美好而宣通也」（『管子』巻一一）。

（9）権輿……物事の始まり。権は秤の重り、輿は車の底部のことで、ともに秤や車の部品として最初に作る部分であることから、この意味がある。「于嗟乎、不承権輿」（『詩経』秦風・権輿）。

（10）臂を奮い……勇気をふるい示すこと。「奮臂雲興、騰迹虎噬。凌険必夷、摧剛則脆」（『文選』巻四七・頌・陸機「漢高祖功臣頌」）。

（11）駕を命ず……出かけるために下僕に馬を用意させること。つまり、出発しようとすること。

「退命駕而行曰、鳥則択木…」(『春秋左氏伝』哀公十一年)。

(12) 新しき医は旧き医……天台大師智顗が著した『四教義』によれば、「旧医」とは古くから行われてきた呪術を使う医で、蠱道《こどう》と同様のもので、「新医」は遠方より来た八種の術をもつ医者とあり、客医ともいった。『大般涅槃経』巻二「寿命品」には、どんな病の患者にも乳を飲ませていた旧医を、乳は病によっては毒にも薬にもなると新医が王の前で咎める場面がある。

(13) 掙……この部分は浅見本その他には「䘣」の字が書かれているが、これは「汚す」の意で意味が通じない。掙であれば、覆い取る、迫り奪い取る、すなわち圧倒するの意味で、新医が旧医に取って代わるの意ととれる。

(14) 邪と正始めて分かれ……「邪正」はよこしまなことと正しいこと。ここでは、前注12に挙げた『大般涅槃経』に見える旧医のやり方に対し、乳は使い方によっては毒にも薬にもなることを新医が王に進言したことをふまえて、これまでの誤りが正されたことをいう。

(15) 旧き尹は新しき尹に告げて……尹は長官、宰相。「旧尹・新尹」とは、前任の長官と後任の長官のこと。「旧令尹之政、必以告新令尹、何如也。子曰忠矣」(『論語』公治長篇五)。

(16) 師資相授……師資相承、師師相授に同じ。師から弟子へ正しく受け継がれていくこと。「以是法師従上代来師師相授。今此戒法展転伝来故不須好相」(『梵網経菩薩戒律本疏』巻五)。

(17) 飽参……飽きるまで参じること。すなわち、充分に会得し、参じる必要がなくなること。「師往依之、即命典蔵。有修首座飽参碩学、帰隠南嶽」(『虚堂禅師語録』新添)。

(18) 踵を継ぎ……後に続くこと。「後有元暁法師、継踵而来、欲求瞻礼」(『三国遺事』巻三・塔像四「洛山二大聖、観音・正趣・調信」)。

(19)命世の才……世に名前の知れるほどの秀でた才能、またその持ち主。「其余佐命立功之士、賈誼亜夫之徒、皆信命世之才、抱将相之具」(『文選』巻四一・書上「答蘇武書」)。
(20)真平王……新羅第二十六代の王(在位五七九―六三二)。
(21)津を問い……渡し場の所在を問うこと。『論語』微子篇に「長沮、桀溺耦而耕、孔子過之、使子路問津焉」とあるのを出自とする用語。転じて、人に学問への道を尋ね、教えを請うこと。「尋師講道、結友問津」(沈約「桐柏山金庭館碑」)。
(22)陳……南北朝時代の南朝最後の王朝(五五七―五八九)。
(23)海陸に雲遊し、西へ東へ梗転す……各地を漂泊しながら修行する様子を重ねて強調した対句。「雲遊」は行雲流水のように一箇所に止住せず、行脚して師を訪ね、修行を重ねること。「梗転」は木でできた人形の木偶を意味する「梗」が漂泊者の喩えに用いられる(『戦国策』斉・巻四「孟嘗君将入秦」)ことから、漂泊者のように土地を転々とすることを表す。「宿植根深出塵志遠、迨乎進具乃尚雲遊」(『宋高僧伝』巻一〇「懐暉伝」)。
(24)木の縄に従う……縄は、大工がまっすぐに木に線を引く墨縄。墨縄に従えば、木をまっすぐに加工し、すばらしい材木ができる。「惟木従縄則正、后従諫則聖」(『書経』商書・説命上)。
(25)金の器を成すが如し……黄金で作る器は、器の中では最上級のもので、それと同様にすばらしいということ。「問以幾義荘厳(中略)譬如金成器、譬如花正敷」(『大乗荘厳経論』巻一・縁起品一)。
(26)十霜……「霜」は年、歴年のことで、「十霜」で十年となる。「客舎并州已十霜、帰心日夜憶咸陽」(賈島「渡桑乾」)。

(27) 灯を伝えんとす……「灯」は法灯のことで仏の教えの意。仏法を闇を照らす灯火に喩えた表現。「伝灯」は仏の教えを伝えること。

(28) 入朝使……朝廷に参内する外国の使節。ここでは、隋に遣わされた新羅の使臣のことをいう。この時の入朝使について『三国史記』には、大奈麻の位階であった上軍が遣わされたとある。

(29) 景い仰ぎ……人格の高い人を尊敬して慕うこと。『詩経』小雅・車舝に見える「高山仰止、景行行止」を出自とする語。

(30) 大徳……僧侶などを尊敬してつける普通一般の敬称ではなく、大大徳というランクを持つ栄誉職的な名称。「大」の字義は大小の別ではなく、「王」に関連して事物事象に付す形容詞。

(31) 岳は嵩華に～滄溟を含む……「嵩華」は中国で古来崇拝された五つの霊山・五岳のうち、中岳の嵩山と西岳の華山のこと。「滄溟」は海水が満ち満ちて青暗いことの意で、深さと高さを表す比喩として用いられる。「望之者如仰嵩華而揖滄溟、会無測其高深也」(『宋高僧伝』巻一一「斎安伝」)。

(32) 慧月……慧は仏の智慧で、月は特に満月の円満が欠けることのない真理を表していることから、仏あるいは仏の教えと解せる。「悲雨降法雨、慧月放慈光」(空海『五部陀羅尼問答偈讃宗秘論』)。

(33) 徳風……風が草をなびかせるように、君子がその徳によって人々をなびかせ、教化すること。「君子之徳風也、小人之徳草也、草上之風必偃」(『論語』巻六・顔淵篇一二)。

(34) 緇素の徒……緇は黒、素は白で僧衣と俗衣を表す。ここでは、智明のところに集まった出家人と世俗人のことをいう。「緇素法衆充仞筵席、洎朗来儀創会公私斎講」(『続高僧伝』巻七・陳楊都興皇寺釈法朗伝）。

（35）是れ彝にして是れ訓たり……彝は彝の俗字で、当然の道理の意。訓は教え。守るべき常の教えのこと。「皇、極之敷言、是彝是訓、于帝其訓」（『書経』周書「洪範」）。

（36）蔚……草木が茂る様、転じて、勢いがあって盛んな様子。「誕育之来蔚繁神異、挺身去縛誓入空門」（『宋高僧伝』巻二八「厳俊伝」）。

（37）峻秩……高い官位。「特議疏封、仍升峻秩、剪桐圭而錫命」（『高麗史』巻二・世家二「太祖十六年」）。

（38）円光法師……新羅の僧（？―六四〇）。本伝の智明が真平王七年に入陳してから五年目の真平王十一年（五八九）に陳に渡って仏法を学び、真平王二十二年（六〇〇）に帰国した。本書「円光」参照。

（39）八年……曇育が隋に入ったのは真平王十八年（五九六）であるので、「八年」を「十八年」の誤りとする説もあるが、文脈から、真平王十一年に円光法師が陳に入ってから八年目（真平王十八年に当たる）とするほうが妥当である。

（40）曇育……新羅の僧。智明と同様に、本伝と『三国史記』からのみその事績をうかがえる。隋に留学し（五九六―六〇五）、その才は智明と並び称された。

（41）七年……曇育の帰国は、『三国史記』によると「真平王二十二年」とある。本伝は曇育が隋に渡って十年して帰国したことを、「十」と「七」が字体が似ているため見誤って「七」と書き写したか。

（42）恵文……新羅の官人。真平王二十六年に入朝使として隋に遣わされ、翌年に曇育を伴って帰国した。

(43) 相上下せざる……甲乙つけがたい、ほぼ同等のこと。「翳葉仰䶂、如餞兂之速、不相上下」(陸亀蒙「蠹化」)。

(44) 季札、楽を周室に観……「季札」は中国春秋時代の呉の王子で、才徳のある人物として知られた。「楽」は周楽のことで、周の天子の礼楽。『史記』巻三一・呉太伯世家一によると、呉の季札が魯を訪問した時、周の一族が魯に封ぜられたことを知り、周楽の拝観を請い、楽を聞いた後、感想や批判を述べたとされる。

(45) 仲尼、礼を老聃に問う……「仲尼」は孔子(紀元前五五二—前四七九)の字。「老聃」は老子の諡。孔子が、周に老子を訪ね、礼について問うた話。『孔子家語』にも孔子が老子を訪ねた時の話を載せ、古今のことに博識で、礼楽の源に通じ、道徳の根本を明らかにした老子を我が師と言っている。「孔子適周、将問礼於老子」(『史記』巻六三・老子韓非列伝三)。

(46) 示……底本には「亦」とあるが、奎章閣本、高麗大学本、崔南善本によって改めた。

(47) 徳……覚徳。新羅での仏教公認後、最初に中国(梁)に留学した僧。本書「覚徳・明観」を参照。

(48) 上国……中国をさす。「遣使入唐(中略)上国高祖、遣散騎常侍朱子奢」(『三国史記』巻二七・百済本紀五「武王二十七年」)。

(49) 帰を同じくす……同じ所に帰着する意。手段や方法は違っても、同じ目的や結論に到達すること。「殊途同帰」(『易経』繫辞下)。

解説

新羅真平王の時代に仏法を求めて中国に留学し、帰国後は徳の高さで名を馳せた二人の高僧、智明と曇育の伝。智明は、一七年に及ぶ中国での留学後はその戒行を真平王に認められて、大徳、大大徳と上り、智明に続いて中国へ留学した曇育もまた智明と甲乙つけ難いほどの有徳者として名をあげた。そして、覚徳に始まる新羅僧の求法のための中国入りは、礼学の季札、儒学の孔子と分野は異なるとはいえ、すでに見識ある人物が重ねてさらに学ぶという点で共通し、意義のあるものであったと讃える。

智明、曇育ともに本書以外に伝はなく、類話も残っておらず、その事績は『三国史記』新羅本紀に見られるだけである。そこには、中国への留学と帰国について、そして智明に関しては、その戒行で真平王に尊敬されて大徳となったとある。本書も、智明の大大徳就任以外は、事績としてはそれに尽きる。すなわち、本書の智明・曇育伝は『三国史記』に見える二師の事績を軸に、それらの事績を強調し、讃える文章を、仏典や漢籍等を引用して作文したものといえよう。

新羅では六世紀から七世紀前半にかけて中国に留学する僧が次々と現れ、それらの僧のうち覚徳、安弘、安含、円光は本書に伝がある。そこにまた、智明と曇育の伝がたてられたのは、特に智明に関して言えば、単に留学したというだけではなく、その成果として戒律に明るく、護持していた人物であったからであろう。中国留学から帰国した年に真平王から戒行を認められて大徳となっていることから、智明が梁や陳で盛んであった菩薩戒をもたらしたとの見解もある。事実、智明には、比丘・比丘尼の拠るべき一切の戒律を網羅した四分律に関する書『羯磨記』がある（現存はしていない）。そして注目すべきは、そのような人物である智明の伝に、菩薩戒の経典である『梵網経』の注釈書

『梵網経菩薩戒本疏』を引用した部分があることである。それは智明の人物像を表す箇所であり、戒行で名を知られた智明の伝に全く相応しいといえる。なお、四分律の戒と菩薩戒とは小乗と大乗の違いはあるが、新羅の戒律はこの二つの戒の思想が融合されたものであったとも言われているので問題はない。

一方、曇育は留学以外には具体的な活動は不明であるが、智明と並び称されたことからも、やはり戒律を護持し、新羅の戒律思想に多大な影響をもたらした人物であったことが想像される。新羅の戒律思想は七世紀中頃に高い水準に達し、慈蔵が律宗を創始したことをひとつの到達点とする。さらに七世紀後半から八世紀前半にかけて、元暁の『梵網経菩薩戒本私記』『梵網経持犯要記』、義寂の『菩薩戒本疏』など『梵網経』に関する注釈書が多く編まれ、菩薩戒が重要視された。その最初の一歩という意味で、智明、同じく高僧と名高かった曇育は語り継ぐべき人物であったのであろう。

出典・同類話・関連資料

関連資料　『三国史記』巻四・新羅本紀四「真平王」

『三国史記』巻四・新羅本紀四「真平王」

七年秋七月。高僧智明入陳求法。

十一年春三月。円光法師入陳求法。

十八年春三月。高僧曇育入隋求法。遣使如隋。貢方物。

二十二年。高僧円光随朝聘使奈麻諸文、大舎横川還。

二十四年。遣使大奈麻上軍、入隋進方物。九月。高僧智明随入朝使上軍還。王尊敬明公戒行、為大徳。
二十六年秋七月。遣大奈麻万世、恵文等朝隋。
二十七年春三月。高僧曇育随入朝使恵文還。

（有富由紀子）

十一　円光

釈円光は、俗姓を薛《せつ》氏、あるいは朴という。新羅の王京の人である。年十三にして落髪し僧となった。〈『続高僧伝』によれば、唐の寺刹に入って剃髪したという。〉心と器量は広々として大きく、物事を正しく理解することは人より秀でていた。道学と儒学の双方を習い、文章を作ることを好んだ。想いは気高くすぐれ、乱れ騒がしいところにいることを厭がった。

三十の時に、三岐山の中に隠遁して洞を出なかった。一人の比丘《びく》がいた。やって来てこの近くの土地に留まり、住居を作って修行をした。円光師が夜に座して誦念していたところ、神が現れて円光を呼んで言うには、「すばらしい。およそ修行者は多いといっても、法師の右に出る者はない。今あの比丘は、すぐに呪術を修める。ただお前の浄念を悩ませて、私の行路を妨げるばかりで、得るところがない。通り過ぎるたびに、何度も悪心を起こす。円光師に請う、誘導してこの土地から比丘を移り去らせてくれ。もし従わず、久しく住むならば、きっと患いがあるだろう」と。翌朝、円光師は、その僧のところに行って告げて言うには、「住居を移して害を逃れたほうがよい。そうでなければ、今にも災難が起こるだろう」と。これに対して僧が言うには、「立派な修行をする人は、魔に妨げられることがあります。どうして妖鬼の言葉を心配することがあるでしょうか」と。この夕に、その神が来て比丘の答えを訊ねた。しかし、円光師は神の怒りを恐れた。そこで、偽って言った、「まだ詳しく話をしていないだけです。しかし、どうして敢えて話を聴かないことがありましょうか」と。神の言うには、「私はすでにすっかりその情況を知っている。しばらく何も言わずに、僧のところへ行って、これを見てみなさい」と。夜になると、音が鳴って雷のようであった。夜明けに僧のところへ行ってこれを見てみると、山が崩れて住居を押し潰していた。神がやって来て説き明かして言うには、「私は幾千年生きている。神威神変が最も壮んである。これをどうして怪しむことがあろうか」と。よって諭して言うには、「今、円光師は自利があるといっても、利他を欠いている。どうして中国に入って法を得て、後学に伝えようとしないのか」と。円光師が言うには、「中国で道を学ぶことは、もとより願っていたことです。しかし、海と陸が遥かに阻んで、自分では到達することができないのです」と。そこで神は、西の中国に遊学する方法を詳らかにして誘導した。

そして真平王十一年（五八九）春三月になって、ついに円光は陳に入った。書物を講じるところを遊歴して、奥深い言葉を解得した。成実《じょうじつ》、涅槃および三蔵の中の数論を伝え受けた。そして呉の虎丘《こきゅう》に赴いて、想いを青空に摂《おさ》めた。信士の要請によってついに成実論を講じた。円光を仰ぎのぞみ、教えを請う者が群がって互いに接する様子はあたかも鱗のようであった。

たまたま隋の兵が煬都に入った。隋の兵の主将が塔の火を望見して、まさにこれを救おうとした。しかし実際にはただ、円光師が塔の前に縛られているのを見るだけだった。告状がなかったようである。奇異なこととして、円光を釈放した。開皇の間に摂論が肇《はじ》めて興ったので、経典の美しい言葉を奉じ、名声を隋の都に宣揚した。

円光の功業はすでに成就したので、東方の朝鮮半島に行って、仏道を新羅に伝える必要があると考えた。新羅が中国に上啓して、勅があって円光は帰された。真平二十二年（六〇〇）庚申、新羅の使である奈麻諸父と大舎横川に随って国に還った。帰国途中、にわかに海中に異人が現れるのを見た。異人が円光を拝して請うて言うには、「私のために寺を創り、常に真詮《しんせん》を講じて、弟子に勝れた応報を得させることを願うのである」と。円光師はこれを許可した。

円光師の中国往来が何年も続いたので、その帰りを老いた者も幼い者もみな喜びあった。王もまた円光に対面して敬い謹む気持ちが深いことを申し上げた。円光を仰ぐことはあたかも釈迦に対するかのようであった。円光はついに三岐山の旧居に到った。真夜中に例の神が来て、中国への往復の旅が如何であったかを問うた。感謝して言うには、「あなたの大恩と加護を頼みにして、諸々の願いを叶えることができました」と。神が言う、「私は初めから離れずにあなたを扶擁していた。さらに、円光師と海龍とは、寺を創建する約束をした。その龍も今またともにやって来た」と。円光師はこれに対して尋ねて言うには、「どこを寺を創建する場所とすればよいでしょうか」と。神が言うには、「あの雲門山の中に、群れた鵲《かささぎ》が地面を啄《ついば》んでいるところがあるはずである。すなわち、そこがその場所である」と。明くる朝に円光師と神と龍はともに赴いて、ついにその土地を見出した。そして地面を掘ると、石塔があった。すぐにここに伽藍を創建した。額には「雲門」と揮毫《きごう》して、ここに住んだ。

神はまた、人の目には見えないところで円光を守ることをやめなかった。ある日、神が告げて言うには、「私は示滅する時期が遠くない。菩薩戒を受けて、長い旅路の助けとすることを願う」と。円光師は菩薩戒を授け終わった。そこで円光と神とが世々互いに救い合う誓いを結んだ。また、円光は言った。「神の姿を見ることができるでしょうか」と。神は言った、「円光師よ、夜明け方に東方を望んでみなさい」と。そのようにしてみると、大きな臂《ひじ》が雲を貫いて天に接しているのであった。神は言う、「円光師よ、私の臂を見たか。この身があるといっても、いまだ無常は免れない。きっと某日に某地にて死ぬに違いない。来てもらってお別れすることを願う」と。円光師は、その時になって神のもとへ行って見てみた。すると一匹の禿げた黒狸が、「呧呧《しし》」と息を切らして倒れ死んだ。これがすなわち、その神なのであった。

ところで西海の龍女は、常に円光に随って聴講していた。たまたま大日照りが起こることがあった。円光師が言った、「お前が境内に恵みの雨をふらせよ」と。これに対して龍女が言うには、「上帝がそれを許しません。私がもしもみだりに雨をふらせたら、必ずや天から罪を得ることでしょう。祈禱するところもないのです」と。円光師は言う、「私の力は天からの罪を免れさせることができよう」と。にわかに南山に日が昇ると、朝から雨がふった。その時に天は雷を震わし、すぐさまこれを罰しようとした。龍女は緊急の状況にあることを円光に告げた。円光師は龍女を講床の下に隠して経を講じた。天使がやって来て、告げて言うには、「私は、上帝の命を受ける者です。円光師が逃亡者のために事を処するならば、上帝の命を達成することができません。どうすればよいでしょうか」と。円光師は庭の中の梨の木を指して言うには、「あの龍女は変化してこの樹となった。お前はこれを撃つがよい」と。天使はついに梨の木を雷撃して去った。龍女はただちに出てきて謝礼した。そして、その木が代わりにすっかり罰を受けていたので、手を伸ばしてこれを撫でた。するとその樹はたちどころに蘇った。

真平王三十年（六〇八）、王は高句麗がしばしば国境を侵すのを憂えた。王は隋に兵を要請して、そして敵国を征討しようと思い、円光師に命じて「乞師表《こつし》」を作らせた。円光師は、「自らが存続することを求めて他者を滅ぼすことは沙門《しやもん》の行ではありません。しかし拙僧は大王の土地に住んで、大王の衣食を費やす者であるので、敢えてこの命令に従わずにいられるでしょうか」と。そして、乞師表を著述して奏上した。円光師の性格は俗事に煩わされず、情が豊かで差別なく広く愛する人であった。ものを言う時は笑みを浮かべて、怒りを表さなかった。牋表《せんぴょう》や啓書などを書くにあたっては、その文言はみな彼の胸襟から出たものであって、国全体が円光に傾倒して敬った。国を治める方法も彼の意見に任せ、この機に乗じて円光は教化を広く行い、後代に仏の教えを至らせた。

三十五年（六一三）、皇龍寺で百座会を設けた。比丘を迎え集めて講経を行った。円光師は上首となった。常に加悉《かしつ》寺に仮住まいして、経典について講演した。沙梁部の貴山《きさん》と箒項《そうこう》が、加悉寺の門を詣でて衣を掲げて告げて言うには、「凡俗たる私どもは、愚かで知識がありません。願わくは一言を賜って、終身の戒としようと思います」と。円光師が言うには、「菩薩戒がある。その戒は十種もある。お前たちは人の臣下であり、人の子である。おそらくはこの戒を行うことはできないであろう。そこで今、世俗の五戒というものがある。第一に「君主に仕えるにあたっては忠を伴わせよ」と言う。第二に「親を奉ずるにあたっては孝を伴わせよ」と言う。第三に「友と交わるには信を伴わせよ」と言う。第四に「戦うにあたっては立ち向かって退くな」と言う。第五に「殺生をするにあたっては選んで行うこと」と言う。お前たちはこれを行って疎かにすることがないように」と。貴山が言うには、「他のことについてはすでに命を承りました。ただし、「殺生をするにあたっては選んで行うこと」ということは知らず理解できません」と。円光師が言うには、「春夏の月、および六斎日には殺さない。これが時を選ぶということである。家畜を殺さないというのは、牛、馬、鶏、犬などを殺すことをいう。細物を殺さずというのは、肉の一切れにも満たないものを殺すことをいう。これが物を選ぶということである。これに背く時も、この他にせめて必要があるといっても、ただたくさん殺してはならないのである。これは世俗の善戒というべきものである」と。貴山らは、これを守って堕落することがなかった。

後に国王は病気に罹って、医師が治療しても治すことができなかったので、円光師に説法を請い、宮に入れて安置した。円光は経典を講じ、あるいは説法をした。王は真心から信奉した。初夜に王は円光師の首を見ると、金色に輝き日輪のようであった。宮人もともに見た。王の疾病は立ちどころに効験があった。円光は具足戒を受けて比丘となって以来すっかり年を重ねてからは、輿《こし》に乗って参内した。円光の衣服や薬石は、みな王が自らの手で営んで、これによって福を専らにすることを願った。円光は布施の資産を、喜捨して寺を営むことに充てて、ただ衣と鉢を残すだけであった。これをもって盛んに正法を宣べて、僧侶と俗人を導き助けた。円光の命が終わろうとしている時には、王はみずから執りはからって慰問した。釈迦の遺した法を後の世に広めることを託し、さらに国の民を済度しようとして、そのために吉兆を説いた。

建福五十八年（六四一）には、円光は病に罹り七日を経て、厳格な訓戒を遺した。威儀を正して座り、住まいで終焉を迎えた。皇隆寺の東北の虚空に音楽が空に満ち、異香が寺に充ちた。国の人々はこぞって悲慶した。葬具や羽儀は王礼に同じくした。春秋九十九歳、すなわち貞観四年（六三〇）のことであった。

後に、児が胎内で死んだことがあった。諺で伝えられるところを聞けば、「有徳の人の墓の側に埋めれば、子孫が絶えないだろう」と。そこで密かにこれを埋めたところ、その日のうちに雷が起こり、胎児の屍が墓域の外に放たれた。三岐山の寺塔は今に至るまで残っている。

釈円光、俗姓薛氏、或云朴。新羅王京人。年十三落髪為僧。続高僧伝云、入唐剃削。神器恢廓、恵解超倫。校渉玄儒、愛染篇章。逸想高邁、厭居憒鬧。三十帰隠三岐山影不出洞。有一比丘。来止近地、作蘭若修道。師夜座誦念、有神呼曰、善哉。凡修行者雖衆、無出法師右者。今彼比丘、径修呪術。但悩汝浄念、碍我行路、而無所得。毎当経歴、幾発悪心。請師、誘令移去。若不久住従、当有患矣。明旦、師、往告彼僧曰、可移居逃害。不然、将有不利。対曰、至行魔之所妨。何憂妖鬼言乎。是夕、其神来訊彼答。師恐其怒也。謬曰、未委耳。何敢不聴。神曰、吾已倶知其情。且可黙住而見之。至夜、声動如雷。黎明、往視《示》之、有山頽于蘭若圧焉。神来証曰、吾生幾千年。威変最壮。此何足怪。因諭曰、今師雖有自利、而闕利他。何不入中朝得法、波及後徒。師曰、学道於中華、固所願也。海陸迥阻、不能自達。於是神、詳誘西遊之事。乃以真平王十一年春三月、遂入陳。遊歴講肆、領牒微言。伝稟成実涅槃三蔵数論。便投呉之虎丘、摂想青霄。因信士請遂講成実。企仰請益、相接如鱗。会隋兵、入楊都。主将、望見塔火、将救之。秖見師被縛在塔前。若無告状。異而釈之。開皇間摂論肇興、奉佩文言。宣誉京皐。勣業既精、道東須継、本朝上啓、有勅放還。真平二十二年庚申、随朝聘使奈麻諸父大舎横川還国。俄見海中異人出。拝請曰、願師為我剏寺常講真詮、令弟子得勝報也。師領之。師往来累稔、老幼相忻。王亦面申虔敬。仰若能仁。遂到三岐山旧居。午夜彼神来問往返如何。謝曰、頼爾恩護、凡百適願。神曰、吾固不離扶擁。且師与海龍、結剏寺約。其龍今亦偕来。師問之曰、何処為可。神曰、于彼雲門山、当有群鵲啄地。即其処也。詰朝師与神龍偕帰、果見其地。即崛地有石塔存焉。便剏伽藍。額曰、雲門而住之。神又不捨冥衛。一日、神報曰、吾大期不久。願受菩薩戒。為長往之資。師乃授訖、因結世世相度之誓。又謂曰、神之形可得見乎。曰、師可遅明望東方。有大臂貫雲接天。神曰、師、見予臂乎。雖有此神《身》、未免無常。当於某日死於某地。請来訣別。師趁期往見。一秃黒狸吱吱《吸吸》而斃。即其神也。西海龍女、常随聴講。適有大旱。師曰、汝幸雨境内。対曰。上帝不許。我若謾雨、必獲罪於天。無所禱也。師曰、吾力能免矣。俄而南山朝隮、崇朝而雨。時天雷震、即欲罰之。龍告急。師匿龍於講床下講経。天使来告曰、予受上帝命。師為逋逃者主萃、不得成命奈何。師指庭中梨木曰、彼変為此樹。汝当撃之。遂震梨而去。龍乃出謝礼。以其木代已受罰。引手撫之。其樹即蘇。真平王三十年。王患句高麗屢侵封彊。欲請隋兵以征敵国。命師修乞師表。師曰、求自存而滅他。非沙門之行也。然貧道在大王之土地、費大王之衣食、敢不唯命是従。乃述以聞。師性虚閑、情多汎愛。言常含笑、慍結不形。為牋表啓書、並出自胸襟、挙国傾奉。委以詔方。乗機敷化、垂範後代。三十五年、皇龍寺設百座会。邀集福田講経。師為上首。常僑居加悉寺、講演真詮。沙梁部貴山箒頂、詣門摳衣告曰、俗士顓蒙、無所知識、願賜一言、為終身之誡。師曰、有菩薩戒。其別有十。若等為人臣子。恐不能行。今、有世俗五戒。一曰、事君以忠。二曰、奉親以孝。三曰、交友以信。四曰、臨戦不退。五曰、殺生有択。若等行之無忽。貴山曰、他則既受命矣。但不暁殺生有択。師曰、春夏月及六斎日不殺。是択時也。不殺使畜、謂牛馬鶏犬。不殺細物、謂肉不足一臠。是択物也。過此雖《惟》其所用。但不求多殺。此可謂世俗之善戒。貴山等守而勿堕。後国王染患。医治不損。請師説法、入宮安置。或講或説。王誠心信奉。初夜見師首領。金色如日輪。宮人共覩。王疾立効。法臘既高、乗輿入内。衣服薬石、並是王手自営、用希専福。櫬施之資、捨充営寺、惟余衣鉢。以此盛宣正法、誘掖道俗。将終之際、王親執慰。嘱累遺法、兼済斯民、為説徴詳。建福五十八年、不予経七日、遺誡清切。端坐終于所住。皇隆寺東北虚中、音楽盈空、異香充院。合国悲慶。葬具羽儀、同於王礼。春秋九十九、即貞観四年也。後有児胎死者。聞諺伝埋于有徳人墓側、子孫不絶。乃私瘞之。即日震胎屍、擲于塋外。三岐山浮屠、至今存焉。

(1)釈円光、俗姓は薛氏、或いは朴と云う。新羅の王京の人なり。(2)年十三にして、落髪し僧となる。〈『続高僧伝』、唐の利に入りて削ぐと云う。〉(3)神器は恢廓《かいかく》にして、(4)恵解《えげ》は倫を超ゆ。(5)玄儒を校渉し、(6)篇章を愛染《あいせん》す。(7)逸想高邁にして、(8)憒閙《かいにょう》に居るを厭う。

三十にして(9)三岐山に帰隠して影は洞を出でず。(10)一の比丘有り。来りて近き地に止まり、(11)蘭《らん》若《にゃ》を作りて道を修む。師夜に座して誦念するに、神有りて呼びて曰《いわ》く、「善きかな。凡そ修行者は衆《おお》しと雖《いえど》も、法師の右に出ずる者なし。今彼の比丘、径《ただ》ちに呪術を修む。但だ汝《なんじ》の浄念を悩まし、(12)我が行路を碍《さまた》ぐのみにして、得る所なし。経歴に当たる毎《ごと》に、幾たびも悪心を発せり。師に請う、誘いて移し去らしめよ。若《も》し従わずして久しく住めば、当《まさ》に患い有るべし」と。明旦、師、往きて彼の僧に告げて曰く、「居を移して害を逃るべし。然らざれば、将《まさ》に不利なることあらんとす」と。対して曰く、「(13)至行は魔の妨ぐる所ならんや。何ぞ(14)妖鬼の言を憂えんか」と。この夕、その神来りて彼の答えを訊ぬ。師、その怒りを恐るなり。謬《あやま》りて曰く、「未だ委《つまび》らかならざるのみ。何ぞ敢えて聴かざらんや」と。神曰く、「吾已《すで》に倶《とも》にその情を知る。且《しば》らく黙し[15]往きてこれを見るべし」と。夜に至りて、声動くこと雷の如し。黎明、往きてこれを視るに、山の蘭若を頽《くずお》れ圧す有り。神来りて証して曰く、「吾生くること幾千年。[16]威変最も壮んなり。これ何ぞ怪しむに足らん」と。因《よ》りて諭して曰く、「今、[17]師は自利有ると雖も、利他を闕《か》く。[18]何ぞ中朝に入りて法を得て、後徒に波及せざるや」と。師曰く、「中華に道を学ぶこと、固《もと》より願う所なり。海と陸迥《はる》かに阻み、自ら達すること能《あた》わず」と。ここに神、西遊の事を詳[19]らかにして誘う。

乃《すなわ》ち[20]真平王十一年春三月を以て、遂に陳に入る。[21]講肆を遊歴し、[22]微言を領牒《りょうちょう》す。[23]成実、[24]涅槃、[25]三蔵の数論を伝え稟《う》く。便《すなわ》ち[26]呉の虎丘に投じ、[27]想いは青霄《せいしょう》に摂《おさ》む。信士の請いに因り遂に成実を講ず。[28]請益を企《のぞ》み仰ぐもの、相接すること鱗の如し。

たまたま[29]隋兵、楊都に入る。主将、塔の火を望見し、将にこれを救わんとす。[30]秖《ただ》、師の塔前に縛られ在るを見る。告状無きが若《ごと》し。異なりとしてこれを釈す。

[31]開皇の間、[32]摂論、肇《はじ》めて興りたれば、[33]文言を奉佩《ほうはい》し、[34]誉を京皐《きょうこう》に宣ぶ。[35]勣業《せきごう》既に精なれば、[36]道を東に須《すべか》らく継ぐべきものなり。本朝上啓し、勅有りて放還せらる。[37]真平二十二年庚申。[38]朝聘使、[39]奈麻諸父と[40]大舎横川に随いて国に還る。俄《にわ》かに[41]海中に異人の出ずるを見る。拝して請いて曰く、「師に願わくは我が為に寺を刱《はじ》め、常に[42]真詮を講じ、弟子をして[43]勝報を得さしめん」と。師、これに頷《うなず》く。

師、往来すること累稔[44]なれば、老幼相い忻《よろこ》ぶ。王[45]亦た面して虔敬を申す。仰ぐこと能仁[46]の若し。遂に三岐山の旧居に到る。午夜[47]彼の神来りて、往返の如何を問う。謝して曰く、「爾《なんじ》の恩護を頼みて、凡百[48]、願いに適《かな》えり」と。神曰く、「吾、固より離れずして扶擁す。且つ師と海龍とは、寺を刱むるの約を結べり。その龍、今亦た偕《とも》に来れり」と。師、これに問いて曰く、「何処《いずこ》を可と為すか」と。神曰く、「彼の雲門山[49]にて、当に群鵲《ぐんじゃく》[50]の地を啄む有るべし。即ち其処なり」と。詰朝[51]、師と神龍は偕に帰り、果たしてその地を見、即ち地を掘るに、石塔[52]存して有り。便ち伽藍を刱む。額して「雲門」と曰いて、これに住せり。

神、又、冥[53]に衛《まも》ることを捨てず。一日、神報じて曰く、「吾、大期[54]久しからず。菩薩戒[55]を受け、長往[56]の資と為さんことを願う」と。師、乃ち授け訖《おわん》ぬ。因りて世々相度の誓いを結ぶ。又謂いて曰く、「神の形、見るを得べきか」と。曰く、「師、遅明[57]に東方を望むべし」と。大臂《たいひ》[58]、雲を貫き天に接する有り。神曰く、「師、予の臂を見るか。この身[59]有ると雖も、未だ無常を免れず。当に某日に某地にて死すべし。来りて訣別されんことを請う」と。師、期に趁《お》うて、往きて見る。一[60]の禿たる黒狸、吱吱[61]として斃《たう》る。即ちその神なり。

西海[62]の龍女、常に随いて聴講せり。たまたま大旱《たいかん》有り。師曰く、「汝、境内に幸なる雨ふらせ」と。対して曰く、「上帝[63]許さず。我若し謾《みだ》りに雨ふらせば、必ずや[64]天より罪を獲ん。禱《いの》る所無きなり」と。師曰く、「吾が力、能く免れん」と。俄かにして南山[65]に朝隮《のぼ》るや、崇朝にして雨ふる。時に天、雷震、即ちこれを罰せんと欲す。龍急を告ぐ。師、龍を講床の下に匿し経を講ず。天使来りて告げて曰く、「予、上帝の命を受く。師は[66]逋逃《ほとう》者の為に[67]主萃《しゆさい》すれば、命を成すを得ず、奈何《いかん》」と。師、庭の中の梨木を指して曰く、「彼、変じて此の樹と為れり。汝、当にこれを撃つべし」と。遂に梨を震して去る。龍乃ち、出でて謝礼す。以てその木、代わりて已に罰を受く。手を引きてこれを撫ず。その樹、即ち蘇る。

[68]真平王三十年、王、[69]句高麗の屢《しばしば》[70]封疆《ほうきょう》を侵すを患い、[71]隋兵を請い、以て敵国を征せんと欲し、師に命じて「[72]乞師表」を修せしむ。師[73]曰く、「自らの存するを求めて他を滅するは沙門の行に非ざるなり。然れども貧道、大王の土地にありて、大王の衣食を費やすものなれば、[74]敢えて唯《た》だ命、これ従わざらんや」と。乃ち述して以聞《いぶん》す。師の性は[75]虚閑にして、情多く[76]汎愛なり。言は常に笑を含み、[77]慍結《うんけつ》、形《あらわ》れず。[78]牋表啓書を為すに、並《み》な[79]胸襟より出て、挙国、[80]傾奉す。委ねるに[81]治方を以てし、機に乗じて[82]敷化《ふか》し、後代に[83]範を垂る。

[84]三十五年、[85]皇龍寺に[86]百座会を設く。[87]福田を邀《むか》え集めて講経す。師上首となり。常に[88]加悉寺に[89]僑居し、真詮を講演す。[90]沙梁部の[91]貴山と箒項は、門を詣で衣を摳《かか》げて告げて曰く、「[92]俗士、[93]顓蒙《せんもう》にして知識する所なし。願わくは一言を賜り、終身の誡と為さん」と。師曰く、「菩薩戒有り。[94]その別に十有り。若等《なんじら》は人臣の子為《な》り。恐らくは行ずるを能わざらん。今、世[95]俗の五戒有り。一に曰く、君に事《つか》うるに忠を以てす。二に曰く、親を奉ずるに孝を以てす。三に曰く、友と交わるに信を以てす。四に曰く、戦に臨みて退かず。五に曰く、殺生するに択《えら》ぶ有り。若等之《これ》を行いて忽《ゆるがせ》にすること無かれ」と。貴山の曰く、「他のことは則ち既に命を受け

たり。但し、殺生に択ぶ有りとすることは暁《さと》らず」と。師の曰く、「(96)春夏の月、及び六斎日には殺さず。これ時を択ぶなり。使畜を殺さずとは、牛・馬・鶏・犬を謂う。細物を殺さずとは、肉の一臠《いちれん》に足らざるを謂う。これ物を択ぶなり。これを過つときは、(97)惟だその用いる所のみ。但だ、多殺することを求めざるなり。これ世俗の善戒と謂うべし」と。貴山等、守りて堕すること勿《な》し。

後に国王、患に染まり、医の治するも損せざれば、師に説法を請い、宮に入れて安置す。或いは講じ、或いは説く。王、誠心に信奉す。初夜、師の首領を見るに、金色なること日輪の如し。宮人共に観《み》る。王の疾、立ちどころに効ありき。(98)法臘既に高く、輿に乗りて入内し、衣服(99)薬石、並《み》なこれ王の手にて自ら営み、用いて福を専らにせんことを希う。(100)襯施《しんせ》の資は、捨して寺を営むに充て、惟だ衣と鉢を余すのみなり。これを以て盛んに正法を宣べ、道俗を(101)誘掖《ゆうえき》す。将に終わらんとする際、王みずから執りて慰む。(102)遺法を(103)嘱累《ぞくるい》し、兼ねて斯の民を済さんとして、為めに(104)徴祥を説く。

(105)建福五十八年に、不予なり。七日を経て(106)遺誡清切なり。端坐して所住に終われり。(107)皇隆寺の東北の虚の中に、音楽、空に盈《み》ち、異香、院に充《み》つ。国を合げて悲慶す。(108)葬具、羽儀は、王礼に同じ。(109)春秋九十九。即ち貞観四年なり。

後に、児の胎に死する者有り、諺にて伝えしところを聞くに、「有徳の人の墓の側に埋めなば、子孫絶えざるべし」と。乃ち私《ひそ》かに之を瘞《うず》めしところ、(110)即日、胎屍を震わし、(111)塋外《えいがい》に擲《なげう》てり。三岐山の浮屠[112]は、今に至るまで存す。

語注

（1）釈円光……新羅の僧。生没年未詳。本書「序」「智明」にも所見。五七八年に陳に渡って『涅槃経』『成実論』などを学ぶ。五八九年には隋に渡って大乗・小乗の経典を学び、六〇〇年に帰国して新羅に仏法を広めたとされる。高句麗の侵略を防ぐために隋軍の派遣を望んだ真平王の要請を受けて「乞師表」を作成する一方で、俗人のために「世俗五戒」を授けた。この他、皇隆寺にて百座会を設けるなど、仏法を以て王権を擁護した。円光の伝記は、『新羅殊異伝』『続高僧伝』『三国遺事』「円光西学」などにも見える。『三国遺事』では、陳・隋の時代には海を渡って求道する人が少なかったが、円光が西学の道を開いたのだ、と評している。なお日本では、寛治八年（一〇九四）、興福寺の僧、永超撰の『東域伝灯目録』には『大方等如来蔵経』が、十二世紀初頭の法隆寺もしくは興福寺等の関連寺院の経蔵目録と目される『大小乗経律論疏記目録』には『如来経記』が円光の著作として載る。

（2）年十三〜僧となる……『続高僧伝』『三国遺事』は、二十五歳の時に中国に渡って出家したとする。『新羅殊異伝』は「初為僧学仏法」とするのみで、出家した年齢に関する記述がない。

（3）神器は恢廓……「神器」は心と器量のことか。「恢廓」は広々として大きいさま。「寛博浩大、恢廓密微」（『新語』道基篇）。

（4）恵解……智慧の働きによる一切の物事の正しい理解。「種種方便慧解深広」（『大方等大集経』巻四三）。

(5) 玄儒を校渉……老荘思想と儒教の双方を習う。玄は老荘思想、儒は儒教をさす。『続高僧伝』『三国遺事』には「挍猟玄儒、討讎子史」とある。本書「義淵」語注9参照。

(6) 篇章を愛染す……文章を作ることを好む。「篇章」は詩文の編と章。転じて、詩文や文章のこと。「博渉経史、性愛篇章」(『北史』巻五四・列伝四五・周宗室「東平公神挙」)。「愛染」は愛着すること。「自法愛染故、呰毀他人法」(『大智度論』一)。

(7) 逸想高邁……想いは気高くすぐれている。逸想は気高い想い。また世を逃れる想い。高邁は気高くすぐれているさま。「楷風神高邁、容儀俊爽」(『晋書』巻三五・列伝五「裴楷」)。

(8) 憒閙……乱れ騒ぐこと。「心近於覚意、深起種種善根因縁、不生憒閙散乱心」(『法苑珠林』巻一五・敬仏篇六・三「業因部」)。

(9) 三岐山……底本は「三歧山」。大蔵経本によって改めた。現在の慶尚北道慶州市、安康村斗流里にある金谷山の別称。「金谷寺在府北二十里」(『東京雑記』巻二)。

(10) 一の比丘……術者または密教僧か。『三国遺事』巻五・神呪六「密本摧邪」には善徳女王が病になった時、密本が薬師経を読み、杖を寝室に投げて老狐を退治したところ王の病が治ったという逸話が載るが、密本は以前金谷寺に住していたという。密本が密教僧とされる点や密本の金谷寺との関係などから、ここに登場する比丘を密教僧とする説がある。なお、『新羅殊異伝』は円光が三岐山に独居し始めた四年後に比丘が来住したとする。

(11) 蘭若……梵語 aranya の音訳「阿蘭若」の略。山林あるいは荒野と訳す。比丘が居住して修行するのに適した人里離れた、静かな場所。転じて、寺院をさすこともある。

(12) 我が行路を碍ぐ……底本「碍」の偏を欠く。諸本によって改めた。『新羅殊異伝』には「住処碍我行路」とある。
(13) 至行……この上なく良い行い。「以東海劉倹有至行、拝為郎」(『晋書』巻三・帝紀三「世祖武帝」)。
(14) 妖鬼……『新羅殊異伝』は「狐鬼」とする。円光は神と認識しているが、比丘は妖鬼と判断している。
(15) 往きて……底本には「住」とあるが、奎章閣本より改めた。
(16) 威変最も壮んなり……神威神変が最も壮んである。『新羅殊異伝』は「神術最壮」とする。
(17) 今、師は~闕く……自利と利他の両方を兼ね備えることが大乗仏教の理想とされる。なお、『新羅殊異伝』では自利利他の他、「現在不揚高名。未来不取勝果」として高名を揚げることも勧める。
(18) 何ぞ~せざるや……「中朝」は中国をさす。本書「亡名」語注16参照。「後徒」は新羅の後世の仏徒のこと。『新羅殊異伝』は「盍採仏法於中国。導群迷於東海」とする。
(19) 詳らか……西遊の方法を詳らかにしたということか。『新羅殊異伝』には「神詳誘帰中国所行之計」とある。
(20) 真平王十一年……五八九年。本書「智明」では、智明が陳に渡った真平王七年(五八五)から五年目に円光が陳に入ったとする。なお以下、中国に渡っている時の円光に関する記述は『続高僧伝』『三国遺事』にも見え、おおむね表現は重なる。
(21) 講肆……書物を講じる場所。「馬隊非講肆、校書亦已勤」(陶潜「示周続之組企謝景夷三郎」)。
(22) 微言を領牒す……奥深い言葉を解得して書き記しておさめること。「昔仲尼没而微言絶、七十

子喪而大義乖」（『漢書』巻三〇・一〇「芸文志」）。

(23) 成実……『成実論』のこと。インドの訶梨跋摩（Harivarman）によって著された一六巻の仏教論書。サンスクリット本やチベット訳本は現存しないが、五世紀初めの鳩摩羅什による漢訳本が伝わっている。部派仏教の経量部に立ち、それに大乗仏教を加味した総二〇二品からなる論書で、中国では『倶舎論』が翻訳されるまでは仏教教理の基礎学とされ、鳩摩羅什門弟の僧叡や曇影らが講じ、華南、華北に広められ、盛んに講究されたが、隋の智顗や吉蔵が、これを小乗であると判定してからは研究が衰えた。

(24) 涅槃……『涅槃経』のこと。釈迦の入滅を叙述し、その意義を説く経典類の総称で阿含経典類から大乗経典まで数種ある。中国では東晋の法顕が『涅槃経』の前半部分とされる経典を持ち帰り、四一八年に仏陀跋陀羅と共訳した『大般泥洹経』六巻本に続いて、四二一年には曇無讖によって『大般涅槃経』四〇巻が漢訳され、隋代まで南北各地で盛んに講究された。朝鮮半島では、五四一年に梁から百済に『涅槃経』の注釈書が贈られており、新羅では円光の留学後となる六五〇年に涅槃宗が開宗され、僧元暁による注釈書『大涅槃経宗要』が著述された。

(25) 三蔵……仏教経典の総称。僧伽の規則や道徳、生活様相などをまとめた「律蔵」、釈迦の説いたとされる教えをまとめた「経蔵」、経典の注釈や解釈などを集めた「論蔵」の三種からなる。

(26) 呉の虎丘……現在の中国江蘇省蘇州市にある山。この山の麓には東晋の咸和二年（三二七）に王珣兄弟が別宅を寄進して造った精舎があり、竺道壱と竺道生が住して以来、僧詮、曇諦などの歴代の名僧が相次ぎ来住して名声を博した。

(27) 想いは青霄に摂む……「青霄」は青空、澄んだ空。「心斎白日、志迴青霄。圃衣田食、大聖遊交」(皇甫謐『高士伝』上「顔回」)。

(28) 請益~鱗の如し……師の教えを請い願って仰ぐ人々が群がって接する様子が鱗のようであった。「請益」は、師の教えを請うこと。「侍坐於先生、先生問焉、終則対。請業則起、請益則起」(『礼記』曲礼上)。

(29) 隋兵、楊都に入る……「楊都」は戦国時代の楚の金陵にあたり、三国の呉および南朝諸王朝では都の建業(建康)にあたる地。現在の江蘇省の省都、南京市に相当する。開皇九年(五八九)正月に隋将の賀若弼と韓擒虎が軍を率いて陳の首都建康に入城し、陳の皇帝後主を捕えて陳を滅ぼし、南北を統一した出来事のことを述べている。

(30) 秖~見る……「秖」は「祇《ただ》」に通ずる。『続高僧伝』『三国遺事』は駆け付けて救おうとしたところ、実際には火がなかったという記述がある。

(31) 開皇の間……隋朝最初の年号。五八一—六〇〇年。『続高僧伝』『三国遺事』は「開皇九年」とする。

(32) 摂論……摂論宗。『摂大乗論』を講究する学派。中国十三宗の一。陳の真諦が無著の『摂大乗論』、および世親の『摂大乗論論釈』を翻訳し、さらに自ら講じて疏を作り、また『九識義記』などを著したのに始まる。真諦の門下により、華南において講究が盛んになり、隋から唐初にかけて華北にも広まった。唐の玄奘《げんじょう》が再び無著『摂大乗論』、世親『摂大乗論論釈』、および世性『摂大乗論論釈』を翻訳して以後は、その研究は法相宗においてなされ、摂論宗の法系は絶えてしまった。

(33) 文言を奉佩……経典の美しい言葉を心に留めて奉ること。

(34) 誉を京皐に宣ぶ……「京皐」は都のこと。ここでは名声を隋の都に宣揚したことをいう。「於

仁寿二年、提洽有縁便事鑪錘、寺乃京皐衝要」(『続高僧伝』巻二二「玄琬伝」)。
(35)勣業……「勣」は「績」に通ずる。功業。功績のこと。「亦能助成一切如来功勣業事」(菩提流志訳『一字仏頂輪王経』巻三)。
(36)道を東に須らく継ぐべき……「東」は海東のことで、ここでは新羅をさす。仏道を新羅に継承すべきであること。
(37)真平二十二年庚申……六〇〇年。
(38)朝聘使……中国の朝廷に貢ぎ物を献上するために遣わされた勅使。「至誠事中国、梯航朝聘之使、相続不絶」(『三国遺事』巻一二・新羅本紀一二「敬順王」)。
(39)奈麻諸父……「奈麻」は新羅官制十七等中の第十一官等で奈末とも表記する。「諸父」という人物については未詳。『三国史記』巻四・新羅本紀四・真平王二十二年条には「奈麻諸文」とある。
(40)大舎横川……「大舎」は新羅官制十七等中の第十二官等で韓舎ともいう。「横川」という人物については未詳。
(41)海中に異人……海龍をさすか。ここでは「異人」とされているが、後述する円光が帰国後に再会した三岐山の神の発言では、この存在を「海龍」あるいは「龍」とする。
(42)真詮……真理を表した文句。経典。「落帆追宿昔、衣褐向真詮」(『杜甫』「秋日夔府詠懐、奉寄鄭監李賓客詩」)。
(43)勝報……すぐれた応報。「未逾月而捷報聞」(『澠水燕談録』巻八)。
(44)累稔……「稔」は年。年を重ねること。「曠年累稔、不堕其志」(『晋書』巻五一・列伝二一「玄居釈」)。

(45) 王～申す……「虔敬」は慎み敬うこと。敬虔。『続高僧伝』『三国遺事』は「新羅王金氏面申虔敬仰若聖人」とする。
(46) 能仁……釈迦のこと。梵語 Sakya-muni（釈迦牟尼）の訳である「能仁寂黙」の略。『続高僧伝』『三国遺事』は「仰若聖人」とする。
(47) 午夜……夜半。真夜中。「月明午夜生虚籟、誤聴風声是雨声」（唐彦謙「詠竹詩」）。
(48) 凡百……色々の種類。数々。諸々。「凡百君子、各敬爾身」（『詩経』小雅「雨無正」）。
(49) 雲門山……現在の慶尚北道清道郡雲門面にある山。山の北麓に雲門寺がある。本伝は雲門寺を円光が建てた寺とするが、『三国遺事』巻四・義解五「宝壌梨木」には高麗初期の僧宝壌による創建として叙述され、本伝の雲門寺縁起譚と類同の内容が見える。『三国遺事』によれば、新羅時代に雲門山にあった五つの寺の中、円光は「嘉西岬」という寺に住したことがあり、円光死後は三国の兵乱によって五つの寺は廃墟となり、高麗初期に雲門山に登った宝壌の前に円光と名乗る老僧が現れて印櫃を授け、宝壌は雲門山の廃寺を興そうとして北側に鵲岬寺を建て、太祖二十年（九三七）に「雲門禅寺」の額を賜ったという。『新増東国輿地勝覧』巻二六・慶尚道・清道郡「雲門寺」条も、『三国遺事』と同じく宝壌による創建として伝えている。
(50) 群鵲……鵲は新羅始祖神話「脱解」とも関わる吉鳥。本伝は神が雲門山にて鵲の群れが啄む地に寺創建を願い、円光が雲門寺を建てたとするが、『三国遺事』「宝壌梨木」には、龍王が宝壌に鵲岬に寺創建を教え、宝壌は雲門山で鵲が啄んだ地が龍王の言った鵲岬で新羅時代の伽藍地と知り、そこに鵲岬寺を建てたとある。掛詞に基づいた寺院名起源譚と考えられる。
(51) 詰朝……明くる朝。奎章閣本と崔南善本には「詰旦」とあるが、同義。「詰朝爾射死芸 杜注 詰朝猶明朝」（『春秋左伝』成公十六年）。
（52）地を掘るに……底本には「崛」とあるが、崛は山のそばだつさまをいう語で、文意が通じないため「掘」と改めた。
（53）冥に衛ることを捨てず……陰ながら護衛することをやめなかった。「霊神冥衛、多蒙痊愈」（『大唐西域記』巻六四）。
（54）大期……重大な時期。大切な時期。ここでは死期のこと。「是知生死大期自有恒数」（『続高僧伝』巻二七「道休伝」）。
（55）菩薩戒……大乗の菩薩が受持すべき戒。菩薩としての自覚を持って受持するもので、止悪・修善・利他の三つの面を持つ三聚浄戒の性格を持つ。
（56）長往の資……長旅の助け。「長往」は死の暗喩。「昨因風癈甘長往、今遇陽和又少康」（白居易「老病相仍以詩自解」）。
（57）遅明……夜がまさに明けようとするころ。夜明けがた。「遅明囲宛城三匝」（『漢書』巻一・高帝紀一上「高祖」）。
（58）大臂……大きな臂のこと。『新羅殊異伝』は、円光が神の臂を見たことを受けて、「因此俗号臂長山」とする。
（59）身……底本に「神」とあるが、これを抹消して右傍に「身」との書込みがある。奎章閣本と崔南善本は「身」とする。『新羅殊異伝』にも「雖有此身、不免無常之害」とあるので「身」に訂した。
（60）一の禿たる黒狸……狸は野猫、あるいはたぬき。後漢末の応劭『風俗通義』巻九・怪神にも

「呼下火上、照視老狸正赤、略無衣毛、持下焼殺」として、たびたび人を取り殺す怪物の正体が、毛のない老狸であったという話が見える。なお、『新羅殊異伝』では「一老狐」であったとする。

(61) 吱吱……底本に「吱吱」とあるが、これを抹消して右傍に「吸吸」と書込みがある。奎章閣本と崔南善本および『新羅殊異伝』も「吸吸」とする。しかし、死にかけた存在の呼吸の擬音語としては「吱吱」が適切である。

(62) 西海の龍女……『三国遺事』「宝壌梨木」では、宝壌が帰国途中に西海の龍王の子である瑠目に遇ったとする。

(63) 上帝……天の神。天帝。円光の賛では「天神」と換言されている（本書「円安」参照）。『三国遺事』「宝壌梨木」では「天帝」とされる。

(64) 必ずや～無きなり……『論語』巻二・八佾一三の「王孫賈問曰、与其媚於奥、寧媚於竈、何謂也、子曰、不然、獲罪於天、無所禱也」を踏まえた表現。

(65) 南山～雨ふる……「朝隮る」は朝日の昇ること。「崇朝」は黎明から朝食の時刻までを言う。『詩経』鄘風・蝃蝀「朝隮于西　崇朝其雨」を踏まえた表現。

(66) 逋逃……刑罰を逃れる。逃れて隠れること。「今商王受無道、暴殄天物、害虐烝民、為天下逋逃主、萃淵藪」（『書経』武成）。

(67) 主萃……諸本同じ。『国訳一切経』の注は、「萃」の音に「サイ」があることから「宰」に通じて用いられたと見る。これに従えば「主宰」で、事物を司る意。

(68) 真平王三十年……六〇八年。『三国遺事』は、円光の帰国直後のこととしている。

(69) 句高麗……高句麗。『三国史記』は「高句麗」とする。高句麗の名称については、本書「順道」語注7参照。
(70) 封疆……領土のさかい。国境。「慎管籥、固封疆、備辺竟」(『礼記』月令)。
(71) 隋……『三国遺事』には「隋宣作唐」という注が付されているが、「隋」とするのが適切。
(72) 乞師表……援軍を要請する文書。「師」は将軍、軍隊、軍団。「表」は諸外国の国王が中国皇帝に送る正式の外交文書のことで、表文・表箋とも。『三国遺事』には「乞兵表」と見える。
(73) 師曰く～ざらんや……この円光の心中語には、後出する「世俗の五戒」の「一に曰く、君に事うるに忠を以てす」に通じる円光の国家意識がうかがえる。『三国遺事』には円光が葛藤する姿は見えず、王が「乞兵表」によって三〇万の援軍を得て高句麗を征伐し、円光が儒学に通じていたことを知ったと叙述される。
(74) 敢えて～ざらんや……『左伝』成公十三年条「惟命是聴」を踏まえた表現。
(75) 虚閑……俗事に煩わされないこと。「夏日虚閑、高臥北牕之下、清風颯至」(『晋書』巻九四・列伝六四「陶潜」)。
(76) 汎愛……差別することなく、広く平等に愛すること。博愛。「汎愛衆而親仁、行有余力、則以学文」(『論語』学而篇)。
(77) 慍結……「慍」は怒ること。「結」は煩悩をさす。不善の心理状態が心を拘束し結び付ける様子から表現された語。「若外見察観之気、内有慍結之哂」(『太平広記』巻五八・女仙三「魏夫人」)。
(78) 牋表啓書……「牋表」「啓書」ともに天子に奉る書のこと。「太子優令答之、而裴均、厳綬牋表継至」(『旧唐書』巻一四〇・列伝九〇「韋皐」)、「下邳太守王煥等、奉啓書詣太宗帰款」(『宋書』巻八八・列伝四八「薛安都」)。

(79) 胸襟……胸のうち。こころ。「長笛響中夕、聞此消胸襟」(劉伶「北芒客舎詩」)。
(80) 傾奉……したがうこと。「又復如来足蹋長陌。無情土木尚皆傾奉」(『菩薩本生鬘論』巻四)。
(81) 治方……底本には「詔方」とあるが、大蔵経本と崔南善本によって改めた。「治方」は国を治める方法のこと。「請成相、言治方、君論有五約以明」(『荀子』成相)。
(82) 敷化……教化を広げることか。「応期作輔、論道敷化」(阮籍『与晋王薦盧播書』)。
(83) 範を垂る……模範を後代に残すこと。「所以勧誡将来、垂範万代」(『魏書』巻六八・列伝四八「程駿」)。
(84) 三十五年……真平王三十五年(六一三)。『三国史記』巻四・新羅本紀四「真平王三十五年」と『三国遺事』「円光西学」では、真平王三十五年秋に隋使の王世儀が新羅にやって来て、皇龍寺で百座会が行われたとする。
(85) 皇龍寺……真興王十四年(五五三)に着工して真興王二十七年(五六六)に完成した新羅の護国大刹。高麗末期の一二三八年にモンゴルの侵入によって焼失した。現在の慶州市九黄洞に寺址がある。
(86) 百座会……『金光明経』『仁王経』『法華経』などを転読し、天部・八部神衆に国家の安全と王室の安泰を祈願するための法会。「百座講会」「百高座」「仁王百高座道場」ともいう。新羅では真興王の時に僧統恵亮が初めて行って以来、国家的な仏教行事とされ、高麗時代には王宮でも行われるようになった。
(87) 福田……如来または比丘のこと。ここでは比丘をさす。福を生ずる田を意味する梵語 **puṇyakṣetra** の訳。田がよく物を生ずるように、福徳を得させる人のこと。仏や僧、父母、貧者などを敬い、施しを行う時、多くの福徳を生み、功徳が得られるところから、これを田に喩えていう。

(88)　加悉寺……現在の慶尚北道清道郡雲門山の東にあった寺。『三国遺事』では「嘉栖岬」と表記し、方言での呼称として加西岬、嘉栖岬と注記する。また、『三国遺事』には円光がこの寺に占察法会を行うための経済的な基盤とされる「占察宝」を置き、檀越という比丘尼が田を献納したとされる。

(89)　僑居……仮に住むこと。寓居。寄寓。仮居。「召募僑居流民二千人」(『魏書』巻一〇・一〇「孝荘帝紀」)。

(90)　沙梁部……新羅の行政区域の六部の一つ。六部は、新羅第三代王儒理尼師今九年(三二)に新羅建国以前の辰韓時代から続く六部(六村)の村の名前を変えて改定されたもので、六部の人たちにはそれぞれ姓氏が下賜された。沙梁部は六部のうちの「高墟村」が改められた区域で、崔氏の姓を賜っている。「九年春、改六部之名、仍賜姓(中略)高墟部、為沙梁部姓崔」(『三国史記』巻一・新羅本紀一「儒理尼師今九年」)。

(91)　貴山と箒項……貴山と箒項は沙梁里(現在の慶州市内)の人物。六〇二年、ともに少監の官職で従軍し、百済との闘いで奮戦して戦死した。『三国史記』巻四五・列伝五「貴山」に同話が見える。「箒項」について、崔南善本および『三国史記』『三国遺事』は「箒項」とする。これにより訂した。

(92)　俗士……見識のない人。平凡な人。俗人。俗子。「仲尼作春秋、乱臣知懼、今此論之作、俗士豈不愧心」(『後漢書』巻八〇下・文苑列伝七〇下「劉梁伝」)。

(93)顓蒙……無知。おろか。顓童。「受命下才、式旃上道。敢因滓賤、率此顓蒙」(『出三蔵記集』巻上・序巻七「慧印三昧及済方等学二経序讃」)。
(94)その別に十有り……『梵網経』巻下に説く菩薩の十重禁戒。不殺・不盗・不淫・不妄語・不酤酒・不説過罪・不自讃毀他・不慳・不瞋・不謗三宝の十戒。
(95)世俗の五戒……円光の語る五つの戒は通常の仏教における在家の信者の五戒とは内容がかなり異なる。むしろ、儒教の徳目である「五常」や「五行思想」などと関連していると考えられる。また、この五戒に儒教道徳たる「孝」が取り入れられたことは、円光が「玄儒」に通じていたとされていることとも深く関わる(前注5参照)。なお、第五条については、儒教道徳との連関も考えられるが、仏教の『梵網経』に説かれる不殺生戒とも重なる。
(96)春夏~殺さず……「六斎日」は、毎月の八、十四、十五、二十三、二十九、三十日をいう。「春夏の月」について中島志郎は、『礼記』月令篇の夏の月に殺生を禁ずる記事との連関を想定する。
(97)惟だその用いる所のみ……ただ、その必要なところだけ。底本には「雖其所用」とあり、「雖」の右傍に後筆と思われる「惟」との書入れがある。『三国史記』「唯其所用」により訂す。
(98)法臘……法の上の年齢。具足戒を受けて比丘・比丘尼となったその後の年数。「我法臘既高、晩学以我為軌」(『法華文句』六・上)。
(99)薬石……薬と、中国古代の治療器である石鍼《いしばり》のこと。また、それを用いて治療すること。「開宝四年七月有疾不求薬石(略)跏趺坐亡」(『宋高僧伝』巻二三「紹厳伝」)。
(100)襯施……施与する。「日得一飫湌而襯施三百」(念常『仏祖歴代通載』一九)。

（101）　誘掖……みちびき助けること。補佐すること。「誘」は前にいて導くこと。「掖」はそばから助けること。「誘、進也。掖、扶持也」（鄭玄『毛詩鄭箋』）。
（102）　遺法……古人が残した定め・法則。特に、釈迦の残した教えの意で、仏法をさしていう。遺教。「楽尤微眇、以音律為節、又為鄭衛所乱、故無遺法」（『漢書』巻三〇・芸文志一〇「楽」）。
（103）　嘱累……仏が弟子たちに教えを授けてのちに伝えるようその流布を委任すること。
（104）　徵祥……吉兆。底本と大蔵経本、奎章閣本は「徵詳」。崔南善本および『続高僧伝』「徵祥」により訂す。
（105）　建福五十八年……六四〇年。「建福」の年号は、真平王六年（五八四）から善徳女王二年まで使用した年号で、建福五〇年（六三三）で終わっている。
（106）　遺誡清切……「清切」は厳しいこと。ここでは後人のために厳しい訓戒を残したこと。
（107）　皇隆寺……皇龍寺のことか。崔南善本は「皇龍寺」。『三国遺事』では唐伝（『続高僧伝』）に見える円光入寂の皇隆寺は「皇龍寺」の誤りとする。「皇龍寺」については前注85参照。
（108）　羽儀……羽飾り。儀容。「智以謀之、仁以居之、吾知其去是而羽儀於天朝也不遠矣」（韓愈『燕喜亭記』）。
（109）　春秋九十九～貞観四年なり……「春秋」は年齢のこと。「貞観四年」は六三〇年。これは建福五十八年（六四〇）に円光が病気になったという記述と矛盾する。『新羅殊異伝』には「享年八十四年寂」とあり、『三国遺事』は「年八十余、卒於貞観間」と「春秋九十有九、即唐貞観四年也〈宣云十四年〉」との二つの記事を伝えている。『三国遺事』に円光の没年について注記した「宣云十四年」というのは、貞観十四年（六四〇）のことで、円光は病気になった年と同じ年に没したとする。

(110) 即日、胎屍を震わし……『国訳一切経』脚注は、「震」を易の東方の掛と解し、「日の震するとき」と書き下し、「日が東方に昇る時になって」の意と解釈する。

(111) 塋外……墓の外。墓域の外。「波珍喰金嶷等、建旧塋樹豊碑」(『三国遺事』巻三・興法三「原宗興法 厭髑滅身」)。

(112) 浮屠……寺塔。仏塔。梵語 buddhastupa の略。本書「序」語注101参照。『三国遺事』には三岐山金谷寺に浮屠があると記される。

解説

本伝は、新羅の留学僧の嚆矢とされる円光の伝である。儒学および老荘に通じ、詩文に長けた円光は、三岐山で出会った神の導きで中国に渡り、仏教を学ぶ。帰国後は、国中の尊崇を集めた。西海で出会った海龍との約束により雲門寺を創建し、皇龍寺では百座会を設けるなどした。また、高句麗からの侵略を防ぐべく、真平王の要請により隋軍の派遣を求める「乞師表」を作成し、貴山ら俗人のために世俗五戒を授けたともいう。

本伝は、『三国史記』『続高僧伝』所載の円光の記事と、『新羅殊異伝』と同系統の円光伝の記事を取捨選択し、時系列に一つの文章として再構成されている。この点、『新羅殊異伝』『三国史記』『続高僧伝』といった先行資料の記述を批判的に捉え、注記も施している『三国遺事』とは編纂態度が大きく異なる。

本伝の形成過程を探る上では、まず『三国遺事』「西学円光」の末尾の一然の記事が注目される。

同書の編者で雲門寺の住職でもあった一然は、金陟明なる人物が巷説を交えて作成した円光の伝が、誤って雲門寺の開祖である宝壌の事績を円光伝に混入してしまい、その後に編まれた「海東僧伝」も、この誤りを受け継いだため、当時の人を惑わせていると歎いている。本伝においても、『三国遺事』「宝壌梨木」所載の宝壌が主人公の加悉寺縁起譚と西海の龍をめぐる説話とが、円光の話とされている。本伝のこれらの部分が、まさしく一然の指摘する「誤りを承けて」いる箇所に該当すると考えられる。『三国遺事』では、僧の宝壌が中国で法を伝授されて帰国する際、西海の中の龍が宮中に迎え入れられた。そして、龍は宝壌に念誦させ布施を行い、自国に戻った折に鵲岬に寺を建てることを勧めた上で、璃目という龍の子を伴わせて帰らせたのだという。本伝とは相違が散見される。なお、一然の言う「海東僧伝」は本書のことをさしていると考えることができる。すなわち、金陟明なる人物の作成した円光伝（逸書）が、本伝作成の上で重要な依拠資料となっていた可能性は充分にあろう。

この他、留学前と帰国後の三岐山の神と円光をめぐる話は、『新羅殊異伝』所載のものと近しく、注目される。ただし、『新羅殊異伝』の円光伝とは細かい表現に相違が散見されるため、直接同書に依拠したのではなく、金陟明の円光伝など何らかの逸書に拠ったものと考えるべきであろう。なお、『三国史記』『続高僧伝』については、字句や表現の一致する箇所が多く認められるため、本伝の依拠資料となっていた可能性がきわめて高い。ただし、両書と本伝の記事を比較すると、円光が中国へ渡っていた時の記事がかなり省略されていることが分かる。新羅での円光の事績を描くことに重点を置いていることが、本伝の特徴の一つとして指摘できる。また、依拠関係が認められるというわけではないが、『高僧伝』巻一・訳経上・三「安清伝」は、本伝所載の説話と類似点が多い。商船を守る蛇神が、実は鎮怒のために「神報」を受けることになった同学であり、「神身離脱」のために供養を求める説話が載る。神の姿をみる場面や地名由来譚であることなど、話の展開や表現の上で、本伝との類似点を多く見出すことができる。

出典・同類話・関連資料

同類話　『新羅殊異伝』「円光」(『新羅殊異伝』平凡社東洋文庫「円光」参照)
『三国史記』巻四五・列伝五「貴山」
『続高僧伝』巻一三・五「唐新羅国皇隆寺釈円光伝」
『三国遺事』巻四・義解五「円光西学」
『三国遺事』巻四・義解五「宝壌梨木」

『三国史記』巻四五・列伝五「貴山」

貴山。沙梁部人也。父武殷阿干。貴山少与部人箒項為友。二人相謂曰。我等期与士君子遊。而不先正心修身。則恐不免於招辱。蓋聞道於賢者之側乎。時円光法師入隋遊学。還居加悉寺。為時人所尊礼。貴山等詣門。摳衣進告曰。俗士顓蒙。無所知識。願賜一言。以為終身之誡。法師曰。仏戒有菩薩戒。其別有十。若等為人臣子。恐不能堪。今有世俗五戒。一曰事君以忠。二曰事親以孝。三曰交友以信。四曰臨戦無退。五曰殺生有択。若等行之無忽。貴山等曰。他則既受命矣。所謂殺生有択。独未暁也。師曰。六斎日春夏月不殺。是択時也。不殺使畜、謂馬牛鶏犬。不殺細物謂肉不足一臠。是択物也。如此唯其所用、不求多殺。此可謂世俗之善戒也。貴山等曰。自今已後。奉以周旋。不敢失墜。

『続高僧伝』巻一三・五「唐新羅国皇隆寺釈円光伝」

釈円光。俗姓朴。本住三韓。卞韓馬韓辰韓。光即辰韓新羅人也。家世海東祖習綿遠。而神器恢廓愛染篇章。挍猟玄儒討讎子史。文華騰翥於韓服。博贍猶愧於中原。遂割略親朋発憤溟渤。年二十五。乗船造于金陵。有陳之世号称文国。故得諮考先疑詢猷了義。初聴荘厳旻公弟子講。素霑世典謂理窮神。及聞釈宗反同腐芥。虚尋名教実懼生涯。乃上啓陳主請帰道法。有勅許焉。既爰初落采即稟具戒。遊歴講肆具尽嘉謀。領牒微言不謝光景。故得成実涅槃蘊括心府。三蔵数論偏所披尋。末又投呉之虎丘山。念定相沿無忘覚観。息心之衆雲結林泉。（中略）開皇九年来遊帝宇。値仏法初会摂論肇興。奉佩文言振績徽緒。又馳慧解宣誉京皐。勣業既成道東須継。本国遠聞上啓頻請。有勅厚加労問放帰桑梓。光往還累紀老幼相欣。新羅王金氏。面申虔敬仰若聖人。光性在虚閑。情多汎愛。言常含笑慍結不形。而牋表啓書往還国命。並出自胸襟。一隅傾奉皆委以治方。詢之道化。事異錦衣請同観国。乗機敷訓垂範于今。年歯既高乗輿入内。衣服薬食並王手自営不許佐助。用希専福。其感敬為此類也。将終之前。王親執慰。嘱累遺法。兼済民斯為説。徴祥被于海曲。以彼建福五十八年。少覚不悆。経于七日。遺誡清切。端座終于所住皇隆寺中。春秋九十有九。即唐貞観四年也。当終之時。寺東北虚中音楽満空異香充院。道俗悲慶知其霊感。遂葬于郊外。国給羽儀。葬具同於王礼。後有俗人児胎死者。彼土諺云。当於有福人墓埋之。種胤不絶。乃私瘞於墳側。当日震此胎屍擲于塋外由此不懐。敬者率崇仰焉。

『三国遺事』巻四・義解五「円光西学」

唐続高僧伝第十三巻載。新羅皇隆寺釈円光。俗姓朴氏。本住三韓。卞韓辰韓馬韓。光即辰韓人也。家世海東。祖習綿遠。而神器恢廓。愛染篇章。校猟玄儒。討讎子史。文華騰翥於韓服。博贍猶愧於中原。遂割略親朋。発憤溟渤。年二十五。乗船造于金陵。有陳之世。号称文国。故得諮考先疑。詢猷了義。初聴荘厳旻公弟子講素霑世典。謂理窮神。及聞釈宗。反同腐芥。虚尋名教。実懼生涯。乃上啓陳主。請帰道法。有勅許焉。既爰初落釆。即稟具戒。遊歴講肆。具尽嘉謀。領牒微言。不謝光景。故得成実涅槃薀括心府。三蔵釈論遍所披尋。末又投呉之虎山。念定相沿。無忘覚観。（中略）宣誉京皐。勣業既成。道東須継。本国遠聞。上啓頻請。有勅厚加労問。放帰桑梓。光往還累紀。老幼相欣。新羅王金氏面申虔敬仰若聖人。光性在虚閑。情多汎愛。言常含笑。慍結不形。而牋表啓書。往還国命。並出自胸襟。一隅傾奉。皆委以治方。詢之道化。事異錦衣。請同観国。乗機敷訓。垂範于今。年歯既高。乗輿入内。衣服薬食。並王手自営不許佐助。用希専福。其感敬為此類也。将終之前。王親執慰嘱累遺法。兼済民斯為説。徴祥被于海曲。以彼建福五十八年少覚不悆。経于七日遺誡清切。端坐終于所住皇隆寺中。春秋九十有九。即唐貞観四年也宜云十四年 当終之時。寺東北虚中音楽満空。異香充院。道俗悲慶。知其霊感。遂葬于郊外。国給羽儀。葬具同於王礼。後有俗人児胎死者。彼土諺云。当於有福人墓埋之。種胤不絶。乃私瘞於墳側。当日震。此胎屍擲于塋外。由此不懐。敬者率崇仰焉。（中略）又三国史列伝云。賢士貴山者沙梁部人也。与同里箒項為友。二人相謂曰。我等期与士君子遊。而不先正心持身。則恐不免於招辱。盍問道於賢者之側乎。時聞円光法師入隋回。寓止嘉瑟岬或作加西。又嘉栖。皆方言也。岬俗云古尸。故或云古尸寺。言岬寺也。今雲門寺東九千歩許有加西峴。或云嘉瑟峴。峴之北洞有寺基是也。二人詣門進告曰。俗士顓蒙無所知識。願賜一言以為終身之誡。光曰。仏教有菩薩戒其別有十。若等為人臣子。恐不能堪。今有世俗五戒。一曰。事君以忠。二曰。事親以孝。三曰。交友有信。四曰。臨戦無退。五曰。殺生有択。若行之無忽。貴山等曰。他則既受命矣。所謂殺生有択特未暁也。光曰。六斎日春夏月不殺。是択時也。不殺使畜。謂馬牛鶏犬。不殺細物。謂肉不足一臠。是択物也。此亦唯其所用。不求多殺。此是世俗之善戒也。貴山等曰。自今以後。奉以周旋。不敢失墜。後二人従軍事。皆有奇功於国家。又建福三十年癸酉即真平王即位三十五年也秋。隋使王世儀至。於皇龍寺設百座道場。請諸高徳説経。光最居上首。議曰。原宗興法已来津梁始置。而未遑堂粤。故宜以帰戒滅懺之法開暁愚迷。故光於所住嘉栖岬。置占察宝以為恒規。時有檀越尼納田於占察宝。今東平郡之田一百結是也。古籍猶存。光性好虚静。言常含笑。形無慍色。年臘既邁。乗輿入内。当時群彦。徳義攸属。無敢出其右者。文藻之贍。一隅所傾。年八十余。卒於貞観間。浮図在三岐山金谷寺今安康之西南洞也。亦明活之西也唐伝云。告寂皇隆寺。未詳其地。疑皇龍之訛也。如芬皇作王芬寺之例也。拠如上唐郷二伝之文。但姓氏之朴薛。出家之東西。如二人焉。不敢詳定。故両存之。然彼諸伝記。皆無鵲岬璃目与雲門之事。而郷人金陟明謬以街巷之説潤文作光師伝。濫記雲門開山祖宝壌師之事迹。合為一伝。後撰海東僧伝者。承誤而録之。故時人多惑之。因弁於此。不加減一字。載二伝之文詳矣。陳隋之世。海東人鮮有航海問道者。設有。猶未大振。及光之後。継踵西学者憧憧焉。光乃啓途矣。讃曰 航海初穿漢地雲 幾人来往挹清芬昔年蹤迹青山在金谷嘉西事可聞。

『三国遺事』巻四・義解五「宝壌梨木」

釈宝壌伝。不載郷井氏族。謹按清道郡司籍載。天福八年癸酉太祖即位第二十六年也正月日。清道郡界里審使順英大乃末水文等柱貼公文。雲門山禅院長生南阿尼岾。東嘉西峴。云云同藪三剛典主人宝壌和尚。院主玄会長老。貞座玄両上座。直歳信元禅師。右公文清道郡都田帳伝准又開運三年丙辰。雲門山禅院長生標塔公文一道。長生十一阿尼岾。嘉西峴。畝峴。西北買峴。一作面知村北猪。足門等。又庚寅年。晋陽府貼五道按察使。各道禅教寺院始創年月形止。審検成籍時。差使員東京掌書記李僐審検記載。王豊六年辛巳。大金年号。本朝毅宗即位十六年也。九月。郡中古籍裨補記准清道郡前副戸長禦侮副尉李則楨戸在右人消息及諺伝記載。致仕上戸長金亮辛。致仕戸長旻育。戸長同正尹応前其人珍奇等与時上戸長用成等言語。時太守李思老戸長亮辛年八十九。余輩皆七十已上。用成年六十已上云云次不准。羅代已来。当郡寺院。鵲岬已下中小寺院。三韓乱亡間。大鵲岬。小鵲岬。所宝岬。天門岬。嘉西岬等五岬皆亡壊。五岬柱合在大鵲岬。祖師知識上文云宝壌 大国伝法来。還次西海中。龍邀入宮中。念経施金羅袈裟一領。兼施一子璃目。為侍奉而追之。嘱曰于時三国擾動。未有帰依仏法之君主。若与吾子帰本国鵲岬。創寺而居。可以避賊。抑亦不数年内。必有護法賢君。出定三国矣。言訖。相別而来。還及至茲洞。忽有老僧。自称円光。抱弔樻而出。授之而没 按円光以陳末入中国。開皇間東還。住嘉西岬。而没於皇隆。計至清泰之初。無慮三百年矣。今悲嘆諸岬皆癈。而喜見壌来而将興故。告之爾 於是壌師将興癈寺而登北嶺望之。庭有五層黄塔。下来尋之則無跡。再陟望之。有群鵲啄地。乃思海龍鵲岬之言尋掘之。果有遺塼無数。聚而蘊崇之。塔成而無遺塼。知是前代伽藍墟也。畢。創寺而住焉。因名鵲岬寺。未幾太祖統一三国。聞師至此創院而居。乃合五岬田東五百結納寺。以清泰四年丁酉。賜額曰雲門禅寺。以奉袈裟之霊蔭。璃目常在寺側小潭。陰隲法化。忽一年元旱。田蔬焦槁。壌勅璃目行雨。一境告足。天帝将誅不識璃目告急於師。師蔵於床下。俄有天使到庭。請出璃目。師指庭前梨木。乃震之而上天。梨木萎摧。龍撫之即蘇 一云師呪之而生 其木近年倒地。有人作棰椎。安置善法堂及食堂。其椎柄有銘。初師入唐迴。先止于推火之奉聖寺。適太祖東征至清道境。山賊嘯聚于犬城有山岑臨水峭立。今俗悪其名。改云犬城驕傲不格。太祖至于山下。問師以易制之述。師答曰。夫犬之為物。司夜而不司昼。守前而忘其後。宜以昼撃其北。祖従之。果敗降。太祖嘉乃神謀。歳給近県租五十碩。以供香火。是以寺安二聖真容。因名奉聖寺。後遷至鵲岬。而大創終焉。師之行状古伝不載。諺云。与石崛備虚師 一作毘虚 為昆弟。奉聖石崛雲門三寺。連峯櫛比。交相往還。爾後人改作新羅異伝。

濫記鵲塔璃目之事于円光伝中。系犬城事於毘虚伝。既謬矣。又作海東僧伝者。従而潤文。使宝壌無伝。而疑誤後人。誣妄幾何。

（杉山和也）

十二　円安

円光のすぐれた弟子である円安もまた新羅の人である。才気するどく外に現れて、生まれつきあまねく巡り見ることを願い、幽玄な地で道を求めることにあこがれていた。そこで北に向かって九都（丸都）に趣いた。東に向かって不耐を観て、西方の燕、北方の魏に遊覧した。その後に長安に至って、地方の風俗に通じ、もろもろの経論を究明し、その大綱の理解は標準を遥かにこえてまさり、細かい道理までも洞察してきれいに整理しておくことができた。円安は立派に円光の遺業を継承した。そのありのままの徳行をもって名声が聞こえていたが、特進の蕭瑀《しょうう》は、造立した藍田《らんでん》の津梁寺《しんりょう》に住むことを請い、四事の供養を供給した。円安の最後は分からない。

賛にいう。昔、廬山《ろざん》の慧遠《えおん》は仏書以外の書物を廃止しなかった。講論の際に『荘子』や『老子』を同類のものとしてつらねて説明したところ、よく人に幽玄微妙な趣旨をさとらせることができた。円光師が世俗戒を説いたようなことは、そもそも彼の学問が内典と外典に通じており、相手に応じて説法を用いる効力である。それで「殺生するには選んでする」というのは、いったいどうして湯《とう》王の「獣を捕らえるための網の三面を取る」や、孔子の「射ぐるみで射るが枝に休む鳥は射ない」という趣旨と異なるというのか。またその天神の心を動かし、天帝の使者を天に帰らせるのは道を修めて得た力がもともとあったと知ることができるのである。

高弟円光《安》、亦新羅人。機鋒穎鋭、性希歴覧、仰慕幽永。遂北趣九都。東観不耐、又遊西燕、北魏。後展帝京、備通方俗、尋諸経論、跨轢大綱、洞清纖旨。高軌先塵。以道素有聞。特進蕭瑀、請住所造藍田津梁寺、供給四事。不知所終。

贊曰。昔遠公不廃俗典。講論之際、引荘老連類、能使人悟解玄旨。若光師之論世俗戒、蓋学通内外、随機設法之効也。然殺生有択者、夫豈湯網去三面、仲尼弋不射宿之謂耶。又其動天神、返天使、則道力固可知也已。

(1)高弟円安、亦新羅の人なり。(2)機鋒穎脱《えいだつ》にして、性は(3)歴覧を希い、(4)幽求を仰慕す。遂に北して(5)九都に趣く。東して(6)不耐を観て、又(7)西の燕、北の魏に遊ぶ。後に(8)帝京に展じ、備《つぶ》さに(9)方俗に通じ、諸《もろもろ》の経論を尋ねて、大綱を(10)跨轢《これき》し、(11)纖旨をも洞清す。高く(12)先の塵に軌《したが》う。(13)道素を以て聞こえ有り。(14)特進の蕭瑀《しょうう》、造りし所の(15)藍田の津梁寺に住むを請い、(16)四事を供給す。(17)終わる所を知らず。

賛に曰う。昔遠公(18)は俗典(19)を廃さず。講論の際、『荘』(20)『老』を引きて類を連ね、能《よ》く人をして玄旨(21)を悟解せしむ。光師(22)の世俗戒を論じたるが若《ごと》きは、蓋《けだ》し学は内外に通じ、随機説法(23)するの効なり。然して「殺生に択ぶ有り」(24)とは、夫《そ》れ豈《あに》(25)湯の「網三面を去る」、仲尼(26)の「弋《よく》して宿を射ず」の謂いならんや。又その天神(27)を動かし、天使を返するは、則《すなわ》ち道力(28)固《もと》より知るべきのみ。

語注

（1）高弟円安～人なり……新羅の僧。「円安」の表記については、奎章閣本・高麗大学本の目録に「園安」と載る。生没年は不明であるが、円光の弟子であること、また蕭瑀との関係を踏まえると、新羅真平王時代（五七九―六三二）の僧と考えられる。円安の伝は、『続高僧伝』『三国遺事』の円光伝にも付載されている。両書では、「有弟子円安」とするのみで、新羅人であることは明記されていない。なお、底本「円安」の箇所には「円光」とあり、「光」字を見せ消ちして、「安」と訂してある。後筆と見られる。

（2）機鋒穎脱……『続高僧伝』『三国遺事』は「神志機穎」とする。「機鋒」は心気の向かうきっさき。禅僧が他の僧に対して示す態度、または師家が修行僧を導く場合に示す態度・手段が激しいことを鋒に喩えていう。「穎脱」は、底本「穎鋭」。崔南善本により訂した。才気が外に現れること。『晋書』巻九四・列伝六四・陶潜伝に「博学善属文、穎脱不羈、任真自得」。機鋒穎脱は『大慧普覚禅師宗門武庫』「賢蓬頭」に「機鋒穎脱、見地明白」、また『続伝灯録』巻一六・黄龍南禅師法嗣に「機鋒穎脱、名振叢林」とあり、禅によく使用される。

（3）歴覧……一つ一つ見る。次々に見る。巡り廻って見る。本書「玄大」にも「其所遠慕艱危、歴覧風土」とあまねく天下を巡り歩いた伝が載る。

（4）幽求を仰慕す……「幽求」は、幽閑なところで道を求めること。底本「幽永」。奎章閣本・高麗大学本・崔南善本・『続高僧伝』・『三国遺事』「幽求」により訂す。「仰慕」は、仰ぎ慕うこと。「昔尭殂之後、舜仰慕三年、坐則見尭於牆、食則覩尭於羹」（『後漢書』巻六三・列伝五三「李固伝」）。

（5）九都……高句麗の旧都であった国内城の北に建てられた丸都城の地域をいうか。『三国遺事』は「丸都」とする。丸都城は高句麗第二代王の瑠璃明王二十二年に国内城に遷都後に建てられた城で、現在の中国吉林省集安市にある山城子山城地が丸都城跡地と推定されている。

（6）不耐……高句麗の旧都国内城の異名か。『三国史記』巻三七・雑志六・地理四「鴨緑水以北已降城十一」に「国内州一云不耐、或云尉那岩城」とある。国内城は高句麗第二代王の瑠璃明王の時から第二十代王の長寿王の時までの高句麗の都城。現在の中国吉林省集安市丸都城の東南にあった城と推定されている。『魏志』巻三〇「東夷伝」に楽浪郡の県として「不耐城」が載るが、そぐわない。

（7）西の燕、北の魏……『続高僧伝』『三国遺事』は「西燕魏」。燕（または西燕）、魏（または北魏）を王朝名とすると、円安の生きた時代とは合わない。昔これらの国があった地域である河北省および遼東地方、河南省をさすと見るべきか。

（8）帝京……天子の都。帝都。話の前後から見て、唐の都である長安をさすか。

（9）方俗……地方の風俗。類似の表現が、本書「玄大」にも「備省方俗」と見える。
（10）跨轢……超越、圧倒の意。跨躒ともいう。「学達釈宗、跨轢准海」（『続高僧伝』巻一「法泰」）。
（11）繊旨をも洞清す……「繊旨」は精微な道理。「洞清」は不詳。「洞精」の誤写か。「洞精」は、洞察すること。「学通三蔵、尤善阿毘曇心。洞其繊旨」（『梁高僧伝』巻一「僧伽提婆伝」）。
（12）高く先の塵に軌う……『続高僧伝』と『三国遺事』はこの前に「晩学心学」と円安が晩年に心学（年代から考えて南宋の陸象山、明の王陽明の心学ではなくここでは仏教学の意）に帰依したことが載る。先の塵は先人の遺業。ここでは円光の遺業をさす。
（13）道素～有り……『続高僧伝』『三国遺事』は、この箇所を「初住京寺。以道素有聞」とする。「道素」は、純朴な徳行。
（14）特進の蕭瑀……「特進」は中国の官名。漢制で諸侯の功徳優盛で朝廷の敬畏する者に位、特進を賜い三公の次に置いた。唐は文散官とした。蕭瑀（五七四―六四七）は隋唐の官僚。南朝梁の武帝の玄孫、後梁明帝の子。幼時、隋の晋王楊広（煬帝）の妃となった姉に従って長安に移った。学問・文章にすぐれ、ことに仏教を崇信した。隋末の内乱には河池郡を防衛したが、李淵に招かれて民部尚書、内史令、尚書右僕射などを歴任、諸制度の創立に当たった。太宗朝（六二六―六四九）には同僚としばしば衝突し左遷・免官にあっているが、太宗の即位後、六三二年、六三五年にそれぞれ特進を授けられている。伝は『旧唐書』巻六三 列伝一三「蕭瑀伝」、『新唐書』巻一〇一 列伝二六「蕭瑀伝」に見える。
（15）藍田の津梁寺……藍田は地名。現在の陝西省の県。津梁寺は『続高僧伝』巻二六「僧順伝」に僕射蕭瑀が大檀越となったことが記されており、また『弘賛法華伝』巻八「法喜伝」には武徳四年

（六二一）に蕭瑀が法喜を召して津梁寺に住まわせたとある。すぐれた僧が蕭瑀によって、この寺によく招かれていたことが分かる。

(16) 四事を供給す……四事は仏または三宝に対する四種の供養のこと。臥具・衣服・飲食・湯薬の四つ。なお『続高僧伝』と『三国遺事』は「四事供給、無替六時矣」と四事の供養を六時とも替えることがなかったと円安の修行態度に関して記述する。

(17) 終わる所を知らず……『続高僧伝』『三国遺事』にない一文。

(18) 遠公……東晋時代の僧、慧遠（三三四―四一六）をさす。許昌、洛陽に遊学して六経を修め、ことに老荘の学をよくした。廬山の東林寺に住み、念仏の結社（後に白蓮社として発展）を創設し、西方浄土に生まれることを願った。後世、中国浄土教の祖師と仰がれる。また鳩摩羅什と交友を持ち、『大智度論要略』『沙門不敬王者論』を著す。以下、本文「昔遠公～悟解せしむ」の部分の表現は、『梁高僧伝』巻六「慧遠伝」の「年二十四便就講説。嘗有客聴難実相義。往復移時弥増疑昧。遠乃引荘子義為連類。於是惑者暁然。是後安公特聴慧遠不廃俗書」と似通う。

(19) 俗典……仏書以外の書物。外典。俗書。

(20) 『荘』『老』……『荘子』と『老子』のこと。『荘子』は中国戦国時代の宋国出身の思想家、荘子の著した書。『老子』は中国春秋時代の楚国出身の思想家、老子が著した書、『老子道徳経』ともいう。荘子とともに道教創案の中心人物として知られる。

(21) 玄旨を悟解……玄旨は幽玄微妙な趣旨の意。至道のこと。悟解は仏教のさとり。

(22) 光師の世俗戒を論じたる……円光の「世俗五戒」のこと。本書「円光」語注95参照。

(23) 随機説法……教えを受ける相手（機）の性質や能力に応じて、それぞれにふさわしい方法で教えを説くこと。対機説法ともいう。『金光明最勝王経』巻二「分別三身品」、第三「随機説法利群生」。なお、「説法」の箇所は、底本「設法」とあり、諸本も同じく「設法」とする。「設法」は条令などを制定すること。大蔵経本、脚注に「設或説字」とあり、文脈も勘案して「説法」に改めた。

(24) 殺生に択ぶ有り……円光の「世俗五戒」の第五戒。使役する家畜を殺さないことと肉の一切れにも満たない細物を殺さないことをいう。

(25) 湯の「網三面を去る」……「湯」は殷王朝建国の王。成湯・武湯・武王とも呼ばれた。姓は子、名は履と言われる。夏の桀王を討ち、殷を建国した。「網三面を去る」の出典は『史記』巻三・殷本紀「成湯」で、網を四方に張り巡らせてすべてを取り尽くそうとする人物に対して、湯王がその網の三面を取り除いて、逃げたいものは逃げさせ、そうでないもののみ網に入ってくるようにした話をさす。

(26) 仲尼の「弋して宿を射ず」……「仲尼」は孔子の字。「弋して宿を射ず」の出典は、『論語』「述而」で、鳥を射るけれども、枝に留まって休む鳥を射ることはなかったという。つまり孔子は、限度を超えた無慈悲な殺生や乱獲はしなかったということ。「弋」は、狩猟用具の一種である射ぐるみで、矢に糸をつけて射放つこと。「子釣而不綱弋不射宿、其止殺之漸乎。仏教教人可生而不可殺、可不思耶諒哉」(宋契嵩撰『鐔津文集』巻二)。

(27) 天神を~返するは……円光が天使を追い返す話は、本書「円光」を参照。なお、本書「円光」の当該話で「上帝」とされている存在が「天神」と換言されている。本書「円光」語注63参照。

(28) 道力……道を修めて得た力。

解説

新羅の僧で、円光の高弟である円安の伝。円安は幽玄な地で道を求めることにあこがれ、各地を遊覧して長安にまで足を伸ばす。そこで円安は諸経論を研究し大綱や細かな道理までも深く理解し、円光の遺業を継承する。その評判を聞いた特進の蕭瑀に請われて藍田の津梁寺に住んで修行にはげんだが、その最後はどうなったか分からない、という。

賛は円光に関するもので、円光が世俗五戒を説いたことは彼が学問の内典と外典に通じ相手に応じて説法をしたためであり、それを東晋の慧遠になぞらえて賞賛している。また「殺生に択ぶ有り」と説いて、殷の湯王や孔子の事績と遜色ないとたたえる。

本話の円安の特徴として次のことがいえる。『続高僧伝』や『三国遺事』では晩年の記述があるが、本話ではそれを削除している。また円安の最後に関しても「不知所終」と『神仙伝』に似た記述を採用する。円安は生没年が不詳の僧であるが、本話ではそれが特に強調されているといえよう。

出典・同類話・関連資料

出典　『続高僧伝』巻一三・五「唐新羅国皇隆寺釈円光伝」

同類話　『三国遺事』巻四・義解五「円光西学」

関連資料　本書「円光」、『三国史記』巻四五・列伝「貴山」参照

『続高僧伝』巻一三・五「唐新羅国皇隆寺釈円光伝円安」

有弟子円安。神志機頴性希歴覧。慕仰幽求遂北趣九都。東観不耐又西燕魏。後展帝京備通方俗。尋諸経論跨轢大綱。洞清繊旨晩帰心学。高軌光塵。初住京寺。以道素有聞。特進蕭瑀。奏請住於藍田所造津梁寺。四事供給無替六時矣。安嘗叙光云。本国王染患。医治不損。請光入宮。別省安置。夜別二時為説深法。受戒懺悔。王大信奉。一時初夜王見光首。金色晃然有象日輪随身而至。王后宮女同共覩之。由是重発勝心。克留疾所。不久遂差。光於卞韓馬韓之間。盛通正法。毎歳再講匠成後学。施之資並充営寺。余惟衣盋而已。

『三国遺事』巻四・義解五「円光西学」

有弟子円安。神忘機頴。性希歴覧。慕仰幽求。遂北趣九都。東観不耐。又西燕魏。後展帝京。備通方俗。尋諸経論。跨轢大綱。洞清繊旨。晩帰心学。高軌光塵。初住京寺。以道素有聞。特進蕭瑀奏請住於藍田所造津梁寺。四事供給無替六時矣。安嘗叙光云。本国王染患。医治不損。請光入宮。別省安置。夜別二時為説深法。受戒懺悔。王大信奉。一時初夜王見光首。金色晃然有象。日輪随身而至。王后宮女同共観之。由是重発勝心。克留疾所。不久遂差。光於辰韓馬韓之間。盛通正法。毎歳再講。匠成後学。之資。並充営寺。余惟衣盋而已載達。函

（佐野愛子）

十三　安含

安含《あんごん》は、俗姓は金、詩賦伊飡《いさん》の孫である。生まれながら仏法の道を悟り、心に雑念がなかった。その意志は固く、美しいことは計り知れなかった。以前から世界を旅することを志し、その土地の風俗を観察し仏法を広めた。

真平王二十二年（六〇〇）、高僧の恵宿《えしゆく》と同伴することを約束して、いかだに乗り、泥浦津《でいほしん》に向かい、島の下を過ぎようとした。急に風浪に遭い、船を回してここの浜にとまることになった。

翌年、勅旨があり、仏法を授ける能力がある人を選抜し、中国に渡り留学させることになった。そこで安含に命じて、まさに彼が行くことになった。そして、新羅の使者と同じ船で海を渡り、遠く隋帝の宮殿に赴いた。隋帝に謁見されて、隋帝は心から大変喜ばれ、勅命を奉じて大興聖寺に配され居住することになった。

安含はわずかの年月で、奥深い仏法の真理を知り尽くした。華山《かざん》から仙掌の十駅ほどの距離を、その日の昼までには行き来できる。誰が夕方の太鼓の音を聴くことができるだろうか。秦嶺から帝宮までの千里の距離を、流星が流れるように上がり下りできる。どう暁の鐘の音を待つことができるだろうか。このような速さで十乗秘法、玄義の真文を五年のうちに幅広く見ないものはなかった。

その後真平王二十七年（六〇五）、西域の僧毗摩真諦《びましんたい》、農加陁《のうがた》とともに新羅に帰った。西域の僧が直接新羅に来たのは、おそらくこの時からである。

釈安含、俗姓金、詩賦伊飡之孫也。生而覚悟、性乃冲虚。毅然淵懿之量、莫窮涯畛。嘗浪志遊方、観風弘化。真平二十二年、約与高僧恵宿為伴、擬将乗桴、泛泥浦津、過渉島之下、忽値風浪、回泊此浜。明年有旨、簡差堪成法器者、入朝学問。遂命法師、允当行矣。乃与聘国使、同舟渉海、遠赴天庭。天王引見、皇情大悦、勅配於大興聖寺居住。旬月之間、洞解玄旨。於是華山仙掌十駅之程、即日午行廻。誰聞夕鼓。秦嶺帝宮千里之地、即星馳陟降。豈待晨鍾。十乗秘法、玄義真文、五稔之中、莫不該覧。越二十七年、爰与于闐沙門毗摩真諦、沙門農加陁等、倶来至此。西域胡僧、直到雞林、蓋自玆也。

釈安含(1)、俗姓は金、詩賦(2)伊飡(3)の孫なり。生まれながらにして覚悟し、性乃《すなわ》ち冲虚なり。毅然(4)たる淵懿《えんい》の量は涯畛(5)《がいちん》を窮むる莫《な》し。嘗《かつ》て志を遊方(6)に浪し、観風(7)して弘化す。

(8)真平二十二年、約して高僧の恵(9)宿と伴と為《な》り、将《まさ》に桴《いかだ》に乗り、擬《ぎ》し、(10)泥浦津に泛《うか》びて、島の下を過渉せんとす。忽《たちま》ちに風浪に値《あ》い、回りてこの浜に泊す。

明年、旨有りて、(11)法器と成るに堪うる者を(12)箇差し、入朝し学問せしむ。遂に法師に命じて、允《まこと》に行くべきことになる。乃ち、聘国使と同じ舟にて海を渉《わた》り、遠く(13)天庭に赴く。(14)天王、引見し、皇情に大いに悦び、勅して(15)大興聖寺に配して居住せしむ。

旬月の間、玄旨を洞解す。ここにおいて(16)華山(17)仙掌の十駅の程、即ち日午に行き廻る。誰か夕鼓を聞かんや。(18)秦嶺帝宮千里の地、即ち(19)星馳に(20)陟降す。豈《あに》(21)晨鍾《しんしょう》を待たんや。十乗秘法、玄義の真文を五稔の中に(22)該覧せざる莫し。

越ゆる二十七年にここに(23)于闐《うてん》の(24)沙門毗摩真諦、沙門農加陁等とともに来りて、ここに至る。西域の胡僧の直ちに(25)雞林《けいりん》に至りしは、蓋《けだ》し茲《これ》よりのことなり。

語注

（1）安含……新羅の僧。安含について詳しい伝は本書以外に伝存していない。『三国遺事』巻三・興法三「東京興輪寺金堂十聖」に、興輪寺金堂に安置された十聖の一人として安含の名前が見える。『朝鮮王朝実録』に「安含老元董仲三聖記」という書名が見えるが、書籍が現存していないため関連性は不明。また、安弘と同一人物か否かなど所伝に混乱がある（本書「安弘」参照）。

（2）詩賦……安含の祖父の名前か。伝未詳。

（3）伊飡……新羅第三代王の儒理尼師今九年（三二）に制定された一七官位の第二の官位。伊湌、伊尺湌、一尺干、伊干ともいう。伊飡は中央貴族階級の出身者だけが昇る官位で、執事部や兵部など中央の第一級官庁の長官に補任された。「改六部之名仍賜姓（中略）設官有十七等、一伊伐湌、二伊尺湌」（『三国史記』巻一・新羅本紀一「儒理尼師今九年春三月」）、「五曰大阿湌、従此至伊伐湌、唯真骨受之他宗則否」（『三国史記』巻三八・雑志七「職官」）。

（4）毅然たる淵懿の量は〜観風して弘化す……『梁高僧伝』巻一「僧伽跋澄伝」に、法師の人柄や求法の志について同様の表現が見える。僧伽跋澄は『阿毘曇毘婆沙論』『婆須蜜経』などの翻訳に携わったインドの僧であるが、『梁高僧伝』「伽跋澄伝」において安含との関連性や共通点は特に見られない。「僧伽跋澄。此云衆現。罽賓人。毅然有淵懿之量（中略）常浪志遊方観風弘化」（『梁高僧伝』巻一「僧伽跋澄伝」）。

（5）涯畛……不詳。「涯」はかぎり、あたり。「畛」はあぜみち、さかいを意味することから、限界を表す意か。「果然如是浄潔冲明、眼力不及其涯畛」（宏智正覚『宏智禅師広録』巻六）。

（6）遊方……四方に旅する。僧侶が行脚する。「吾自至此不復有遊方之意」（『宋高僧伝』巻一一「無業伝」）。

（7）観風……景色や風習などを見聞きしてまわること。『礼記』王制「命大師陳詩以観民風」に由来する語。

（8）真平二十二年……六〇〇年。真平王は新羅第二十六代の王（在位五七九―六三二）。

（9）恵宿……新羅の僧。『三国遺事』巻四・義解五「二恵同塵」に恵宿の伝があり、真平王時代の人とされているが、詳しい年代は不明。『三国遺事』巻三・興法三「東京興輪寺金堂十聖」では、安含、義湘等とともに「恵宿」の名が見える。
(10) 泥浦津……現在の全羅南道珍島郡鳥島面東巨次島里にある鳥島の船着場。鳥島は黄第島、丘草嶋とも呼ばれた海上交通の要地で、円仁が唐に渡る途中、黄第島の泥浦津に船を停泊させて新羅の情勢を聞いたとされる(『入唐求法巡礼記』巻四・大中元年(八四七)九月六日条)。
(11) 法器……仏法を授けるに足る能力。また、それを持っている人。「徃唐、謁無畏三蔵請業、蔵曰、嵎夷之人豈堪法器、遂不開授」(『三国遺事』巻五・神呪六「恵通降龍」)。
(12) 簡差……選ぶの意か。「指宰相呂夷、簡差除不平」(『宋史』巻三一五・列伝七四「韓億」)。
(13) 天庭……中国の朝廷。奎章閣本は「遠庭」。「太微為天庭、中有五帝座」(『礼記疏』月令)。
(14) 天王……隋の文帝。安含が中国に渡った真平王二十三年(六〇一)は隋の文帝仁寿元年。
(15) 大興聖寺……唐太宗が貞観三年(六二九)に長安に建立した寺(「興聖寺詔貞観三年造載」『広弘明集』巻二八)。しかし、安含は六〇五年に帰国しているため、時代が合わない。後述する安弘との混同も考えられるが、安含が中国で居住していた、隋の文帝開皇二年(五八二)に建立された国寺「大興善寺」のことをいうか。現在の中国、陝西省西安市にある。大興善寺は、『求法高僧伝』巻上「玄照」に「貞観年中乃於大興善寺」と見えるが、宮内庁書陵部蔵宋版大蔵経所収『求法高僧伝』では、大興善寺ではなく「大興聖寺」とするなど両寺が混同されていた。
(16) 華山……中国陝西省華陰市にある山。中国の五大名山の一つで西岳ともいう。
(17) 仙掌……巨大な手の平のような崖で、河の神が華山を支える時に残した手の跡といわれる。華山の東峰の奇観の一つ。
(18) 秦嶺……秦嶺山脈。中国中部を東西に貫く山脈。西は甘粛省東部から東は河南省西部に及ぶ。

（19）星馳……流星のように迅速なさま。夜をついで急行するさま。「羽檄星馳、鉦鼓日戒」（潘岳「世祖武皇帝誄」）。
（20）陟降……神霊が天に往来する。「文王陟降、在帝左右」（『詩経』大雅・文王）、「既無陟降辛苦、努力勤修道業」（『続高僧伝』巻二五「道豊伝」）。
（21）晨鍾……夜明けの勤行のとき鳴らす鐘。明けの鐘。暁鐘。「華山仙掌〜秦嶺帝宮千里の地、即ち星馳に陟降す」は対句になっており、前後の内容から習得の速さの比喩。つまり、華山から仙掌を行き来し、秦嶺から帝宮を夜明け前に上がり下りできるような速さで仏法の教えを習得したという意味。
（22）該覧……はば広く閲覧する。「五経子史、無不該覧」（『高麗史』巻一一・世家一一「粛宗」）。
（23）于闐……漢から宋代にかけての西域の一国。現在の中国新疆ウイグル自治区ホータン県。東西貿易路の文化・交易上の要地。
（24）沙門毗摩真諦、沙門農加陁……両僧の伝未詳。
（25）雞林……新羅の国号。新羅第四代の脱解王九年（六五）に慶州金氏の始祖となる閼智が王宮の西にある始林で生まれ、雞が鳴いて誕生を知らせたことから始林を雞林に改め、雞林を国号とした（『三国史記』巻一・新羅本紀一「脱解尼師九年三月」）。

解説

新羅の僧安含の伝。安含は六〇〇年、恵宿とともに隋に渡るが、悪天候のため挫折する。翌年、新羅の使者と同行し再び隋に渡り、五年後、西域の僧、毗摩真諦、農加陁とともに新羅に帰国する。

若い時から仏法の道を悟り、広い世界で仏法を学ぼうとしたことは、留学僧の描写では常套的な記述である。表現面でも『高僧伝』「僧伽跋澄」の描写をそのまま使っている。しかし、生涯についての詳しい伝は本書のみであり、他には留学僧として名前だけが確認できることから、貴重な資料である。

『三国遺事』では興輪寺（五四四年に完成）の金堂に安置された十聖の中に名前が見える。この一〇人の聖は新羅仏法の伝来者である阿道をはじめ、高僧たちの名前が連なっていて、安含が新羅仏法に貢献した高僧の一人であることは間違いないと思われる。しかし、一〇人の聖は年代不明の人が多く、どのような基準で安置されたかも不明である。

安含の入朝、帰国時期や安弘と同一人物説についてもさまざまな疑問が残る。次の「安弘伝」で引用する『義湘《ぎしょう》伝』では、帰国時に安弘と同伴した西域の僧侶の名前が毗摩真諦、農加陁と安含の時と同じで、二人が同一人物である可能性を述べる。しかし、安弘の帰国時期が『義湘伝』では「真平王建福四十二年（六二五）」、『三国史記』「新羅本紀」では「真興王三十七年（五七六）」となっていて、その年代が合わないことから、別人である可能性も述べている。

安含の帰国時期についても、本書の「安含伝」では真平王二十七年（六〇五）、「法雲伝」では真興王三十七年（五七六）としていて、本書の中でも混乱がある。同一人物説や別人説はどちらも資料が少ないため判断できないが、おそらく安含が数回入朝したという推定もできるだろう。

出典・同類話・関連資料

関連資料　『三国遺事』巻三・興法三「東京興輪寺金堂十聖」

『三国遺事』巻三・興法三「東京興輪寺金堂十聖」

東京興輪寺金堂十聖。東壁坐庚向泥塑、我道、厭髑、恵宿、安含、義湘。西壁坐甲向泥塑、表訓、蛇巴、元暁、恵空、慈蔵。

（崔　静仁）

十四　安弘

崔致遠《さいちえん》が撰した『義湘伝《ぎしょう》』に、「湘は真平王建福四十二年（六二五）に生まれた。この年、東方聖人と称される安弘法師《あんこう》は、西域の三蔵三人と中国の僧二人とともに中国から帰国した」と記され、それについて注釈して、「北天竺の烏萇国《うちょう》の毗摩羅真諦《びまらしんたい》は年四十四歳、農伽陁《のうがた》は年四十六歳、摩豆羅国《まとうら》の仏陁僧伽《ぶつださんが》は年四十六歳だった。五十二国を経由して初めて中国に至り、ついに新羅にやってきた。この西域の僧三人は皇龍寺に住んで、『栴檀香火星光妙女経《せんだん》』を訳出し、それを新羅の僧曇和《どんわ》が書き留めた。それから、さほど時を隔てずに、中国の僧が王に上表して、中国に帰ることを請願した。王はこれを許可して僧らを中国に送らせた」という。つまり、安弘というのは、この安弘和尚のことであろう。

また、『新羅本記』によると、「真興王三十七年（五七六）に、安弘は陳に入って仏法を求めた。胡僧の毗摩羅等の二人とともに帰国し、『楞伽経《りょうが》』『勝鬘経《しょうまん》』および仏の舎利を王に献上した」という。真興王年間の末から真平王の建福年間までは、五十年ほど隔たっているのに、なぜか西域の三蔵がやって来る前にすでにこのような出来事があったのか。おそらくは安含と安弘というのは実際には別人のことであろう。しかし、その同行した三蔵が異なっておらず、その名前も同じであることから、ここでは二人を合わせて伝を立てることにした。また、三人の西域僧が去ったのか、あるいはずっと留まったのか、その終焉については未詳である。

安弘和尚は帰国後に讖書《しんしょ》一巻を作ったが、文字と印影が重なり、著者の名前が判別しがたく、内容が奥深くてその理を求める者が研究することが難しかった。例えば、「鵂鶹《きゅうりゅう》鳥〈経文がはっきりしないために内容が未詳〉散」とあるような状態であった。また、安弘和尚は、「第一女主の善徳女王が忉利天《とうり》に葬られたこと、および千里戦軍の敗戦すること、四天王寺が建立されること、王子が帰国する年、新羅の王が三国を統一する年」などを予言した。これは、誰も考えなかったことを予言したのであって、まるで法師が自分の眼で見たことのように的中して少しもはずれることがなかった。

善徳王九年（六四〇）九月二十三日、安弘は万善道場で入寂した。享年六十二歳であった。この月に新羅の使臣が中国からの帰国途中に偶然、安弘法師に出遇った。法師は碧浪の上に結《けっ》跏趺坐《かふざ》して、のんびりと西に向かって去っていった。これは真に空を飛ぶことが階段を歩くように、水に座ることが地を歩くようであった。翰林《かんりん》の薛《せつ》某が王命を受けて碑文を作った。その銘に、「善徳女王を忉利天に葬り、天王寺を建立した。怪鳥が夜に鳴き、兵衆が朝に死んだ。王子は関を渡って中国朝廷に入り聖顔を拝して、五年の年月を隔てて外地で送った後、三十歳になって帰って来た。浮き沈む輪転、この運命を免れる人はいないだろう。享年六十二歳にして万善道場で入寂した。使臣が海路で帰国する時に、安弘法師と偶然に出遇った。法師は水の上に結跏趺坐して、西に向かって去った」と書かれた。〈碑文に苔が生えて字がぬけたものがあり、十文字のうち、四、五文字が失われていた。判別できるものだけを取って推測して文を成した。〉

碑文以外の文献を見なくても法師の事績を大体分かることができた。

賛にいう。法師の神通解脱の力は、去住すること自在で、大菩薩のすることであった。どうしてこれを文字や言葉で言い表すことができるだろうか。しかし、中国に入って、初めて西域の三蔵とともに、仏法を広め、衆生を教化し布教した。まるで河の水が海の隅々を潤すように真に仏法を広めた聖人であった。碑文の文字が何度か写されるうちに、「鳥」の字が「馬」の字になったように、私は「含」と「弘」の二字の中、一つ混同があったのではないかという疑心を抱く。

崔致遠所撰義相伝云、相真平建福四十二年受生。是年、東方聖人安弘法師、与西国三三蔵漢僧二人至自唐。注云、北天竺烏萇国毗摩羅真諦、年四十四。農伽陁、年四十六。摩豆羅国仏陀僧伽、年四十六。経由五十二国始漢土、遂東来。住皇龍寺、訳出旃檀香火星光妙女経、郷僧曇和筆授。未幾、漢僧上表、乞還中国。王許而送之。即安弘者殆和尚是也。又按新羅本記、真興王三十七年、安弘入陳求法。与胡僧毗摩羅等二人廻、上楞伽勝鬘経及仏舎利。自真興末至真平建福、相去幾五十年、何三蔵来之前却如是。或恐安含、安弘実有二人、然其所与三蔵不殊、而厥名不殊、今合而立伝、又未詳西国三蔵去留所終。和尚帰国以後、作讖書一巻。字印離合、為之者罕測。宗途幽隠、索理者難究。如云鵂鶹鳥碑文隠晦未詳散。又云、第一女主葬忉利天、及千里戦軍之敗、四天王寺之成、王子還郷之歳、大君盛明之年。皆懸言遥記、的如目覩、了無差脱。善徳王九年九月二十三日、終于万善道場。享年六十二。是月、郷使従漢而邂逅法師、敷座于碧浪之上、怡然向西而去。真所謂、騰空歩階、坐水行地者矣。翰林薛某、奉詔撰碑。其銘云、后葬忉利、建天王寺。怪鳥夜鳴、兵衆旦殪。王子渡関、入朝聖顔、五年限外、三十而還。浮沈輪転、彼我奚免。年六十二、終于万善。使還海路。師亦交遇端坐水上、指西而去碑文苔蝕字欠、十喪四五、略取可観、擬以成文。蓋不待他、亦髣髴其遺跡矣。

賛曰。師之神通解脱、去住自在、大菩薩之閑事。豈容筆舌於其間哉。然入朝始与西域三蔵、手派真源、吹法螺而雨法雨、河潤海陬、真弘法之聖人也。字経三写、烏焉成馬。予疑含弘二字之有一錯焉。

[1]崔致遠の撰する所の『[2]義湘伝』に云《いわ》く、「湘は[3]真平建福四十二年に生を受く。この年、東方聖人の[4]安弘法師、[5]西国三の[6]三蔵漢僧の二人と唐より至る」とし、注に云く、「[7]北天竺烏萇国の[8]毗摩羅真諦は、年四十四。[9]農伽陁は、年四十六。[10]摩豆羅国の[11]仏陀僧伽、年四十六。五十二国を経由し[12]始めて漢土に至り、遂に東に来たる。[13]皇龍寺に住み、『[14]旃檀香火星光妙女経』を訳出し、

[15]郷僧の曇和[16]筆授す。未だ幾《いく》ばくならずして、漢僧、表を上《たてまつ》り、中国に還らんことを乞う。王許して之を送る」と。即ち安弘たる者殆《ほとん》ど和尚是れなるや。

又「[17]新羅本記」を按ずるに、「[18]真興王三十七年に、安弘[19]陳に入り法を求む。[20]胡僧毗摩羅等の二人と廻り、[21]楞伽[22]勝鬘経及び仏の舎利を上る」と。真興末より真平建福に至るまで、相い去ること五十年に幾《ちか》し、何ぞ三蔵来たる前に却りて是《かく》の如しや。或いは恐らくは安含、安弘実に二人有り。然れどもその与《とも》にする所の三蔵殊《こと》ならざり、而《しか》してその名も殊ならざれば、今合わせて伝を立つ。又未だ西国三蔵の去留して終わる所を詳らかにせず。

和尚が国に帰りて以後、[23]讖書一巻を作る。[24]字印離合し、之を為す者罕《まれ》に測る。[25]宗途幽隠し、理を索《もと》むる者究めがたし。「[26]鵂鶹鳥〈経文隠晦し未詳なり〉散す」と云うが如し。又云く、「[27]第一女主の忉利天に葬るを、及び[28]千里戦軍の敗を、[29]四天王寺の成るを、[30]王子郷に還る歳、[31]大君盛明の年」と、皆[32]懸言遥かに記し、的《あた》ること目に観《み》るが如く、了《つい》に差《たが》い脱《もれ》ること無し。

[33]善徳王九年九月二十三日、[34]万善道場に終わる。享年六十二なり。この月、郷使、漢より法師に邂逅《かいこう》す。座を碧浪の上に敷き、怡然《いぜん》として西に向かいて去る。真に所謂、空に騰《のぼ》りて階に歩き、水に坐りて地を行く者なり。[35]翰林の薛某、詔を奉り碑を撰す。其の銘に云うには、「后を忉利に葬り、天王寺を建つ。怪鳥は夜に鳴き、[36]兵衆は旦《あした》に殪《たお》る。王子関を渡り、[37]朝に入りて聖顔し、外に[38]限《へだ》てること五年、三十にして還る。浮沈輪転にし奚《なん》ぞ彼我免かれん。年六十二にして万善に終わる。使、海路に還りし、師も亦た交《まじわ》り遇い、水上に端坐し、西に指して去る」と。

〈碑文、苔蝕《むしば》み字欠《か》けたるもの、十に四、五を喪い、略《ほ》ぼ観るべきを取り、擬して以て文を成す。〉蓋《けだ》し他を待たざるも、亦た其の遺跡を(39)髣髴するなり。

賛に曰う。師の神通・解脱、(40)去住すること自在なるは、大菩薩の(41)閑事なり。豈《あに》筆舌其の間に容《い》るるべけんや。然れども入朝して始めて西域三蔵と、(42)真源を手《てずか》ら派《や》り、(43)法螺を吹きて法雨を雨《ふ》らし、(44)河、海陬《かいすう》を潤し、真に弘法の聖人なり。字三たび写さるることを経れば、「鳥」焉《こ》れ「馬」に成る。予疑うらくは「含」「弘」二字の一錯《あやま》り有り。

語注

（1）崔致遠……新羅末の文人（八五八―？）。沙梁部の人。字《あざな》は孤雲または海雲ともいう。諡《おくりな》は文昌侯。八六八年、十二歳で渡唐し、十八歳で科挙に及第して任官、黄巣の乱には檄文を書いて文名を挙げ、新羅第一の文章家といわれた。八八五年、二十八歳で帰国し、唐の制度の移入に尽くしたが、受け入れられず、晩年は伽倻山に隠遁。『桂苑筆耕集』序によると、崔致遠は帰国後、入唐中に著述した『私詩今体詩』『五言七言今体詩』『中山覆簣集』『雑詩賦』『桂苑筆耕集』などを新羅の定康王に献上したとされる。また、『三国史記』巻四・新羅本紀四「真興王三十七年春始」には、新羅花郎の思想的基盤となる儒・仏・道の三教について述べた「鸞郎碑序」を著し、同書巻三二・雑志一「楽」には新羅の五種の仮面劇を詠んだ「郷楽雑詠」を著したとされる。本書「法雲」語注43参照。

（2）『義湘伝』……底本は「義相伝」とするが、新羅の海東華厳の始祖とされる名高い義湘（六二五―七〇二）であろう。崔致遠の『義湘伝』は現存しないが、高麗時代の義天編『新編諸宗教蔵総録』巻一に「浮石尊者礼讃文、亡名」「浮石尊者伝一巻、已上、崔致遠述」とあり、同じ義天編『円宗文類』巻二二に崔致遠「故修南山儼和尚報恩社会願文」、同「海東華厳初祖忌晨願文」などが収載される。義湘は円教国師、浮石大師とも称された高僧で、『華厳一乗法界図』『白花道場発願文』などを著し、『宋高僧伝』巻四と『三国遺事』巻三に伝記が伝わる。日本の鎌倉期の高山寺蔵『華厳宗祖師絵伝』は、義湘と元暁の伝記を描いた絵巻として知られる。

（3）真平建福四十二年……六二五年。建福は真平王六年（五八四）から第二十七代の善徳女王の三年（六三三）末まで用いられた年号。

（4）安弘法師……新羅の僧（？―六四二）。『三国史記』巻四・新羅本紀四「真興王三十七年」には隋に渡って求法し、胡僧二人とともに帰国して『稜伽経』『勝鬘経』および仏舎利を献上したとされる。『三国遺事』巻一「馬韓」には、安弘による『海東安弘記』から引用した九韓に関する記述が見えるが、安弘の『海東安弘記』は現存しない。また、同書の巻三「皇龍寺九層塔」では、善徳女王の即位を予言し、皇龍寺九層塔造営によって九韓の侵入を防げるといった記述が安弘撰述の『東都成立記』によって叙述されている。『東都成立記』は現在伝わっていないが、内容からして安弘による予言書であった可能性が考えられる。

（5）西国三の三蔵……西国は西域の諸国をいう。三蔵は経・律・論の三蔵に通じ、三学に達した者をいう。

（6）漢僧の二人……中国の僧二人。伝未詳。

（7）烏萇国……Udyana の音写。北インドにあった国の名前。現在パキスタンのスワート川に沿った地域。
（8）毗摩羅真諦……Vimala-cinti の音写と見られる西域の僧。伝未詳。
（9）農伽陁……Naugata の音写と見られる西域の僧。伝未詳。
（10）摩豆羅国……Mathura の音写。中インドにあった国の名前。現在のインドのジャムナ川の西南部の地域にあたる。
（11）仏陀僧伽……Buddha-sarigha の音写と見られる西域の僧。伝未詳。
（12）始めて漢土に至り……底本には「始漢土」とあるが、崔南善本によって「至」を補った。
（13）皇龍寺……現在の慶州市九黄洞にあった新羅の護国大刹。本書「阿道」語注55参照。
（14）『旃檀香火星光妙女経』……未詳。
（15）郷僧の曇和……郷僧は新羅の僧の意か。曇和については伝未詳。
（16）筆授……「筆受」とあるべき。「筆受」とは、人が口頭で言ったことを筆で記録すること。『長阿含経』序に「涼州沙門仏念為訳。秦国道士道含筆受」とある。
（17）新羅本記……以下、『三国史記』巻四・新羅本紀四「真興王三十七年」の記事とほぼ同文。『三国史記』「新羅本紀」をいうか。
（18）真興王三十七年……五七六年。
（19）陳……南北朝時代南朝最後の王朝（五五七—五八九）。『三国史記』巻四・新羅本紀四「真興王三十七年」には、「陳」ではなく、「隋（五八一—六一八）」となっている。
（20）胡僧……胡は中国人が初め北方の、のちに西方の異民族を呼んだ語。ここでは西域の僧をいう。本書「摩羅難陀」語注2参照。

(21) 楞伽……『楞伽経』のこと。『三国史記』巻四「真興王三十七年」条には「稜伽」とある。『楞伽経』は如来蔵思想と唯識思想を中心に諸仏経学派の学説を多く取り入れて説いた大乗仏教経典の一つで、南宋の求那跋陀羅訳『楞伽阿跋多羅宝経』、北魏の菩提流支訳『入楞伽経』、唐の実叉難陀訳『大乗入楞伽経』などの三種の漢訳経典がある。

(22) 勝鬘経……古代インド舎衛国の波斯匿王の娘で在家の女性信者である勝鬘夫人が誓願を立て、仏の正法について自説したものを釈迦が認めたとされ、一乗真実と如来蔵の法身が説かれている。南宋の求那跋陀羅訳と北魏の菩提流支訳の二種の漢訳経典が伝わる。

(23) 讖書……未来を予言した書物。未来記。「如吾経典。儀容形体。与讖書符合」(『生経』巻一・一一「仏説五仙人経」)。

(24) 字印離合……筆跡が乱れていて、判読が難しいことか。

(25) 宗途幽隠……宗は旨、中心となるもの。途は道筋。幽隠は奥深くかくれること。内容が分かりにくいこと。「雖有此釈文義幽隠、請為開示」(唐懐感『釈浄土群疑論』巻一)。

(26) 鵂鶹……鳥の名。「みみずく」ともいう。性質が荒く、鳴き声が甲高い。昼はかくれて、夜出て小鳥などを捕食し、長じてその親鳥をも食うといい、悪鳥、不孝の鳥として憎まれ、鵂鶹が鳴くと不吉なことが起こるといわれた。「有此鳥之処、人多不孝。若連声呼之。即是人中怪鳥。名為鵂鶹鳥。人皆悪聞其声焉」(『妙法蓮華経釈文』巻中「譬喩品」)。

(27) 第一女主の忉利天に葬る……「第一女主」は、新羅第二十七代の善徳女王(在位六三二―六四七)のこと。「忉利天」は須弥山《しゆみせん》の頂に位置する天界で四天王天の上にある天。善徳女王は生前に自分を忉利天に葬ることを諸臣に命じ、忉利天は都の鎮山である狼山の南にあると教え、六四七年に崩御、諸臣は王の遺志に従って狼山の南に葬った。「葬我於忉利天中、（中略）王曰狼山南也。至其月日王果崩、群臣葬於狼山之陽」（『三国遺事』巻一・紀異一「善徳王知幾三事」）。

（28）千里戦軍の敗……都から遠く離れた所での戦いで新羅軍が敗すること。善徳女王崩御の翌年、真徳王二年（六四八）に百済との戦いに敗れ、西側の辺境にあった腰車城を含む十余城を陥落されたことをいうか（「百済将軍義直侵、西辺陥腰車等一十余城」『三国史記』巻五・新羅本紀五「真徳王二年三月」）。

（29）四天王寺……新羅第三十代の文武王十九年（六七九）に狼山南の善徳女王墓の下に建てられた寺。現在の慶州狼山の南麓に寺址がある（『三国史記』巻七・新羅本紀七「文武王十九年」、『三国遺事』巻二「文虎王法敏」など）。

（30）王子郷に還る歳……「王子」は新羅第二十九代太宗武烈の第二子、金仁問（六二九―六九四）をさす。真徳女王五年（六五一）に初めて唐に入り、長安に没するまで七回も唐に往来し、唐と新羅の外交の主幹をなした（『三国史記』巻四四・列伝四「金仁問」）。

（31）大君盛明の年……新羅第二十九代太宗武烈王春秋公（在位六五四―六六一）、第三十代文武王法敏（在位六六一―六八一）の二代の間をさすか。この時期に新羅が半島を統一した。

（32）懸言遥かに記し……「懸記」という語があり、仏がはるかに修行者の成仏を予言するという意。「授記」。後世は広く予言をさす。「阿難弟子（中略）聞仏懸記心自慶悦」（『大唐西域記』巻二「迦湿弥羅国」）。

（33）善徳王九年……六四〇年。善徳女王については前注27参照。

（34）万善道場……「道場」は寺のこと。新羅の都にあった万善寺のことか。『三国遺事』巻四・義解五「蛇福不言」に、「京師万善北里有寡女、不夫而孕既産」と見える都の万善を万善寺と見る説があるが、寺址は不詳。

(35) 翰林の薛某……「翰林」は書表や外交文書、勅書などを作成する官庁で、『三国史記』巻三八・雑志八「職官」によると、景徳王（在位七四二—七六五）の時に通文博士を改めて学士を置いて設置したとされる。薛某は翰林学士の一人と推測されるが、詳しい伝は未詳。

(36) 兵衆は旦に殪れる……新羅軍が敗北したことをいうか。前注28参照。

(37) 朝に入りて聖顔……新羅太宗武烈の王子金仁問が中国に渡って唐皇帝に拝謁したこと。「聖顔」は唐の高宗になるか。「臣等僻処一方（中略）故来朝拝、既親奉聖顔」（『北史』巻九四・列伝八四「勿吉」）。

(38) 外に限てる～三十にして還る……『三国史記』巻四四・列伝四「金仁問」によれば、王子の初めての渡唐は永徽二年（六五一）で、永徽四年（六五三）に帰国。それによると、「五年」は「三年」になるべきで、帰国した際の年齢の「三十」は「二十五」になるべきである。

(39) 髣髴……ぼんやり見えるさま。「時髣髴其遥見、亦往往而有焉」（『梁書』巻三四・列伝二八「張緬」）。

(40) 去住すること自在なる……「去住」は去ることと留まること。「自在」は心が煩悩の束縛から離れること。「去住自在如入禅定」（『不空羂索神変真言経』巻一）。

(41) 閑事……自分に関係のないこと。「泰於岸上槌胸号哭曰、銭衣豈非閑事、何忍溺経」（『続高僧伝』巻二八「法泰伝」）。

(42) 真源……根本、本性。典拠未詳。『華厳経探玄記』巻第一に、「尽法界而亘真源」とある。

(43) 法螺を吹きて、法雨を雨らし……「法螺」は、梵語でsan'kaといい、釈迦の説法が遠く響くことをたとえるもので、仏教では諸神を呼ぶための法具とされる。「法雨」は仏法の喩え。「若転法輪、若秉法炬、若撃法鼓、若吹法螺、若雨法雨、若設法会」(『大般若波羅蜜多経』巻五四三)。

(44) 河、海陬を潤し……「海陬」が海の果て、海の片ほとり。唐の韓愈『別知賦』に「歳月癸未而遷逐、侶虫蛇於海陬」とある。

解説

安弘法師の伝。本伝は『義湘伝』、『新羅本記』、安弘の碑文などに拠って叙述されている。安弘法師は求法のために陳に渡り、六二五年に西域の僧三人と中国の僧二人とともに帰国して『楞伽経』『勝鬘経』および仏舎利を王に献上して皇龍寺に住み、西域の僧らは『旃檀香火星光妙女経』の訳出後に中国に帰国し、安弘は讖書一巻を著して後、六四〇年に六十二歳で入寂したという。崔致遠『義湘伝』は現存しないが、本伝の「義湘伝」はその逸文の可能性があって重視すべきである。しかも、『義湘伝』には注を附していることも注目される。

安弘の行跡については、『三国史記』や『三国遺事』にも見えるが、本伝が最も詳細を尽くしている。『三国史記』巻四「真興王三十七年」条には本伝と類同の内容が見えるが、安弘が求法のために陳に渡ったのではなく、隋(五八一―六一八)に入って後、胡僧ら二人とともに帰国したとする。これは、安弘が求法のために真興王三十七年(五七六)に陳に渡ったが、帰国した六二五年には陳が滅び隋王朝となっていたため、『三国史記』は安弘の求法と帰国を隋と記したと思われる。

本伝は安弘が『讖書』に予言した、善徳女王の忉利天への埋葬、新羅軍の辺境での敗退、四天王寺の建立、太宗王の王子の中国からの帰還年、新羅の三国統一年などの五つの歴史的事件がことごとく的中していたことを安弘の碑文によって明らかにしている。このような安弘の予知能力は、『三国遺事』巻三「皇龍寺九層塔」に見える安弘が著した『東都成立記』にも表れている。『東都成立記』では、皇龍寺を建立することによって新羅は周辺国からの侵略を鎮められると予言し、護法の必要性が力説されている。

関連資料

『三国史記』巻四・新羅本紀四「真興王三十七年」
『三国遺事』巻一・紀異一「馬韓」
『三国遺事』巻一・紀異一「善徳王知幾三事」

『三国史記』巻四・新羅本紀四「真興王三十七年」
安弘入隋求法。与胡僧毗摩羅等二僧廻。上稜伽勝鬘経及仏舎利。

『三国遺事』巻一・紀異一「馬韓」
九韓、穢貊周礼職方氏掌四夷九貊者、(中略)海東安弘記云、九韓者一日本、二中華、三呉越、四乇羅、五鷹遊、六靺鞨、七丹国、八女真、九穢貊。

『三国遺事』巻一・紀異一「善徳王知幾三事」

第二十七徳曼万一作諡善徳女大王。姓金氏。父真平王。（中略）謂群臣曰。朕死於某年某月日。葬我於忉利天中。群臣罔知其処。奏云何所。王曰。狼山南也。至其月日王果崩。群臣葬於狼山之陽。後十余年文虎大王創四天王寺於王墳之下。仏経云。四天王天之上有忉利天。乃知大王之霊聖也。

（趙　倩倩）

十五　阿離耶跋摩

釈阿離耶跋摩《ありやばつま》は、神通力と智慧があり、自ら悟り、姿は他の人とは異なっていた。始め、新羅より中国に入り、師を尋ねて教えを受け、どんなに遠いところでも訪れない所はなかった。深く暗い谷あいを見下ろして休み、高い山々の果てを臨んだ。当世において戒律を守るだけではなく、来世に渡ることをも欲した。

志は、世界をあまねく見て回ることを強く願い、遠くまで足を伸ばすことも厭わず、ついに法をインドに求めた。すなわち、遥かにパミール高原に登り、珍しいものを捜し、勝れたところを訪ね、釈迦の聖跡の数々を歴見し、かねてからの願いを果たした。物資や食糧が絶えたので、那爛陀《ならんだ》寺に止まり、それからあまり長い時を経ずして亡くなった。

この時、高僧の恵業《えぎょう》は菩提寺に住し、玄恪《げんかく》、玄照は大覚寺に来ていた。この上の四人（阿離耶跋摩、恵業、玄恪、玄照）は、貞観年中（六二七―六四九）に入竺した。ともに勝れた功徳をつみ、ついに仏果を豊かに得た。遥か故郷を去り、インドの風俗を見に行った。彼らは東西で盛んな名声を上げ、大きな幸いを尽きることがないほどのこした。大菩提心がある人でなければ、どうしてこのようなことができるだろうか。

　年譜を見ると、玄奘《げんじょう》三蔵と同じ時に出発し、西域を目指したことが共通している。ただし、何年のことであるかはわからない。

釈阿離耶跋摩、神智独悟、形貌異倫。始自新羅入于中国、尋師請益、無遠不参。瞰憩冥壑、凌臨諸天。非惟規範当時、亦欲陶津来世。志切遊観、不殫遊邈、遂求法於西竺。乃遐登於葱嶺、捜奇討勝、歴見聖蹤、夙願已円。資粮時絶、乃止那爛陀寺、未幾終焉。是時、高□恵業住菩提寺、玄恪、玄照、至大覚寺。此上四人並於貞観年中有此行也。共植勝因、聿豊釈種。遥謝旧域、往見竺風、騰茂誉於東西、垂鴻休於罔極。非大心上輩、其何預此乎。按年譜、似与玄奘三蔵同発指西国。但不知第何年耳。

(1)釈阿離耶跋摩、神智ありて独悟し、形貌倫と異なれり。始め新羅より中国に入り、師を尋ねて(2)請益し、遠くとも参らざることなし。(3)冥《くら》き壑《たに》を瞰《み》て憩い、諸《もろもろ》の天を凌ぎ臨む。惟《ただ》(4)当時を規範せんとするのみに非《あら》ずして、亦《また》来世の陶津《とうしん》を欲す。(5)志、遊観すること切《しき》りなれば、遊邈《ゆうばく》するも殫《つくさ》ず、遂に法を(6)西竺に求む。乃《すなわ》ち遐《はるか》に(7)葱嶺《そうれい》に登り、奇なるを捜し勝れたるを討《たず》ね、(8)聖蹤を歴見し、(9)夙《つと》に願已《すで》に円《まど》かなり。資糧時に絶えたれば、乃ち⑩那爛陀寺に止まり、未だ幾《いくば》くならずして終焉せり。是の時、⑪⑫高僧恵業、⑬菩提寺に住し、⑭玄恪、⑮玄照、⑯大覚寺に至れり。此の上の四人は並《みな》、⑰貞観年中に此の行ありしなり。共に⑱勝因を植え、⑲聿《つい》に釈種を豊にす。遥かに旧城を謝し、往きて竺風を見、茂《さか》んなる誉れを東西に騰《あ》げ、⑳鴻《こう》なる休《さいわい》を罔極《もうきょく》に垂れたり。大心上輩に非ざれば、其れ何ぞ此《こ》れに預らんか。

㉑年譜を按ずるに、㉒玄奘三蔵と与《とも》に同じく発《た》ち、西国を指したるに似たり。但し、第何年なるやは知らざるのみ。

語注

（1）釈阿離耶跋摩……新羅の人。梵名 Arya-varman の音写。『求法高僧伝』に列伝があり、『三国遺事』にはそれに則った記述がある。阿離耶跋摩は、インドにおいて律論を学び、多くの経典を書写し、帰国を望んでいたが、客死した。そのためか、梵名だけしか伝わらない。

（2）請益……教えを受けること。さらに詳細な教訓を求め願うこと。『礼記』曲礼上に「侍坐於先生、先生問焉、終則対。請業則起、請益則起」とあり、鄭玄注に「益、謂受説不了、欲師更明説之」とある。本書の「円光」や「玄遊」にも「請益」の用例が見られる。本書「玄遊」語注26参照。

（3）冥き壑を瞰て憩い、諸の天を凌ぎ臨む……「瞰」は高いところから見下ろす。暗く深い谷を見下ろし、休む。「凌ぐ」は山などを乗り越えること。「天」については、国訳一切経本では「天際」

と補う。「天際」は天の果て、天の際。すなわち、深い谷を見下ろしたり、高い山々を越えてその果てを臨んだりするほど、あまねく旅をした、という意。李太白「江夏送林公上人游衡岳序」に「瞰憩冥壑、凌臨諸天」と同じ表現が見られる。

（4）当時を規範～来世の陶津を欲す……現世において戒律を守るだけではなく、来世への渡し場をも欲す。つまり、当世のみならず来世のことをも思うと、現当二世について重ねて述べている。陶津の用例として、『梁高僧伝』巻五、釈道安伝に「豈直規済当今、方乃陶津来世」があり、現当二世を並べて表現する。

（5）志、遊観する～遊遨するも殫ず……切遊観は、しきりに遊び観ること。方々を旅しながら見学、見物すること。遨は、遥かに遠いこと、殫は、尽きること。遊観、遊遨と並べて、対句表現として、方々を見学して廻り、遥か遠くまで見学に行くことも尽きないほどであったことを表す。

（6）西竺……国訳一切経本では西天竺とするが、那蘭陀寺はインドの東部に位置するので、ここでは中国から見た西にあるインドという意味。

（7）葱嶺……パミール。今のパミール高原を中心とする一大山系の古称、中国名。チベット高原の西に連なり、インドと中国の間の交通の要路に当たる。

（8）聖蹤……聖なる足跡、つまり仏跡、釈迦の霊跡。張説「奉和晋陽宮応制詩」に「再興広い聖蹤」とある。

（9）夙に願已に円かなり……夙は、早い、古い、つとに。円は、物事がうまくいくこと、満ちること。つまり、かねてからの願いをすでに果たした、の意。

（10）那爛陀寺……『三国遺事』は「那蘭陀寺」とする。一般的には那蘭陀寺。ナーランダー

(Nālandā) は、ビハール州パトナーの東南約八〇キロの大寺院址である。グプタ朝のクマーラグプタ Kumaraguputa（在位四一五—四五五）（シャクラーディトヤ Śakrāditya 帝日王）の創建と伝えられるが、現在の遺構は、七世紀から十二世紀頃のポストグプタ期からパーラ時代のものがほとんどである。『求法高僧伝』では、〈寺様今佚〉と割注があり、図入りで当時の那蘭陀寺のようすが書かれていたが、その箇所は失われてしまったとある。足立喜六訳注によると、散佚はかなり昔のことだろうという。六世紀頃から大乗仏教の中心的な学問寺として栄え、護法、戒賢などの高僧を輩出し、玄奘や義浄もここで学んだ。玄奘が滞在した七世紀前半には、『大唐西域記』によると、僧徒数千人（『求法高僧伝』では三千五百人）に及んだと伝えられる。

(11) 僧……底本では判読不明。大蔵経本では欠字。奎章閣本、崔南善本により「僧」と改めた。

(12) 恵業……本書「恵業」参照。

(13) 菩提寺……ボードガヤー（仏陀伽耶）Bodhagaya の大菩提寺。大覚寺ともいう。ボードガヤーは、釈尊成道の地。現在のビハール州ガヤー市の南約一〇キロ、東経八五度の経線上にあり、傍らをナイランジャーナー河（尼連禅河、現在のパルグ川）が流れている。大菩提寺（Mahaboddhi-samgharama）は、グプタ朝のパーラーディティア（ナラシンハグプタ）王によって五二六年に建てられたと伝えられる。高さ五三メートルのボードガヤーの大精舎は、十二—十三世紀と十九世紀の二回の大修理を受けているが、創建は五—六世紀に遡り、玄奘の『大唐西域記』にも「菩提樹東有精舎。高百六七十尺。下基面広二十余歩。塁以青塼塗以石灰。層龕皆有金像」と記録されていて、規模など現状とほぼ一致する。大精舎（大塔）の西に釈迦成道の菩提樹があり、金剛宝座が祀られている。

(14) 玄恪……本書「玄恪・玄照・亡名」参照。

(15) 玄照……本書「玄恪・玄照・亡名」に記述あり。『求法高僧伝』には、新羅僧恵輪が侍者として仕えたとある、太州仙掌出身の同名の入竺中国僧が冒頭に取り上げられている。

(16) 大覚寺……大菩提寺のこと。「覚」は、「さとり」と訓読。旧訳では vitarka（尋）の訳、新訳では bodhi（音訳「菩提」）の訳。すなわち、大覚寺は意訳、大菩提寺は音訳。何故異なる表記にしたのか不明。『求法高僧伝』も、恵業では菩提寺、玄恪では大覚寺としている。

(17) 貞観年中に此の行ありしなり……貞観は西暦六二七―六四九年にあたる。唐の第二代皇帝李世民（太宗）の時代。唐は太宗代に統一が完成、太宗の治世は国内的には諸制度を整備し、対外的には領土を広め、「貞観の治」といわれる。この時代の仏教は、国家の保護により、仏典の翻訳事業が盛んであり、主要な諸宗派が確立した。玄奘や義浄らがインドに赴き、インドや西域の僧侶が多数来朝した貞観年中の大きな動きの一環の中の入竺である。仏教全書本では、「なり」の後に、「新羅僧八人入竺。事見大唐求法高僧伝」と割注され、大蔵経本では同文の注記がある。入竺僧は、阿離耶跋摩をはじめ八人いたと記す大蔵経本『求法高僧伝』には、阿離耶跋摩、恵業、求本、玄太、玄恪、僧二人、恵輪をあげる。さらに、本書および『求法高僧伝』『三国遺事』には、その他に高句麗僧玄遊をあげる。したがって、新羅僧に限らなければ九人の入竺僧が記録されている。『求法高僧伝』宮内庁本などでは、求本の記載がない。なかでも、恵業、玄恪、玄照は、阿離耶跋摩と同様、最も早い時期の貞観年中（六二七―六四九）に入竺した。恵輪は、太州仙掌の玄照に従い、同じく貞観年中に入竺。玄太は永徽年中（六五〇―六五五）に海路入竺した。『三国遺事』に阿離耶跋摩に次いで、恵業以下の僧が入竺したと記すが、ほとんどみな同じ頃にインドを目指したのである。

(18) 勝因……すぐれた原因。『仏説無常経』に「勝因生善道、悪業堕泥犂」とある。
(19) 聿に釈種を豊にす……「聿」は「ついに、とうとう」。「豊」は「厚い。盛んである」。「釈種」は「仏の種」(仏性の元、ほどの意か)。ついに仏縁を豊かにし、あるいは仏果を豊富にした。
(20) 鴻なる休を罔極に垂れたり……「鴻」は、おおとり、白鳥。「鴻鵠の志」というように大きいことを表す。大きい、広大、強い、の意。「休」は、よろこび、さいわい、の意。「罔極」は、罔＝無であり、極まりない、尽きることないという意。大いなる幸いを極まりなくのこした。
(21) 年譜……不明。あるいは単に「年月について考えること」ほどの意味か。
(22) 玄奘三蔵……玄奘(六〇二―六六四)、河南省洛陽出身。貞観三年(六二九)独力で長安を出発し、三年かけて中インドの那蘭陀寺に入り、シーラバトラ(戒賢。五二九―六四五)について五年学んだ後、インド各地の仏跡を訪ね、仏像、仏舎利、梵本六五七部を携えて、六四五年帰国した。本伝に登場する求法僧四人は、貞観年中(六二七―六四九)にインドに滞在していた。

解説

阿離耶跋摩伝は、前半に入竺僧のパイオニアの一人である新羅人、阿離耶跋摩の伝を記し、後半は同じ頃に入竺した僧について記す二段構成である。

阿離耶跋摩はすぐれた人物であった。仏法の師を求めて新羅より中国に行き、遠くまで教えを受けに行ったが、より深いものを求めて、陸路インドへ向かった。パミール高原を越え、仏跡を歴見し、願いを果たした。阿離耶跋摩はすぐれた業績をあげ、晩年は那蘭陀寺に留まり、それからあまり時を経ずして客死した。そのためか、梵名しか伝わらない。本書には訳経篇はないが、おそらく訳経僧として名を残せるほどの実力があったであろう。『求法高僧伝』によると、彼は那蘭陀寺において、「多閑律論抄写衆経」とあるように多くの経論を学び、多くの経を書写した。そして、「痛矣帰心所期不契」と帰国を望んだが叶わず、七十余歳で那蘭陀寺において亡くなったという。筆者義浄から痛ましいと慨嘆されたほど、故国に経論を持ち帰り、仏教の神髄を伝えたいと強く願っていたのだろう。

阿離耶跋摩は、恵業、玄恪、玄照と同じく、貞観年中にインドへ求法の旅に出た。彼ら四人は新羅僧の中でも早い時期の入竺である。それは、唐の玄奘がインドに赴いた時と同じである。そして同じ時期に那蘭陀寺に留まり、学んだ。特に新羅の僧たちは、まず中国に仏法を学び、それだけではあき足らず、さらに遥かインドにまで修行の旅を続けた。玄奘の『大唐西域記』にも見られるように、インドへの道のりは非常に困難であった。インドでは多くを学び、その成果を後世に伝えようとした。その入竺僧のパイオニアたちが阿離耶跋摩をはじめとする諸師であった。

出典・同類話・関連資料

関連資料　『求法高僧伝』巻上「阿離耶跋摩」巻之上「那蘭陀寺」
　『三国遺事』巻四・義解五「帰竺諸師」
　『大唐西域記』巻九「那蘭陀寺」

『求法高僧伝』巻上「阿離耶跋摩」

阿離耶跋摩者。新羅人也。以貞観年中出長安之広脇（王城小名）追求正教親礼聖蹤。住那爛陀寺。多閑律論抄写衆経。痛矣帰心所期不契。出雞貴之東境。没龍泉之西裔。即於此寺無常。年七十余矣（雞貴者。梵云矩矩吒瑿説羅。矩矩吒是雞。翳説羅是貴。即高麗国也。相伝云。彼国敬雞神而取尊。故戴翎羽而表飾矣。那爛陀有池。名曰龍泉。西方喚高麗為矩矩吒翳説羅也

『三国遺事』巻四・義解五「帰竺諸師」

広函求法高僧伝云。釈阿離那一作耶跋摩一作□、新羅人也。初希正教、早入中華、思観聖蹤、勇鋭弥増、以貞観年中離長安。到五天、住那蘭陀寺。多閲律論、抄写貝莢。痛矣帰心、所期不遂、忽於寺中無常。齢七十余。継此有恵業、玄泰、求本、玄恪、恵輪、玄遊、復有二亡名法師等。皆忘身順法。観化中天、而或夭於中途、或生存住彼寺者、竟未有能復雞貴与唐室者。唯玄泰師克返帰唐、亦莫知所終。天竺人呼海東云矩矩吒翳説羅。矩矩吒言雞也、翳説羅言貴也。彼土相伝云、其国敬雞神而取尊、故戴翎羽而表飾也。

　讃曰。天竺天遥万畳山、可憐遊士力登攀。幾回月送孤帆去、未見雲随一杖還。

（岩崎和子）

十六　恵業

僧の恵業《えぎよう》は人としての器が大きく深い度量を持っていた。背が高くけわしい容貌で、すっきりとやせた体格をしていた。早くから辺境である新羅を去って中国に渡り、ついに唐の貞観《じようがん》年中に西域に行くことになった。広い砂漠を越え、雪の積もる険しいパミール高原を越えていった。毎朝、夜が明ければ静かな林の中にひそみ、月が昇れば遠い旅に出かけていった。生に固執せず仏法に命を捧げ、仏法が広く行き渡るようにという志を持っていた。そして菩提寺に行って釈迦の尊い遺跡を参拝した。また那爛陀《ならんだ》寺に仏の跡をしたって長い間滞在し、求めて『維《ゆい》摩《ま》経』を読んだ。それによって中国語の本と校合し深く通じるようになった。梁の時代に中国に渡ってきた真諦訳『摂大乗論』の下記に「仏者が歯磨きに使う木のもとで新羅の僧恵業が写した」とある。『求法高僧伝』には「恵業はこの寺で亡くなった。年齢は六十余歳であった。書写したサンスクリット本はみな那爛陀寺にある」とある。

釈恵業、器局冲深気度凝深《遠》。巉巌容儀、戌削風骨。直辞辺壌遽入中華、遂於貞観年中往遊西域。渉流沙之広漠、登雪嶺之嶔岑。毎以清暉啓曙、即潜伏幽林、皓月淪霄、乃崩波永路。軽生徇法、志切宣通。遂往菩提寺観礼聖蹤。又於那爛拖寺寄跡棲真久之、請読浄名経。因検唐本、淹通綸貫。梁論下記云、在仏歯樹下新羅僧恵業写記。伝云、業終于是寺。年将六十余矣。所写梵本並在那爛陀寺焉。

(1)釈恵業は、器局冲深《ちゆうしん》にして気度は凝遠《ぎようえん》たり。巉巌《ざんがん》たる容儀にして、風骨を(2)戌削《じゆつさく》す。(3)直ちに辺壌を辞して遽《にわ》かに中華に入り、遂に(4)貞観年中に往きて西域に遊ぶ。(5)流沙の広漠たるを渉《わた》り、(6)雪嶺の(7)嶔岑《きんしん》たるに登る。毎《つね》に清暉《せいき》が曙を啓《ひら》くを以て、即ち幽林に潜伏し、皓月が霄に淪めば、乃《すなわ》ち永路を崩波す。生を軽くして法に(8)徇じ、志は宣通を切にす。遂に(9)菩提寺に往きて聖蹤を観礼す。又(10)那爛陀寺において跡に寄り棲むこと真にこれを久しうし、請《こい》て(11)浄名経を読む。因《よ》って唐本を検じ、淹通綸貫《えんつうりんかん》す。(12)梁論の下記に云《いわ》く、「(13)仏歯樹の下に在りて新羅の僧恵業が写記す」と。伝に云く、「業はこの寺に終わる。年は将《まさ》に六十余なるべし。写す所の梵本は並《み》な那爛陀寺に在り」と。

語注

（1）釈恵業……七世紀頃の新羅の僧。生没年は未詳。中国に渡った後、貞観年間（六二七—六四九）にインドに行き、那蘭陀寺で経典を書写し、六十歳で没した。『求法高僧伝』には、恵業が書写したサンスクリット語の経典が那蘭陀寺に保存されたと伝えられる。
（2）戍削……すっきりやせたさま。西域胡人の風俗を描いた李白「上雲楽」（『全唐詩』巻一六二）に「巉巌容儀。戍削風骨」という一節があり、これを踏まえたものか。ただ、この詩は中国の天子の長寿を祝う舞を舞った胡人文康を題材にしていたもので、僧侶というよりは西域の人間、あるいは詩文にある「仙真」のイメージを表しているようだ。また、『三国遺事』巻五・感通七「憬興遇聖」にも、気落ちして床に伏す憬興を励まそうと「俳諧之舞」を舞う尼僧の描写に「巉巌戍削」という句が用いられており（『三国遺事』高麗大学校図書館晩松文庫本は「戍」を「戌」としており、『全唐詩』の「上雲楽」と一致する）、それを見た周囲の反応を「皆可脱頤」としていて、求道的な僧侶イメージとは少し異なる句となっている。
（3）辺壌……続く「中華」という語に対応すると見れば、中国から見た周辺地域とも解せるが、仏教的文脈からはインドを中心に据えた考え方ともとれる。『続高僧伝』巻二四に収められた新羅僧慈蔵の伝に「生在辺壌仏法未弘」と、新羅をさして仏教が広まっていない地であるとする箇所がある。
（4）貞観……唐太宗時代の年号（六二七―六四九年）。本書「阿離耶跋摩」語注17参照。
（5）流沙……中国北西部に広がる砂漠。タクラマカン砂漠をさす用例が多く、『梁高僧伝』巻三「曇摩密多」では西から東への移動に「度流沙進到燉煌」とし、『大唐西域記』巻一二では、帰路ホータン国から東に進んだ先で「大流沙」を越えたとする。
（6）雪嶺……雪の積もっている山の意。ヒマラヤ山脈が「雪山」と呼ばれることもあるが、パミール高原と解しておく。本書「阿離耶跋摩」語注7参照。『大唐大慈恩寺三蔵法師伝』巻五には、玄奘が自らの行程を「践流沙之漫漫。陟雪嶺之巍巍」と表現した上表文が収められている。

（7）永路を崩波す……奎章閣本は「波」を欠く。華厳宗の第四祖澄観（七三八―八三九）『大方広仏華厳経随疏演義鈔』に『華厳経』（旧訳六〇巻本）の翻訳者でもある仏陀（駄）跋陀羅の伝があり、その渡唐の描写の中に「毎清暉啓曙即潜伏幽林。皓月良宵乃奔波永路」という句がある。あるいはこれを踏まえたか。

（8）法に徇じ……「徇」は、となう、広く告げ知らせる、広く行き渡らせるの意。ただし、『大唐西域求法高僧伝』序文冒頭や同書道希伝に「軽生殉法」とあるように、この前の「生を軽くして」と合わせて、成句としては「殉」であると思われる。

（9）菩提寺……ボードガヤーの寺院。釈迦牟尼が悟りを開いた場所とされる。阿離耶跋摩伝語注13参照。

（10）那爛陀寺……『三国遺事』巻四・義解五「帰竺諸師」では、「那蘭陀寺」。ボードガヤーの北東に位置する大寺院址のナーランダー。阿離耶跋摩伝語注10参照。

（11）浄名経……『維摩経』のこと。維摩居士を浄名居士と呼ぶ。漢訳は支謙訳、鳩摩羅什訳、玄奘訳が知られている。ただ、『求法高僧伝』では「浄因検唐本」とあり「（義）浄が中国語のテキストを調べたところ」と解することができるが、本書はこの「浄」を「義浄」ではなく「浄名経」と理解したものと思われる。

（12）梁論……梁の時代に武帝に請われて建康に渡って来た真諦訳出の無着『摂大乗論』、あるいは世親『摂大乗論釈』の文言が、新羅の華厳思想に大きな影響を与えた法蔵『華厳経探玄記』や澄観

『大方広仏華厳経疏』『大方広仏華厳経随疏演義鈔』等にしばしば「梁論説」「梁論云」として引用されている。ただし『摂大乗論』が訳出された天嘉五年（五六四）はすでに陳（南朝）の時代。

（13）仏歯樹……『求法高僧伝』では「歯木樹下」とあり、仏教徒が歯磨きに使用した樹のこととされている。歯木は、僧の行としてさまざまな経典（律）に規定されており、義浄『南海寄帰内法伝』巻一でも「毎日旦朝。須嚼歯木揩歯刮舌務令如法。盥漱（かんそう：手を洗い、口をすすいで身を清めること）清浄方行敬礼。若其不然。受礼礼他悉皆得罪」と、朝起きてから歯磨きをして、手を洗い口をすすいで身を清めることを仏子の勤めとしている。

解説

恵業は新羅の僧で、早くに中国に渡り、唐の貞観年間に西域へ至った。そして、那蘭陀寺に長く留まり、『維摩経』を読み込み、深く理解した。『摂大乗論』の下記には、新羅の僧が書写したとあり、『求法高僧伝』には、彼が書写したサンスクリット本は、みな那蘭陀寺に保存されていると記されている。

本伝の出典となるのは義浄撰『求法高僧伝』恵業伝である。同伝では、恵業の出身地やインドで訪問した寺、そこでの経典書写作業に関する事績が簡潔に記されている。両伝を比較すると、全体的に本伝の方が記事内容が豊富で、恵業の人となりや風貌、インドへの経路などが加えられている。注でもふれたように、人となりや風貌の描写は李白の詩を、インドへ渡る場面の描写は先行する他の中国の伝記などを踏まえたものと思われる。

『求法高僧伝』など入竺僧の活動を記す文献によれば、恵業が活動していた時期、唐からインドに渡るルートとしては陸路と海路があったことがわかるが、本伝では「流沙」「雪嶺」が挙げられていることから、陸路が想定されている。ただ、この句は、『梁高僧伝』宝雲伝の「渉履流沙。登踰雪嶺」や、『求法高僧伝』玄照伝「背金府而出流沙。践鉄門而登雪嶺」、同道希伝「渉流沙之広蕩」「陟雲嶺之嶔岑」、あるいは注でふれた『大唐大慈恩寺三蔵法師伝』の例などからも知られるように、類型表現の一つである。

さて、本伝の主人公恵業はインドに渡った新羅僧の一人であるが、同時期の貞観年間に新羅僧阿離耶跋摩や玄恪も那蘭陀寺を訪れたことが『求法高僧伝』や本書に記されている（玄恪については、随行した玄照の伝に訪問の記事がある）。本書阿離耶跋摩伝にも「按年譜似与玄奘三蔵同発指西国」と指摘されているように、玄奘三蔵をはじめ七世紀頃に唐からインドに渡っていた僧が少なからず存在しており、新羅僧のこうした動きも唐代の中国僧入竺活動と重なる。ちなみに、唐の貞観年間は太宗の時代で、新羅ではおおむね善徳女王（在位六三二―六四七）の時代にあたる。この頃新羅は高句麗・百済の連合に対抗すべく唐との関係を強化しており、渡唐僧の活動もその一端をうかがわせる。

出典・同類話・関連資料

同類話　『求法高僧伝』巻上「恵業」

関連資料　本書「釈阿離耶跋摩」、『三国遺事』巻四・義解第五「帰竺諸師」参照

『求法高僧伝』巻上「恵業」

恵業法師者。新羅人也。在貞観年中往遊西域。住菩提寺観礼聖蹤。於那爛陀久而聴読。浄因検唐本。

忽見梁論。下記云。在仏歯木樹下新羅僧恵業写記。訪問寺僧。云終於此。年将六十余矣。所写梵本並在那爛陀寺。

（松本真輔）

十七　恵輪

恵輪《えりん》は、新羅の人である。彼の法名は、サンスクリット語ではハンニャーバルマといい、中国語では恵申《えしん》ともいわれた。新羅で出家して僧侶になった後は、いつも釈尊の聖地を巡礼したいとあこがれ、胸を焦がしていた。そうしているうちに、やがて彼は船に乗って中国南方の閩越《びんえつ》に渡り、そこからさらに歩き続け、長安へとたどり着いた。その間、厳しい寒さと暑さによる苦労はもちろん、さまざまな困難や危機に遭遇した。

長安では、高宗の勅命を受け、玄照法師の侍者としてインドへと旅立ち、険しい山々を越えていく際には、さまざまな危険な場所で師を大いに助けた。インドへ到着すると、釈尊の聖なる遺跡を参拝してまわり、菴摩羅波国の信者寺に十年間留まった。その後、近くの東の揵陀羅山茶寺で過ごしていた。山茶寺は、財産と物資が豊かで、布施や食事が多く、足りないものは何もなかった。そのため北方の胡僧たちが行き来する時はいつもこの寺に滞在し、蜂のように屯《たむろ》し雲のように集まってきて、それぞれ仏法を学び、修行した。

恵輪は、すでにサンスクリット語を会得しており、『倶舎論』にも多少通じていた。義浄三蔵がその寺を訪問した時、彼はまだ健在であった。年は四十に近かったとされる。詳しくは、義浄三蔵が著した『求法高僧伝』に載せられているとおりである。

釈恵輪、新羅人。梵名般若跋摩唐云恵申。自本国出家、翹心聖境。泛船而凌閩越、渉歩而届長安。寒暑備受、艱危罄尽。奉勅随玄照法師、西行充侍、飛梯架険。既至西国、遍礼奇蹤、寓居菴摩羅波国信者寺、淹住十載。近住次東辺揵陀羅山茶寺。貲産豊饒、供養・湌設、余莫加也。其比方胡僧往来者、皆住此寺、蜂屯雲集、各修法門。輪既善梵言、薄閑倶舎。来日尚在。年向四十矣。具如義浄三蔵求法高僧伝中。

[1]釈恵輪は、新羅の人なり。梵《ぼん》名は般若跋摩《はんにゃばつま》〈唐に[2]恵申と云う〉。本国より出家し、[3]心を聖境に翹《あ》ぐ。[4]舶を泛《うか》べて[5]閩越を[6]凌《こ》え、[7]歩を渉《すす》めて長安に届《いた》る。[8]寒暑備《つぶ》さに受け、艱危《かんき》罄《ことごと》く尽く。[9]勅を奉じて[10]玄照法師に随い、西行して侍に充《あ》て、[11]飛梯をもて険に架く。既に西国に至るや、[12]遍く奇蹤《きしょう》を礼し、[13]菴摩羅波国の[14]信者寺に寓居して、[15]淹《ひさ》しく住すること十載なり。[16]近く東辺の[17]揵陀羅山茶寺に[18]住《やど》み次る。[19]貲《し》産《さん》は豊饒にして、供養・[20]湌設《さんせつ》すること、余は加うるもの莫《な》きなり。それ[21]北方の[22]胡僧の往来する者は、皆この寺に住し、[23]蜂屯《ほうとん》雲集して、各《おのお》の法門を修む。輪は既に梵言を善くし、[24]『倶舎』に[25]薄閑す。来る日なお在り。年は四十に[26]向《なん》なんとす。具《つぶ》さ

には、義浄[27]三蔵の『求法高僧伝』[28]の中の如し。

語注

（1）釈恵輪……七世紀頃の新羅出身の僧。長安から玄照法師に随ってインドへ至り、中インドの揵陀羅山茶寺に住して、サンスクリット語をよく解したという。揵陀羅山茶寺では、『求法高僧伝』を著した義浄を迎えている。本伝も『求法高僧伝』上に記された恵輪の伝に拠る。また『三国遺事』巻四・義解五「帰竺諸師」にもその名が見える。『求法高僧伝』の序に、「右総《すべ》て五十六人。先のものは多く零落せり。浄来る日に無行師・道琳師・恵輪師・僧哲師・智弘師の五人有りて見在せり」とあり、ここでも義浄と交友があったことが知られる。

（2）恵申……『求法高僧伝』では、「恵甲」となっている。『求法高僧伝』によれば、梵名の般若跋摩がPrajña-Varman（恵一鎧甲）に由来するため、甲の方が正しい。

（3）心を聖境に翹ぐ……「翹」は、鳥の尾羽のように高くかかげることで、聖地へと想いを馳せるの意。『求法高僧伝』玄照伝にも「陟葱阜而翹心誓度三有」と見え、求法への想いが高まるさま、心が高揚するさまを表す表現に使われている。

（4）舶を泛べて……船に乗って、の意。「哲思慕聖蹤泛舶西域」（本書「玄遊・僧哲」）、「嘗泛舶如唐」（本書「玄大」）。「泛舶」は、『求法高僧伝』をはじめとする高僧伝の類に頻出し、求法に水路をとったことを示す常套表現だったようである。同じく「汎舶」も高僧伝の類に頻出する。「汎舶南上期西印度」（『求法高僧伝』曇潤法師伝）。

（5）閩越……現在の福建省など、中国東南部のあたり。『文選』巻九「長楊賦」に「羌戎睚眥、閩越相乱」とあり、李善注では、前漢に中国東南部で一大勢力を誇っていた閩越という国とする。唐代には閩越国はすでに滅びているが、そのあたりの地域をさしているものと考えられる。

（6）淩え……「淩」は、越える、無理をして高い山や危険を越えるの意。

（7）歩を渉めて……「渉」は渡る、の意。「舶を泛べて」が、新羅から中国大陸まで海路を進んだことを示すのに対して、中国大陸に入ってから長安に至るまでの旅路を示す表現。

（8）寒暑備さに受け、艱危罄く尽く……「備」は、つぶさに、の意。「艱危」は危険の意。「罄」は、みな、ことごとく、の意。あらゆる危険を経験した、の意。『求法高僧伝』にはこの箇所はない。澄観（七三八―八三九）述『大方広仏華厳経随疏演義鈔』仏度跋陀羅伝で西域から長安への道のりの苦労を描写する箇所に、「於是辞師東邁。渉路三載。寒暑備経、艱危罄受」と類似した表現が見える。

（9）勅……唐の第三代皇帝・高宗（在位六四九―六八二）の勅命。『求法高僧伝』玄照伝には、麟徳年中（六六四―六六五）に高宗に拝謁した時、高宗から、羯湿弥《カシミール》国に赴き、不老長寿の術を会得したバラモンの盧迦溢多《ローカヤタ》に会い、唐朝に推挙するよう勅命が下されたことが記されている。

（10）玄照法師……太州仙掌（陝西省華陰県）出身の僧。インド名は般迦舎末底《プラカーシャマティ》、中国名では照慧。十五歳の頃仏道を志し、二十歳に長安に上り貞観年中（六二七―六四九）に大興善寺の玄証法師に師事しサンスクリット語を学ぶ。その後、西域に旅立ち、北インドの闍蘭陀国に四年、中インドの大覚寺に四年、その後那蘭陀寺に三年、さらに菴摩羅跋国の信者寺に三年滞留し、その間さまざまな経典を学び修行した。帰国後、麟徳年中に高宗が洛陽に行幸した際、再び羯湿弥国に行くよう勅命が下ったため、玄照はすぐに西域に旅立った。その際、那蘭陀寺で義浄と会い、再会を約束した。中インドの菴摩羅跋国で病に倒れ、六十余歳で没した。以上は、『求法高僧伝』玄照伝に拠る。

(11) 飛梯をもて険に架く……飛梯は、古くは城を攻めるときに用いた梯子のことを意味したが、ここでは高い梯子の意。雲梯、懸梯に同じ。当時、西域へ至るには陸路と海路があり、玄照と恵輪のとった陸路では、パミール高原や山岳地帯のカシミール、そしてヒマラヤ山脈を越えてインドに入らなければならなかった。『求法高僧伝』玄照伝にも「崎嶇桟道之側、曳半影而斜通、揺泊縄橋之下、没全軀以傍渡」と見え、そうした険しい山々の危険な場所をいくつも越えていく際に、師・玄照を大いに補佐したという意味であろう。

なお、この部分の表現は『求法高僧伝』には見られない。語注8の唐・澄観述『大方広仏華厳経随疏演義鈔』仏度跋陀羅伝における西域から長安へ旅路の描写に「飛梯架迴捫索憑虚」、また唐の法蔵述『華厳経伝記』仏駄跋陀羅伝にも「則枕廗氷雪。飛梯懸蹬。側足傍践。援縄挂索」と見え、こういった先行する高僧伝の表現を参照しながら、覚訓が書き加えたものと推測される。

(12) 遍く奇蹤を礼し……聖地・霊場を礼拝して廻ること。『求法高僧伝』木叉提婆伝に「到大覚寺遍礼聖蹤」、同じく智行法師伝に「遍礼尊儀」などと見える。

(13) 菴摩羅波国……『求法高僧伝』玄照伝では、「波」を「跋」(または「跛」)に作り、中インドにあった国とする。当時玄照・道希・師鞭などが唐に帰ることなくこの国で病に果てた(『求法高僧伝』玄照・道希・師鞭伝)。

(14) 信者寺……菴摩羅跋国国王の勅願の寺。『求法高僧伝』師鞭伝には、玄照・師鞭が菴摩羅跋国国王の崇敬を受けて王の寺(信者寺)に住していたところに、道希が訪ねてきて三人で故国の話をして懐かしんだというエピソードが見える。同じく末底僧訶伝では、師鞭とともに遊歴した末底僧訶が信者寺に住したと記されている。『求法高僧伝』によれば、この寺には多くの求法僧が訪れ、また留まった。玄照・道希・師鞭の他に、信冑法師・智行法師などの求法僧も、この寺で最期を迎えたのである。

(15) 淹しく住する……「淹住」という用例は他に見えない。「淹」は久しいの意。

(16) 近く……距離が近いという意味。ただし、近頃は、の意にもとれる。その場合は、典拠である『求法高僧伝』を義浄が記した時点においての「近頃」という意味であり、その表現が本伝にそのまま残った形と考えられる。

(17) 揵陀羅山茶寺……崔南善本、大蔵経本では、「揵」を「犍」に作る。また『求法高僧伝』恵輪伝では、「健陀羅山茶」とする（「茶」の表記の写本もあり）。なお、『求法高僧伝』では、覩貨羅《トカラ》僧寺とも称し、もともとは北方の覩貨羅人が、本国の僧がインドを遊歴する際に寄寓できるように建てた寺とする。所在は不明。覩貨羅《トカラ》（トハリスタン）はアム川の南に位置する大夏国のことで、大月氏の属国であった。

(18) 住み次る……「次」には、ほとり、あたり、場所、また、置く、つく、という意味があるが、ここでは、「東辺」という語があるので、やどる、留まるの意。

(19) 貲産……「貲」は、財産の意。崔南善本は「貨」に作る。

(20) 飡設……「飡」は「湌」の俗字で「餐」「飧」に同じ。意味は、飲食すること、あるいは食べ物や酒肴。「設」は、設ける、並べる、施す、また宴や御馳走の意。ここでは僧に施す食事の意味。「迦葉、大精進菩薩。如是黙然過第二日。爾時父母、与母《ママ》知識五百人等、持百味食来至其所、誦諸呪術望其飡設。尚不顧視、況復食之」（六世紀の漢訳『大宝積経』巻八九）。

(21)北方……底本および奎章閣本は「比方」に作るが、崔南善本に拠り、「北方」に改めた。
(22)胡僧……中央アジアや西アジアの異民族の僧。唐・杜甫の「海棕行」(『全唐詩』巻二二〇)に「時有西域胡僧識」と見える。ここでは、北方の靺鞨羅人の僧をさす。
(23)蜂屯雲集……「蜂屯」は蜂のように集まること。『韓愈』送鄭尚書序に「蜂屯蟻聚、不可爬捜」と見える。「雲集」は雲のように多く集まること。「蜂屯雲集」という熟語については未詳。
(24)『倶舎』……『倶舎』は『倶舎論』の略。インドの僧世親造『阿毘達磨倶舎論本頌』の六百余の本頌に、世親自ら注釈したものが『阿毘達磨倶舎釈論』。一般に『倶舎論』は後者をさし、「阿毘達磨」は「対法」すなわち、ダルマに関する研究、倶舎は包蔵、容れ物の意で、ダルマに関する教説すべてが収められた論書のこと。倶舎は辞典、字引きをも意味し、ダルマに関する辞典としても活用され、仏教教義の基礎的学習の教科書として必須の書とされた。『倶舎論』の漢訳は、五六三年の真諦『阿毘達磨倶釈論』二二巻、六五一年の玄奘新訳『阿毘達磨倶舎論』三〇巻があり、弟子の神泰・普光・法宝らによって倶舎宗の学統が形成された。
(25)薄閑す……「閑」は習うこと。少々心得ているの意。「道士秦英、頗学医方、薄閑呪禁」(『続高僧伝』巻二四)、「粗覧経史、薄閑文筆」(『太平広記』巻一六九・知人一)。
(26)奎章閣本は「向」を「尚」に作る。
(27)義浄三蔵……六三五―七一三年。唐代、斉州(山東省歴城県)の人。早くから法顕・玄奘を慕い、唐の高宗の咸亨二年(六七一)、三十七歳の時、商船で出航、東南アジア経由で中インドへ入り、仏跡を巡礼して廻ったあと、那蘭陀寺で十余年研鑽を積んだ。中宗の垂拱元年(六八五)に帰国の途についたが、スマトラ島のパレンバンに寄港し二年ほど滞留する。証聖元年(六九五)に唐へ帰還した後、武則天の尊崇を受け、洛陽の仏授記寺に住し、インドから持ち帰った経典の訳出に専心した。玄宗の先天二年（七一三）、七十九歳で入滅。

（28）『求法高僧伝』……義浄三蔵が記した『大唐西域求法高僧伝』のこと。義浄が那蘭陀寺での留学を終え、商船に乗り中国へと帰還する途中、スマトラ島で約二年滞在した期間（六八九―六九一）に撰述した書。上下巻に、計六〇人の求法僧の伝を収める。

解説

恵輪は新羅の人で、本国で出家した後、船で中国の南東に渡り、長安へ向かった。長安では高宗の勅命を受け、玄照法師に随ってインドに至り、中インドの菴摩羅跋国の信者寺で一〇年過ごした後、その近くの揵陀羅山茶寺に移った。この寺は北方のトカラ僧たちの往来の拠点であり、恵輪は食事や物資に恵まれた環境で修行することができた。『求法高僧伝』の著者義浄が恵輪のもとを訪ねた時、彼は四十歳近くですでにサンスクリットを習得し、『阿毘達磨倶舎論』にも少なからず通じていたという。

本伝の末尾にみるように『求法高僧伝』を典拠とするが、一部新たに加筆されたと思われる箇所もある。恵輪の長安へ、さらにインドへと至る旅路の苦難やその途次で師を援助した描写であり、いずれも唐の澄観『大方広仏華厳経随疏演義鈔』や法蔵『華厳経伝記』の仏駄跋陀羅に関する伝記に類似した表現が見出せる。覚訓は、『求法高僧伝』の簡潔な文章の行間に、恵輪の旅路の厳しさや求法への信念の強さを読み取り、そこに思いを馳せながら、先行する高僧伝の表現を用いて脚色を施したのであろう。その一方で、揵陀羅山茶寺に関する、北方のトカラ僧が本国僧のインド遊歴のために建てたという説明は省略されており、本伝は恵輪の伝として、より整備された形になっていることが知られる。

恵輪は義浄と直接交流があった僧であるが、義浄は彼について四十歳を前にして、すでにサンスクリット語に熟達し、『倶舎論』にも多少通じていたと評している。『倶舎論』はサンスクリット語習得後に最初に学ぶ書の一で、『求法高僧伝』では恵輪の師玄照も、闍蘭陀国滞在中に経律とサンスクリット語を学んだ後、大覚寺で『倶舎論』と『瑜迦師地論』を考究したという。

また、『倶舎論』にはトカラ語訳やウイグル文字で書かれた古代トルコ語訳も現存しており、中央アジアにおいても広く行われていた経典であった。恵輪がいた揵陀羅山茶寺はまさにトカラ僧の拠点であり、『倶舎論』を学ぶのは必然であっただろう。当時の中国大陸から広く中央アジアに至るまでの仏教修学の具体的な状況がうかがえる点でも注目される。義浄が末尾で恵輪の学習能力の高さを讃えているようにその足跡が偲ばれる。

ちなみに『求法高僧伝』玄照伝には、玄照が麟徳年間に渡印した際、那蘭陀寺で義浄と出会い、再会を約束したとあり、玄照に随行していた恵輪も義浄と出会っていたはずである。その後、師の玄照は菴摩羅跋国で没し、義浄との再会は果たせなかったが、代わりに恵輪が揵陀羅山茶寺で再会を果たしたということになる。おそらく恵輪は菴摩羅跋国の信者寺で師玄照の死を看取ったのだろう。本書および『求法高僧伝』では、恵輪の最期は書かれていないが、『三国遺事』巻四・義解五「帰竺諸師」には、他の多くの求法僧たちと同じくインドの地で果てたとされる。

恵輪には、他の僧のように奇跡を起こすなどの特徴は見られないが、新羅から求法の大志をもって実際にインドに至り、新羅に戻ることはなかったものの、求法僧たちの往来の拠点となる寺に長年止住し、多くの僧と交流し、仏教の流伝に確かな貢献を果たしたのであった。本伝は、往時の求法僧たちの国際的な交流の様子とともに、そこに存在した一人の新羅僧の姿をまざまざと眼前に蘇らせてくれる。

出典・同類話・関連資料

出典　『求法高僧伝』巻上「恵輪」

関連資料　『求法高僧伝』巻上「玄照」

本書「阿離耶跋摩」、『三国遺事』巻四・義解五「帰竺諸師」参照

本書「玄恪・玄照・亡名」参照

『求法高僧伝』巻上「恵輪」

恵輪師者。新羅人也。梵名般若跋摩唐云恵甲。自本国出家翹心聖迹。汎舶而陵閩越。渉歩而届長安。奉勅随玄照師西行以充侍者。既之西国遍礼聖蹤。居菴摩羅跛国在信者寺住経十載。近住次東辺北方覩貨羅僧寺。元是者覩貨羅人為本国僧所造。其寺巨富貲産豊饒供養飡設余莫加也。寺名健陀羅山茶。恵輪住此。既善梵言薄閑倶舎。来日尚在年向四十矣。其北方僧来者。皆住此寺為主人耳。

『求法高僧伝』巻上「玄照」

沙門玄照法師者太州仙掌人也。梵名般迦舎末底唐言照慧。乃祖乃父冠冕相承。而総髻之秋抽簪出俗。成人之歳思礼聖蹤。遂適京師尋聴経論。以貞観年中乃於大興善寺玄証師処。初学梵語。於是仗錫西邁掛想

祇園。背金府而出流沙。践鉄門而登雪嶺。漱香池以結念。畢契四弘。陟葱阜而翹心誓度。三有途経速利過覩貨羅。遠跨胡疆到吐蕃国。（中略）于時麟徳年中。駕幸東洛奉謁闕庭。還蒙勅旨令往羯湿弥囉国。取長年婆羅門盧迦溢多。既与洛陽諸徳相見。略論仏法綱紀。敬愛寺導律師観法師等。諸訳薩婆多部律摂。既而勅令促去不遂本懐。所将梵本悉留京下。於是重渉流沙還経磧石。崎嶇桟道之側。曳半影而斜通。揺泊縄橋之下。没全軀以傍渡。遭吐蕃賊脱首得全。遇兇奴寇僅存余命。行至北印度界。見唐使人引盧迦溢多於路相遇。盧迦溢多復令玄照及使傔数人向西印度羅荼国取長年薬。路過縛渇羅到納婆毘訶羅（唐云。新寺）。覩如来澡盥及諸聖跡。漸至迦畢試国礼如来頂骨。香華具設取其印文。観来生善悪。復過信度国方達羅荼矣。蒙王礼敬安居四載。転歴南天。将諸雑薬望帰東夏。到金剛座旋之。那爛陀寺浄与相見。尽平生之志願。契総会於龍華。但以泥波羅道吐蕃擁塞不通迦畢試途多氏捉而難度。遂且棲志鷲峯沈情竹苑。雖毎有伝灯之望。而未諧落葉之心。嗟乎苦行標誠利生不遂。思攀雲駕墜翼中天。在中印度菴摩羅跋国遘疾而卒。春秋六十余矣（言多氏者即。大食国也）。傷曰。卓矣壮志。頴秀生田。頻経細柳。幾歩祁連。祥河濯流。竹苑揺芊。翹心念念。渇想玄玄。専希演法。志託提生。嗚呼不遂。愴矣無成。両河沈骨。八水揚名。善乎守死。哲人利貞。雨河即在西河八。水乃属京都。

（宇野瑞木）

十八　玄恪・玄照・亡名二人

釈玄恪《げんかく》は、新羅の人である。他者からぬきんでてすぐれており、自己の意志を貫く人物で、また多大の知識・見識を持っていた。生来仏教の講義を好み、人々の素質や状況に応じて適切な講説を行った。そこで当時の人々は、玄恪のことを火の中に咲く蓮の花のようにきわめて稀な人であるといった。

玄恪は常に、辺境の地に生まれて、いまだ文化の中心の地を見ていないことを嘆いていた。中華に関する話を聞いては悦び、船に乗って中国に至った。そして遠く東方の都から中国に来て、さらに、西方にあこがれた。自分の人生が半ばまで来てしまったことを恥ずかしく思い、参詣すべき所へはすべて参詣しようと願った。たとえば月が深夜西に傾いて行くように、運命に任せて西方へ向かった。天竺への道はあるいは重なった岩石が四方を巡り、鳥でなければ通えないような高く険しい山道には雲が連なっているといった様子であった。また氷が千里も続くところを行き、風の中を進み、雲の上の高い山に寝るといった行程であった。ついに玄照法師と同行して天竺の大覚寺に至った。焔が満ちているかのような暑い路をたどり、夏至には影のなくなる天竺の世界を讃えた。そして彼の地に遊学して研究に励み、宝玉をみがいて器を作るように精進を重ねてすばらしい僧侶になった。四十歳を過ぎた頃、病を得て没した。

玄照も新羅の志高い人であった。玄恪に勝るとも劣らない人物で、常に玄恪と心を一つにしていた。その死については明らかではない。

また、新羅僧に二人、名の知れない者がある。長安から出発し、船に乗って、シュリーヴィジャヤ国に至り、病を得てともに亡くなった。

釈玄恪、新羅人。嶷然孤硬、具大知見。性喜講説、赴感随機。時人、指為火中芙蓉也。常歎受生辺地、未覩中華。聞風而悦、木道乃届。夐自東圻、遂含西笑。心慚中画、志要歴参、比猶月行午夜、任運而転。或層巌四合、鳥道斉雲。或連氷千里、風行雲臥。遂与玄照法師相随至西乾大覚寺。遊満焔之路、賞無影之邦。負笈精研、琢玉成器。年過不惑、遇疾乃亡。玄照者亦新羅之高士也。与恪同科、始終一揆。未詳所卒。復、有新羅僧二人、莫知其名。発自長安、泛泊、至室利仏逝国、遇疾倶亡。

[1]釈玄恪は、新羅の人なり。[2]嶷然《ぎょくぜん》として[3]孤硬、大いなる知見を具す。性講説を喜び、[4]感に赴き機に随う。時の人、指して[5]火中の芙蓉と為すなり。

常に生を辺地に受け、未だ(6)中華を観《み》ざることを歎く。風を聞きては悦び、(7)木道乃《すなわ》ち届《いた》る。敻《とお》く(8)東圻《とうき》より、遂に(9)西笑を含む。心に(10)中昼を慙《は》じ、志に(11)歴参を要《ねが》う。(12)比《なぞら》うるに猶《なお》月の午夜に行くがごとく、(13)任運にして転ず。或いは(14)層巌四合にして、鳥道雲に斉《のぼ》る。或いは連氷千里にして、風に行き雲に臥す。遂に(15)玄照法師とともに相随いて(16)西乾大覚寺に至る。(17)満焰の路に遊び、(18)無影の邦を賞す。(19)負笈《ふきゅう》して精研し、玉を琢《みが》きて器を成す。(20)年不惑を過ぎて、疾に遇いて乃ち亡ず。

玄照は亦(21)新羅の高士なり。恪と(22)同科にして、始終(23)揆を一にす。(24)卒する所詳らかならず。

復《また》、(25)新羅僧二人、其の名を知らざる有り。(26)長安より発し、泊を泛《うか》べて、(27)室利仏逝国に至り、(28)疾に遇いて倶《とも》に亡ず。

語注

（1）釈玄恪……新羅の僧。生没年未詳。本書「阿離耶跋摩」に、「高僧恵業住菩提寺。玄恪・玄照、至大覚寺」と見える。『求法高僧伝』上「玄恪」によると、貞観年中（六二七―六四九）に玄照とともに大覚寺に至り、現地で亡くなったとされる。『三国遺事』巻四「帰竺諸師」にも、法を求めてインドに至った僧の一人として、恵業・玄泰・求本・恵輪・玄遊等とともに挙げられている。

（2）嶷然……高くぬきんでたさま。「七歳嶷然異常、自作弓矢射之百発百中」（『三国史記』巻一三・高句麗本紀一「東明聖王」）。

（3）孤硬……未詳。他者に左右されず、自分の意志を貫く様子をいうか。あるいは「孤高」の類義語で、並ぶ者のないほどすぐれているさまをいうか。

(4) 感に赴き、機に随う……「感」と「機」は「機感」で、感応と機類をいうか。「感応」は神仏と人間、あるいは師と弟子の心が感じ合うこと。「機類」は衆生の機根に種々の類別があること。全体として、人々の素質や状況に応じて適切な講説を行い、導くことをいう。「三理行円成之果為性。赴感応機之用為起。是即理行徹至果用故起。唯性起也」(『華厳経探玄記』普賢菩薩行品三一)。

(5) 火中の芙蓉…… 芙蓉は蓮をいう。「火中の芙蓉」は「火中蓮」(火中蓮華)に同じか。火中蓮は、火の中に咲く蓮のように、きわめて稀なことの喩え。「火中生蓮華是可謂希有」(『維摩詰所説経』仏道品八)。

(6) 中華……文化の中心の地。中国をいう。以下の記述は、中国での修学については不明確だが、本書「恵業」や「恵輪」でも、まず中国に入り、それからインドを目指したと記している。特に「恵業」では、「直辞辺壌遽入中華。遂於貞観年中往遊西域」と、まず「中華」に入ったことを記していた。ここも同様だろう。

(7) 木道乃ち届る……「木道」は船をいうか。『周易』風雷益に、「利渉大川、木道乃行」とあり、木で作られた船が水に浮くことにより、五行のうち木の道が行われる意。渡唐に際して船を用いたことは、本書「恵輪」と「玄大」などにも見える。

(8) 東折……「折」は王城の四周千里四方の地をいう。ここでは、新羅の都である慶州(鶏林)をいうか。あるいは中国の都をいう可能性も考えられよう。

(9) 西笑を含む……「西笑」は、うらやましく思う意。ここでは「東折」の対で、西方を慕う、あるいはあこがれる意か。李白「留別曹南群官之江南詩」(『李白詩全集』巻一四)に「十年罷西笑、覧鏡如秋霜」の例がある。本書「亡名」にも、「則高人烈士、西笑於中国、諮取綱要者、固不少矣」とあった。西方（中国）へ行きたいという願いをいうか。
(10) 中昼……底本には「中画（畫）」とあるが、大蔵経本「中昼（晝）」によって改めた。人生の半ばをいうか。この後の「午夜」と縁語的な関係。人生の半ばを過ぎて、宿願を中途半端にしか果たしていないことを恥じる意か。
(11) 歴参……参詣すべきところに、次々とすべて参詣する意。「歴参諸方知識七十一員。最後到首山。一日首山陞座」（『続伝灯録』巻一）。
(12) 比うるに猶月の午夜に行くがごとく……「午夜」は真夜中。夜中の十二時で、先の「中昼」と対照的な語。深夜、月が西に傾くのと同じように自然に西へ向かう意。
(13) 任運にして転ず……「任運」は運命に任せること。運命に任せて、西方のインドへ行く困難な道を選んだ意か。
(14) 層巌四合～風に行き雲に臥す……唐・澄観述『大方広仏華厳経随疏演義鈔』巻一五「仏度跋陀羅」に見えるインドから長安への旅の苦労を述べた中に、「或層巌四合。鳥道躋雲。或連氷千里。風行雪臥」とあるのによる。「層巌四合」は重なっている岩が四方を巡っていること。「鳥道斉雲」は険しい山道が雲の上へと登っていくさまをいい、典拠は「連氷千里、風行雪臥」は氷が千里も連なっている雪山を風の中を進み、雪の上で寝る、という意味で、ここでは「雪」を「雲」に変え、中国からインドへ、パミール高原などを越えてゆく険路を表現している。
(15) 玄照法師……中国太州仙掌（現在の陝西省華陰県）出身の僧。『求法高僧伝』巻上「玄照」によれば、玄照は二度にわたってインドを訪れている。最初は玄恪とともに貞観年中（六二七―六四九）に訪れたが、勅命によって一旦帰国し、麟徳年中（六六四―六六五）に再びインドに渡り、菴摩羅跋国で病に倒れ、六十余歳で没した。本書「恵輪」語注10参照。

(16)　西乾大覚寺……「西乾」はインドをいう。『三国遺事』巻三・塔像四「前後所将舎利」では、中国とインドを「東震西乾」とする。「大覚寺」は、大菩提寺に同。インドの仏陀伽耶（現ビハール州ガヤー市の南方）にある。

(17)　満焔の路……未詳だが、炎に満ちているような暑い道をいう。

(18)　無影の邦……「影の無い国」の意。『高僧伝』巻七・義解四「竺道生」に「天竺夏至之日方中無影。所謂天中」とあり、赤道に近いため、ほぼ天頂に太陽が昇るために影がなくなる意か。ただし、「無影」には、『正法念処経』巻二四の天上世界の描写「有諸金山。所謂瞻婆帝山。無影之山。一切楽山。（中略）諸天衆等。歓喜歌頌。遊於山峯」や、『折疑論』巻五の「周行而不殆既明此無形無影之道。則周行天下而無危殆也」のように理想的な様子をいう用法もあり、ここでもそうした意味を含む可能性もあろう。

(19)　負笈して～器を成す……『大方広仏華厳経随疏演義鈔』巻一五「仏度跋陀羅」の日照三蔵の伝に、「風儀温雅、神機朗逸、負笈研精、琢玉成器」とあるのによる。「負笈」は遠隔の地に遊学すること。「琢玉成器」は宝玉を研磨して器を作るように、精進を重ねてすばらしい僧侶になることをいう。

(20)　年不惑を過ぎて、疾に遇いて乃ち亡ず……『論語』為政第二による。「不惑」は四十歳をいう。「遇疾而亡。年過不惑之期耳」（『大唐西域求法高僧伝』巻上）。

(21)　新羅の高士……玄照を新羅の人とするのは疑問。『求法高僧伝』巻上によれば、玄照は「太州仙掌人」とされ、新羅人ではない。『三国遺事』巻四「帰竺諸師」にも玄照の名は見えない。「高士」は、志高く節を持することの堅い人。品行の高尚な人。

(22) 同科……差がない、優劣がないこと。対等、同格であること。「聖帝方尊事三宝、不応使沙門与百姓同科」(『仏祖統紀』巻三九・法運通塞志第十七之六)。
(23) 揆を一にす……道を一つにすること。心を一つにし、行動をともにすること。
(24) 卒する所、詳らかならず……玄照の死について、『求法高僧伝』には、「在中印度菴摩羅跛国遘疾而卒、春秋六十余矣」とあり、「未詳」であるわけではない。
(25) 新羅僧二人、其の名を知らざる有り……以下、『求法高僧伝』とほぼ同内容。「復有新羅僧二人。莫知其諱」。また、『三国遺事』巻四「帰竺諸師」にも、「復有二亡名法師等」と見える。
(26) 長安より発し、泊を泛べて……「泛泊」は、『求法高僧伝』の「汎船」と同様、船に乗る意の「泛舶」(舶を泛べて)の誤りか。「泛舶」の表現は、恵輪・僧哲・玄大の伝に見える。そのうち、僧哲は、本項と同じく、インド行に船を用いたもの。
(27) 室利仏逝国……シュリーヴィジャヤ Srivijaya の音写。現スマトラ島南部パレンバン付近にあった国。六世紀から一一世紀頃までこの地方を統治した南インド系の王国で、仏教が盛んであった。インド・中国間の交通の要地。前項に見たように、『求法高僧伝』には「室利仏逝国」と、その西の「婆魯師国」に至ったとある。「婆魯師国」はスマトラ島の西部。マレー半島を迂回する航路でインドを目指し、途中で命を落としたもの。
(28) 疾に遇いて倶に亡ず……『求法高僧伝』も「遇疾倶亡」と、同文。

解説

玄恪は新羅の出身で、中国へ渡った後、インドへ向かった。玄照とともにインドの大覚寺に至り、精進を重ねてすばらしい僧になったが、四十余歳で病没した。玄照も新羅の人で玄恪に勝るとも劣らないすぐれた僧であった、としている。また、この他に新羅僧が二人、名は未詳であるが、長安からシュリーヴィジャヤ国に至り、かの地で病没したという。

阿離耶跋摩・恵業・恵輪に続き、インドに渡った僧の伝である。この後の、僧哲・玄大も同様。それらの伝と同様、基本的には『求法高僧伝』巻上によるが、困難なインド行をなしとげたことに対する讃美をまじえて、文飾の多い文章で叙述する。険路の表現を『大方広仏華厳経随疏演義鈔』巻一五に借りている点も、恵輪伝と同様である。

だが、おそらくは恵輪よりも早く、貞観年中に玄照の一度目のインド行に同行した玄恪を、恵輪よりも後に載せている理由は未詳。阿離耶跋摩伝では、阿離耶跋摩・恵業・玄恪・玄照の四人は、「貞観年中有此行」（貞観年中に此の行有り）と、おおむね同時期にインドに渡ったと記しており、恵輪をその中に数えていなかった。

玄照は、『求法高僧伝』では「太州仙掌人」とされ、その伝記は玄恪よりもはるかに詳細に記され、死についても明記している。本書が玄恪に付随する形で、新羅人の「玄照」を記すのは、あるいは意図的な作為であろうか。『求法高僧伝』の記す「玄照」と同名の新羅僧がいたのだと考えることも全く不可能とはいえまいが、玄恪とともにインドへ行った「玄照」という名の僧が、偶然に二人も存在したとするのは不自然だろう。仮に二人の「玄照」がいたのだとしても、明らかに『求法高僧伝』を参照している本伝が、同書の記す「玄照」伝にはふれず、新羅人の玄照についてのみ記述するのは不審である。本伝は、玄恪を玄照と同格の僧として偉大に描くために、玄照を新羅人として、その伝を曖昧・簡略なものとしたのかもしれない。その結果、恵輪・玄恪の伝も、かえって分かりにくくなっているようである。

いずれにせよ、新羅から唐へ、さらにインドへと向かった僧たちの労苦に、思いを馳せていることは確かである。陸路、高山を越えた玄恪・玄照の伝と、海路を取り、スマトラで没した名の知られない新羅僧二人の伝と、短い文章の中にインドへの二つのコースがともに書かれることにより、この時期の西域求法の盛行が偲ばれる。

関連資料

出典　『求法高僧伝』巻上「玄恪」

関連資料　本書「恵輪」、『求法高僧伝』巻上「玄照」参照

本書「恵業」、『三国遺事』巻四・義解五「帰竺諸師」参照

『求法高僧伝』巻上「玄恪」

玄恪法師者。新羅人也。与玄照法師貞観年中相随而至大覚。既伸礼敬遇疾而亡。年過不惑之期耳復有新羅僧二人。莫知其諱。発自長安遠之南海。汎舶至室利仏逝国西婆魯師国。遇疾倶亡。

返帰唐。亦莫知所終。天竺人呼海東。云矩矩吒　堅説羅。矩矩吒言雞也。堅説羅言貴也。彼土相伝云。其国敬雞神而取尊。故戴翎羽而表飾也。讃曰、天竺天遥万畳山　可憐遊士力登攀　幾回月送孤帆去　未見雲随一杖還。

（佐伯真一）

十九　玄遊・僧哲

釈玄遊は、高句麗の人で、性格が謙虚で柔和であり、生まれつき温雅な人であった。上求菩《じょうぐ》提の自利と下化《げけ》衆生の利他との二利を心に持ち、師を尋ね仏法を求めることを重んじ、ときには杯度のように木杯に乗って流れを遡り、また深い山谷に閑室を建てて修行した。玄遊は唐に入って僧哲禅師に師事し、礼を尽くして仏教の奥義を尋ねた。僧哲は、釈尊の遺跡を思慕し、船に乗ってインドに行き、機縁に随って衆生を教化しながら、聖地をほぼ巡礼し尽くして東インドに至った。玄遊は、鳳凰に付き従うように常に師に随い、そこに留まり住んだ。

玄遊は若くして聡明利発で、禅の修行に勝れ、仏法を究めて悟りを得ており、手ぶらで行って実を結んで帰るように、師からも多くの感化や徳化を受けた。彼こそ誠に仏家の棟梁であり、実に僧徒の指導者であるといえよう。やがて玄遊は世間のあらゆる物事が絶えず甚だしく変化することを憂え、時の流れの速さに人間の誰が永遠に生きられようかと悲しく思うようになった。まさに薪が燃え尽きて火も滅んでしまうように、玄遊もそのまま東インドに残ってはかない一生を終えたのであろう。義浄三蔵は玄遊をほめたたえ、「汝《なんじ》は幼年にして仏法を思慕する志が堅かった。中国で僧哲に師事して敬虔に仏法を修め、また後にインドに仏教を求めた。再び中国を目指して帰ろうとしたが、人々を教化するためにそこに留まり、十法行などの大乗仏法を弘め、たゆむことなく長い時間を過ごした。ついに故国の都に戻ることができず、異国で不帰の客となったが、これほど勝れた業績の持ち主なのに、どうして史書に記して後代に残されなかったのか」と。それで義浄は『求法高僧伝』に著したのである。私はたまたま大蔵経を閲覧し、ここまで読むに及んで、心から仰慕し、ついにさまざまな資料からまとめてこれを書いたのである。

釈玄遊、句高麗人、叶性虚融、稟質温雅。意存二利、志重詢求、乗盃《杯》泝流、考室幽壑。入唐礼事僧哲禅師、摳衣稟旨。哲思慕聖蹤、泛舶西域、適化随縁、巡礼略周、帰東印道。遊常随附鳳、因住於彼。慧炬夙明、禅枝早茂、窮涯盈量、虚往実帰。誠仏家之棟梁、実僧徒之領袖。既而舟壑潜移、悼陵谷之遷質《貿》、居諸易晩、惻人世之難常。薪尽火滅、復何可追。義浄三蔵、嘉爾幼年、慕法情堅。既虔誠於東夏、復請益於西天。重指神洲、為物淹留、伝十法而弘法、竟千秋而不秋。雖捐軀異域未返旧都、彼之功名落々如此、安得不掛《挂》名竹帛以示将来、遂著求法高僧伝。予偶覧大蔵、閲至於斯、志深向慕、遂抽繹而書之。

[1]釈玄遊、高句麗の人にして、性[2]虚融に叶い、[3]稟質温雅なり。意に[4]二利を存し、志[5]詢求《じゅんぐ》せんことを重んず。[6]乗杯して流れを泝《さかのぼ》り、[7]幽壑に考室す。入唐して[8]僧哲禅師に礼事し、[9]衣を摳《かか》げて旨を稟《う》く。哲は聖蹤を思慕し、舶を西域に泛《うか》べ、[10]化に適いて縁に随う。巡礼して略周《ほぼあまね》くして、[11]東印道に帰る。遊は常に随いて[12]附鳳し、因りて彼に住せり。

[13]慧炬夙《つと》に明らかにして、[14]禅枝早くも茂り、[15]涯を窮め量を盈《みた》し、[16]虚往実帰す。誠に仏家の棟樑にして、実に僧徒の[17]領袖なり。既にして[18]舟壑潜かに移り、[19]陵谷の遷貿《うつりかわり》を悼み、[20]居諸《とき》晩《く》れ易くして、人世の常なり難きを惻《はかな》む。[21]薪尽きて火滅び、復《ま》た[22]何ぞ追うべけんや。[23]義浄三蔵は、嘉《よみ》することに、「爾《なんじ》幼年、法を慕うの情堅し。既に虔誠なるを[24]東夏に於いてし、復た[25]西天に[26]請益《しょうやく》す。重ねて[27]神洲を指し、[28]物の為に[29]淹留《えんりゅう》す。[30]十法を伝えて法を弘め、[31]千秋に[32]竟《おわ》って[33]朽《くち》ず。躯を異域に捐《す》てて未だ[34]旧都に返らざりたりと雖ども、彼の功名[35]落々《すぐれ》たること此《か》くが如し。安《なん》ぞ名を[36]竹帛《ちくはく》に掛けて以て将来に示さざるを得んや」とて、遂に『[37]求法高僧伝』に著せり。予[38]偶《たまたま》大蔵を覧《み》るに、閲して斯《これ》に至るや、志深く[39]向慕し、遂に[40]抽繹《ちゅうえき》して之を書せり。

語注

(1)　釈玄遊……高句麗の僧。生没年未詳。『求法高僧伝』巻下「僧哲禅師」によると、師の僧哲に随って師子国で出家し、その地で生を終えたとある。

(2)　虚融……空虚で融和していること。ここではゆったりとして平静なことを意味する。以下この

部分、『求法高僧伝』「無行禅師」の「叶性虚融、稟質温雅、意存仁徳、志重烟霞」による。「仏法深妙、道教虚融、咸降大慈、済度群品」(『隋書』巻二・高祖紀下)、「若於一切処不住相、於彼相中不生憎愛、亦無取捨、不念利益成壊等事、安閑恬静、虚融澹泊、此名一相三昧」(『六祖大師法宝壇経』行由第一)。

(3) 稟質温雅……生まれつきの性質が穏やかで上品なこと。「府君稟質英毅、資性明達」(『百済流民関聯金石文』黒歯常之墓誌銘)、「平章事王珪卒、珪性温雅、美容儀」(『高麗史』巻一五・高宗十五年十二月)。

(4) 二利……上には菩提を求め(自利)、下に向かっては衆生を教化・救済すること(利他)。「自利利人、彼我兼利」(『無量寿経』巻上)。

(5) 詢求……問いたずね、追究する意。「有玄奘法師者、法門之領袖也。(中略)周遊西宇十有七年、窮歴道邦、詢求正教」(『大唐大慈恩寺三蔵法師伝』巻六)。

(6) 乗杯……杯に乗って水を渡る、の意。木の杯を水に浮かべ、それに乗って河を渡ったという僧杯度の故事をふまえた表現。本書「亡名」語注23参照。「浮三湘之碧波。乗杯溯流、考室名岳」(『李太白全集』巻二七「江夏送林公上人遊衡岳序」)。「杯度者、不知姓名。常乗木杯度水、因而為目。初見在冀州、不修細行、神力卓越、世莫測其由来」(『梁高僧伝』巻一〇・神異下「杯度」)。

(7) 幽壑に考室す……幽壑は深い谷、幽遠の地の意、考室は土地を選んで住居を定めること。ここでは、俗界から離れた山谷などを住居にすること。「考室山沢、修徳就閑」(『梁高僧伝』巻四・義解一・潜深)。

(8) 僧哲禅師……唐の僧で、澧州《れいしゅう》(湖南澧県)の出身。幼くして出家し、律と禅を深く研鑽した。

『中論』『百論』に造詣が深かった。渡天して東インドの三摩呾吒国の国王からの礼遇を蒙った。その弟子に高句麗の僧玄遊がある。僧哲と玄遊については『求法高僧伝』巻下「僧哲禅師」、同巻「玄逵伝」にも見える。

(9) 衣を摳げ……古代の礼節では、客を迎える際、衣服の前襟をかかげて前へ進み出る。恭敬の意を表すしぐさ。「毋践屨、毋踖席、摳衣趨隅、必慎唯諾」(『礼記』曲礼上)。『続高僧伝』巻三「慧浄伝」に見える「朝廷之賓、摳衣趨座。義筵済済、法侶詵詵」に拠るか。

(10) 化に適いて縁に随う……化縁とは、衆生を化度する因縁。機縁に随って衆生を教化・済度する意。ここでは、托鉢して布施をもらう意味も含まれているか。この前後、『求法高僧伝』僧哲伝に依拠する。

(11) 東印道……奎章閣本は「東印度」(『求法高僧伝』も同)。東天竺をさすが、「東印の道」の解釈もありうるか。

(12) 附鳳……おおとりに付き従うように。貴人名士などに付き従って立身出世することの喩え。ここでは、師の僧哲の傍に付き添うことをいう。「天下士大夫捐親戚、棄土壌、従大王於矢石之間者、其計固望其攀龍鱗、附鳳翼、以成其所志耳」(『後漢書』巻一・光武帝紀上)。

(13) 慧炬……仏教用語で、無明の闇を隈なく照らし渡る智慧のこと。「汝於仏性、猶未明了、我有慧炬、能為照明」(『大般涅槃経』巻二一)。以下、『続高僧伝』巻三「慧浄伝」「而慧炬夙明、禅枝早茂。臨閲川而軫慮、睠定水以怡神」に拠る。

(14) 禅枝……禅の智慧、あるいは禅門、禅門の流派などの喩え。ここでは、「枝」をその後に来る「茂」とともに使って、禅の智慧の「枝」が早くも茂るといった比喩的な言い方となっている。

（15）涯を窮め量を盈し……容量の限り、あるいは程度の限界まで満たされる、という意。「窮涯而反、盈量知帰」（『文選』巻四六・任昉「王文憲集序」）、「送君者皆自涯而反」（『荘子』山木篇）。以下、『続高僧伝』巻三「慧浄伝」「窮涯盈量、虚往実帰。誠仏法之棟梁、実僧徒之領袖者也」に拠る。

（16）虚往実帰……行く時は何も分からずに空っぽの心で行き、帰る時には十分に満足している意から、師などから無形の感化や徳化を受ける喩え。『荘子』徳充符篇に、王駘という人物が、教え諭すわけでも道理を論ずるわけでもないのに、自然に相手を感化する教えを心得た人物として描かれている（「王駘、兀者也、従之遊者、与夫子中分魯。立不教、坐不議。虚而往、実而帰」）。

（17）領袖……リーダー、指導者のこと。「魏舒堂堂、人之領袖也」（『晋書』巻四一・列伝一一「魏舒伝」）、「有玄奘法師者、法門之領袖也」（『大唐大慈恩寺三蔵法師伝』巻六）。

（18）舟壑潜かに移り……世間の何事にも、絶えず変化が起こっていることの喩え。「夫蔵舟於壑、蔵山於沢、謂之固矣。然而夜半有力者、負之而走、昧者不知也」（『荘子』大宗師篇）、「惟惧柏薪交謝、舟壑潜移、形無常主、生亦有崖」（鄭万英『大唐信法寺弥陀像碑』、清・陸心源輯『唐文拾遺』巻一七所収）。以下、『続高僧伝』巻三「慧浄伝」「既而舟壑潜移、悼陵谷而遷貿。居諸易晩、惻人世之難常」に拠る。

（19）陵谷の遷貿……世事変遷の甚だしいことの喩え。遷は変遷、貿は変易の意。「高岸為谷、深谷為陵」（『詩経』小雅・十月之交）、「雖陵谷遷貿、終以雅正自居」（『北史』巻六四・列伝五三「韋孝寛等伝」）、「天之寒暑往来、地之陵谷遷貿、盈則与時而息、虚則与時而消。天地日月、尚不能久、况於人与鬼神而能長保其盈盛乎。勉令及時修徳、仍戒居存慮亡也」（『周易正義』下経）。

（20）居諸……時、時間を表す。『詩経』「国風・邶風・柏舟」に見る「日居月諸」から来たもので、「居」「諸」は助辞だが、後には、「日月」「光陰」の意をさすようになる。「居諸迭生、陵谷相賀」（『北魏元凝妃陸順華墓志銘』）、「豈不旦夕念、為爾惜居諸」（唐・韓愈『符読書城南』）。

（21）薪尽きて火滅び……仏教で釈迦入滅のことをいったもので、そこから人の死をいう。出典は『法華経』序品「仏此夜滅度、如薪尽火滅、分布諸舎利、而起無量塔」。

（22）何ぞ追うべけんや……ここでは、命がはかなく消えることを、どうして挽回できるものか、という意。「往者不可諫、来者猶可追」（『論語』微子）。

（23）義浄三蔵……唐代の僧（六三五―七一三）、斉州（山東省）の人。法顕・玄奘のあとを慕ってインドに渡り、四百余の仏書を洛陽に持ち帰った。のちに華厳経の新訳に加わり、また多数の仏典を漢訳し三蔵の号を受ける。著作には当時のインドなどの生活を記した旅行記『南海寄帰内法伝』『求法高僧伝』などがある。以下、「爾幼年」から「千秋に竟って秋ず」まで、義浄の玄遊に対する賛辞と見なせるが、実は『求法高僧伝』巻下「大津師」の讃「嘉爾幼年、慕法情堅。既虔誠於東夏、復請益於西天。重指神州、為物淹流。伝十法之弘法、竟千秋而不秋」にそっくり依拠した文言である。

（24）東夏……中国の古称である「華夏」にちなむ表現。中国東部をさす。「庸建爾於上公、尹茲東夏」（『尚書』微子之命）、「董卓侵官暴国、於是提剣揮鼓、発命東夏、広羅英雄」（『後漢書』巻七四・列伝六四「袁紹伝」）など。また唐・道宣撰の仏教説話集『集神州三宝感通録』は、元は『東夏三宝感通録』と称し、「東夏」は「神州」、すなわち「中国」をさす場合もあった。ここでは「東夏」は「西天」（西域）に対する言い方であり、次の「神洲」と同様に「中国」をさすと考えられる。
(25) 西天……古代中国において、インドのことを称していう。
(26) 請益……『礼記』曲礼上の「請業則起、請益則起」に由来し、師に不明な点について再度教えを請うことを意味する(鄭玄注「益、謂受説不了、欲師更明説之」)が、広くは教えを請うことをさす。「韓愈引致後進、為求科第、多有投書請益者、時人謂之韓門弟子」(唐・李肇『唐国史補』巻下)。本書「円光」語注28参照。
(27) 神洲……一般には、「神州」という。中国の古称の一つ。「中国名曰赤県神州」(『史記』巻七四・孟子荀卿列伝一四「荀卿列伝」)。
(28) 物……ここでは自分以外の人・事をさすか。
(29) 淹留……久しく外地に留まること。
(30) 十法……十法行のことをさすか。十法行とは、十種の経典受持の方法、すなわち、書写、供養、施他、諦聴、披読、受持、開演、諷誦、思惟、修習をさす。
(31) 千秋……千秋万代で非常に長い歳月、という意。
(32) 竟……極まるという意。
(33) 秋……ここでの「秋」は、動詞として用いられており、衰える、朽ちるの意を表す。「並皆年華未暮、容貌先秋」(北周・庾信「竹杖賦」)。
(34) 旧都……故国のことか。依拠した『求法高僧伝』「大津師伝」に即してみれば、当然中国をさし、「東夏」と「西天」の対句から見ても、僧哲とやって来た中国と解すべきであろうが、本伝ではこれを義浄の文言を借りた形で高句麗の玄遊に置き換えているから、故国の高句麗をさすとも解釈できる。覚訓の引用による意味の二重化が起きた例といえよう。
(35) 落々……ここでは卓越、優れるなどの意を表す。「落落詞高、飄飄意遠」(北周・庾信「謝趙王示新詩啓」)、「沈沈帷幄謀、落落政事筆」(宋・王禹偁「懐賢詩・桑魏公」)。
(36) 竹帛……竹簡と絹布で、元は古代中国の書写用材料であったが、後には書かれたもの、史書などの意味にも使うようになった。『墨子』に用例あり。
(37) 『求法高僧伝』……『大唐西域求法高僧伝』のこと。唐の義浄が、天授二年(六九一)、インドからの帰国途中に室利仏逝(シュリーヴィジャヤ王国)で執筆した書。貞観十八年(六四四)から本書成立までの四十六年間、中国、新羅、ベトナムなどの僧侶六十余人が、中国から西域、南海、インドへ求法の旅をした伝記を記したものである。中には新羅の僧侶八人が見える。なお、本文の解釈でここまでを義浄の文言と見ることもできる。その場合は、「それで自ら求法高僧伝に玄遊のことを書いたのだ」となる。
(38) 大蔵……『高麗大蔵経』のことか。『大蔵経』収載の『求法高僧伝』を覚訓が読んだことをいう。
(39) 向慕……心を寄せる。「所値名賢、未嘗不心酔魂迷向慕之也」(北斉・顔之推『顔氏家訓』慕賢篇)。
(40) 抽繹……引き出す、ぬき出す。また、糸口をさがして、物事を明らかにすること。端緒を引き出し、そこから演繹すること。ここでは関係的な資料から引き出してまとめるの意。

解説

本伝の「釈玄遊」は、入唐して僧哲に師事して仏教の奥義を追究したが、後に師に随って「師子国」（今のスリランカ）に渡って出家し、そこに住んで一生を終えたというもので、覚訓が唐義浄撰『求法高僧伝』を読んでそれに触発され、海東高僧の一人としてその伝を撰じたものである。

出典の『求法高僧伝』はあくまで僧哲の伝記であり、弟子の玄遊に関しては、末尾に「高麗の人で師に従ってスリランカに赴き、出家してそこに住んだ」と二十数字程度の記述があるにすぎない。これを『大蔵経』で読んだ覚訓が、その志に打たれて諸資料を博捜して三百言ほどの体裁を整えた伝記に増広したものである。しかし、新資料や新知見などによって伝の実質的内容を増補したというようなものではなく、むしろ求法のために入唐後、さらに師に随って西天にまで赴いた玄遊の行業をふくらませるための苦肉の策として、『求法高僧伝』および『続高僧伝』など別の僧伝から適宜、華麗な文言を部分的に抄出し、文飾を凝らして新たに敷衍したもので、伝記としての内容はほとんどなきに等しい。

ことに末尾で義浄が玄遊の事績を讃える文言は、『求法高僧伝』「大津師」伝の讃をそのまま転用して、最後に、「異域に身を埋め故国に帰らなかったが、これほどの功名があるのにどうして後代に名を留めないのだろうか」と慨嘆する。それで『求法高僧伝』に名を記したのだとなるが、これはたった一行だけ玄遊のことを記した義浄の心情を覚訓が推し量って書いたものであり、それ以上に覚訓自身の悲憤慷慨にも近い思いを義浄に託して綴ったと見なせよう。まさに「志深く、向慕する」覚訓の一念で、諸資料を「抽繹」して書いた伝記であった。その「抽繹」の試みは結果として、別人の僧伝から文飾表現を摘句するに止まったが、それは同時に覚訓の中国『高僧伝』類の徹底した読み込みや文筆の力量、ひいては当代の文藻のありようをおのずと映し出すことにもなったのである。

出典・同類話・関連資料

出典　『求法高僧伝』巻下「僧哲禅師」「無行禅師」「大津師」
『続高僧伝』巻第三「慧浄伝」
関連資料　江夏送林公上人遊衡岳序（『李太白全集』巻二七・二・一五六〇）

『求法高僧伝』巻下「僧哲禅師」
僧哲禅師者、澧州人也。幼敦高節、早託玄門。而解悟之機、実有灌瓶之妙。談論之鋭、固当重席之美。沈深律苑、控総禅畦。中百両門、久提綱目。荘劉二籍、亟尽枢関。思慕聖蹤、泛舶西域。既至西土、適化随縁。巡礼略周、帰東印度。到三摩呾吒国、国王名曷羅社跋乇。其王既深敬三宝、為大鄔波索迦、深誠徹信、光絶前後。毎於日日造拓模泥像十万軀、読大般若十万頌、用鮮華十万尋親自供養。所呈薦設、積与人斎。整駕将行、観音先発。旛旗鼓楽、漲日弥空。仏像僧徒、並居前引、王乃後従。於王城内僧尼有四千許人、皆受王供養。毎於晨朝、令使入寺、合掌房前、急行疾問、「大王奉問法師等宿夜得安和不。僧答曰、願大王無病長寿、国祚安寧」。使返報已、方論国事。五天所有聡明大徳、広慧才人、博学十八部経、通解五明大論者、並集茲国矣。良以其王仁声普洎、駿骨遐収之所致也。其僧哲住此王寺、尤蒙別礼。存情梵本、頗有日新矣。来時不与相見、承聞尚在、年可四十許。僧哲弟子玄遊者、高麗国人也。随師於師子国出家、因住彼矣。

『求法高僧伝』巻下「無行禅師」

無行禅師者、荊州江陵人也。梵名般若提婆唐云慧天、叶性虚融、稟質温雅、意存仁徳、志重烟霞。而竹馬之年、投足石渠之署。暨乎弱冠、有懐金馬之門。

『求法高僧伝』同・巻下「大津師」

大津師者、澧州人也。幼染法門、長敦節倹、有懐省欲、以乞食為務。希礼聖跡、（中略）遂遣帰唐、望請天恩於西方造寺。既覩利益之弘広、乃軽命而復滄溟。遂以天授二年五月十五日附舶而向長安矣。今附新訳雑経論十巻、南海寄帰内法伝四巻、西域求法高僧両巻。讃曰、嘉爾幼年、慕法情堅。既虔誠於東夏、復請益於西天。重指神州、為物淹流。伝十法之弘法、竟千秋而不秋。

『続高僧伝』巻第三「慧浄伝」

釈慧浄、俗姓房氏、常山真定人也。（中略）法師淳和稟気、川岳降精、神解内融、心幾外朗。髫年対日、丱歳参玄。擢本森梢、干雲階乎尺木。長瀾淼漫、浴日道乎濛泉。而慧炬夙明、禅枝早茂。臨閲川而軫慮、睠定水以怡神。慨彼労生、悟茲常楽。三乗奥義、煥矣氷消。二諦法門、怡然理順。俄而発軔東夏、杖錫西秦。至於講肆法筵、聆嘉声而響赴。剖疑析滞、服高義而景従。明鏡屢照而不疲、鴻鍾待扣而斯応。窮涯盈量、虚往実帰。誠仏法之棟梁、実僧徒之領袖者也。（中略）周武帝振彼雄図、削平漳滏。隋高祖韞茲英略、戡定江淮。混一車書、大開学校。温邢誉高於東夏、徐庾価重於南荊。王司空孤秀一時、沈恭子標奇絶代。凡此英彦、安可闕如。自参墟啓祚、重光景曜。大弘文徳、道冠前王。薖軸之士風趣、林壑之賓雲集。故能抑揚漢徹、孕育曹丕。文雅鬱興、於茲為盛。余雖不敏、窃有志焉。

既而舟壑潜移、悼陵谷而遷貿。居諸易晩、惻人世之難常。固請法師、暫迴清鑒、採摭詞什、耘剪蘩蕪。蓋君子不常矜荘、刪詩未為斯玷。自劉廷尉所撰詩苑之後、纂而続焉。（中略）皇帝以神道設教、利益群生、故普建仁祠、紹隆正覚。卜茲勝地、立此伽藍。請赤県之名僧、徴帝城之上首。山林之士、擁錫来遊。朝廷之賓、摳衣趨座。義筵済済、法侶詵詵。寔聚落之福田、黔黎之寿域。

（李　銘敬）

二十　玄大梵

釈玄大梵《げんだいぼん》は、新羅の人である。法名は薩婆《さつば》慎若提婆《しんにゃくだいば》〈唐では一切智という〉。幼い時から深く思索に耽る性格であり、大人のような人相をしていた。匂いの強い食べ物は口にせず、□□□することもなかった。

かつて船で唐に渡り、学問を一つと定めずあらゆる師を尋ねて修行し、蘊奥《うんのう》を究め細かいところまで学び尽くした。高宗の永徽《えいき》年間（六五〇―六五五）、ついに中インドへ行き、釈迦如来が成道《じょうどう》した菩提樹を礼拝し、獅子のように畏れることなく遊行しながら、一人の伴侶をも求めなかった。錫杖を振るいながら、釈迦如来が忉利《とうり》天に行き、閻浮提《えんぶだい》に帰ってきた三道の宝階の遺跡を目指した。玄大は聖地に深いあこがれの念を抱き危険や苦難があっても、仏の遺跡を一つも落とさずに巡り見ようとしたが、すべてを見尽くすことはできなかった。大覚寺にたどりつくとそのまま留まり、経と論を詳しく勉強し、その地域のやり方というものも習得した。その後、中国に帰り、仏法の布教活動に貢献した。彼の偉大な業績は万人の認めるところであり、不滅の功というべき偉大なものであった。

賛にいう。以上に記した数人は、遥か東の新羅から中国に渡って、法顕《ほっけん》や玄奘《げんじょう》の偉大な先人の跡を追い、インドを往来することを、まるで我が村の道のように思っていた。彼らは辺境に遣わされた前漢の張騫《ちょうけん》や蘇武《そぶ》のような使者にも肩を並べられるであろう。

釈玄大梵、新羅人。法名薩婆慎菩《若》提婆（唐言一切智）。童稚深沈、有大人相。不茹葷、不舮鮮其入等□□□如也。嘗泛舶如唐、学問靡常、闡奥窮徴。高宗永徽中、遂往中印度、礼菩提樹、如師子遊行、不求伴侶。振五楼之金策、望三道之宝階。其所遠慕艱危、歴覧風土、亦未能尽導《道》。便向大覚寺掛錫、詳検経論、備省方俗。後還震旦、敷宣法化。玄績乃著、巍々乎其有成功矣。

賛曰。此上数人、邈若青徼、径入中華、追法顕・玄焚《奘》之逸跡、堨来絶域、視如里巷。比之奉使張騫蘇武之類乎。

海東高僧伝巻第二終

(1)釈玄大梵、新羅の人なり。(2)法名は薩婆慎若提婆〈(3)唐に一切智と言う〉。(4)童稚のときに深沈として、大人《たいじん》の相有り。(5)葷を茹《いと》わず、不舮鮮其入等(6)□□□如也。嘗《かつ》て舶を泛《うか》べて唐に如《ゆ》き、学問して常に(7)靡《なび》き、(8)奥を闡《ひら》き微を窮む。(9)高宗の永徽中、遂に中印度に往き、(10)菩提樹を礼し、(11)師子の遊行するが如く、伴侶を求めず。(12)五楼の金策を振い、(13)三道の宝階を望む。その遠く慕い艱危して、風土を歴覧せる所も、亦未だ(14)道を尽くすこと能わず。便《すなわ》ち(15)大覚寺に向かいて(16)錫を掛け、(17)詳らかに経論を検校し、(18)備《つぶさ》に方俗を省《み》る。後震旦《しんだん》に還りて(19)法化を敷き宣ぶ。玄績《げんせき》乃《すなわ》ち著《いちじる》しきなり。(20)巍々乎として、それ成功有り。

賛に曰《い》う。(21)この上の数人は、邈《はる》かなること(22)青徼《せいげき》の若《ごと》し、(23)径《けい》に中華に入り、(24)法顕・(25)玄奘の逸跡を追い、(26)絶域に朅来《けつらい》するも、視ること里巷の如し。これを奉使たる(27)張騫・(28)蘇武の類に比ぶるならんか。

語注

（1）釈玄大梵……『求法高僧伝』では「玄太法師」、『三国遺事』では「玄泰」という。底本のほか、諸本では「玄大梵」とするが、大蔵経本の句点の位置によれば、「玄大」までを名前と見るべきではないだろうか。『求法高僧伝』には「玄太法師者、新羅人也。梵名薩婆慎若提」とある。

（2）法名は薩婆慎若提婆……底本「菩」に「若」と傍書あり、奎章閣本と崔南善本により改めた。

（3）唐に一切智と言う……底本と浅見本および奎章閣本は「一切智」、崔南善本と大蔵経は「一切智天」とする。

（4）童稚のときに深沈として、大人の相有り……幼い時から深く思索に耽る性格であり、大人の相をしていたという意味。『宋高僧伝』巻四「宗哲伝」に、「稚歳而有奇相」とある。明・居頂撰『続伝灯録』巻七・大鑑下「第十二世」には、「石霜円禅師法嗣黄龍南禅師章氏諱恵南。其先信州玉山人也。童齠深沈有大人相。不茹葷不嬉戯」とあり、本伝とほぼ同じ記述が見られる。

（5）葷……古代中国では、葷は大蒜、葱、韮などの臭い野菜をさしていた（『儀礼』士相見礼に「膳葷、請退可也」とあり、鄭玄の注では「膳葷、謂食之葷辛物、葱韮之属」）。現代では、肉のことを言う。

（6）□□□□……奎章閣本は、割注で「五字欽」とある。

（7）常に靡き……無常、不変の規律のないさま。ここでは学問には人の定めた一定の規律はないという意味で用いられている。唐で勉強しつづけるのも次善のあり方で、これが「中印度」へ行く話のプロローグになっているか。『尚書』商書・咸有一徳では、商の伊尹が政権から引退する前に、君主に徳の重要性を強調する文言の中に「嗚呼、天難諶、命靡常。常厥徳、保厥位」と見える。「夫貴賤靡常貧富無定。譬水火更互寒暑遞来」（『法苑珠林』巻二三・述意部第一）。

（8）奥を闡き微を窮む……道理を細かく窮めること。明らかにすること。「通易、尚書、孝経、論語、兼総載籍、窮微闡奥、隠居楽道、不求聞達」（宋元・馬瑞臨編纂『文献通考』巻四十・学校考一）。

（9）高宗の永徽中……唐高宗李治の時の年号（六五〇年正月—六五五年十二月）。

（10）菩提樹……釈迦は菩提樹の下で正覚を得たという。「金剛座上菩提樹者（中略）仏坐其下成等正覚、因而謂之菩提樹焉」（『大唐西域記』巻八）。

（11）師子の遊行するが如く、伴侶を求めず……獅子のように、遊行するに畏れるところなく、独往することをいう。「如壮士展臂。不借他力。師子遊行。不求伴侶」（『大慧普覚禅師書』巻二七）。

（12）五楼の金策を振い……金策は錫杖のこと。修行僧の所持するもの。『文選』孫綽「游天台山賦」には「被毛褐之森森、振金策之鈴鈴」とあり、李善の注によると「金策、錫杖也」という。大日本仏教全書本の注では、「錫は杖頭にしては塔婆形をなし、大環を懸け、揺動すれば、声を発す、恐らく、塔婆形の部分が五重なる錫杖をいうならん」と書いてあるが、「五楼」は金策（錫杖）の高大であることを強調する表現として使われているか。「口翻貝叶古字経、手持金策声泠泠」（唐・権徳与『錫杖歌送明楚上人帰仏川』）。

(13) 三道の宝階を望む……釈迦が摩耶夫人のために須弥山頂の忉利天に登って説法をして降りる時、帝釈天が金、銀、水晶で造った階段のことで、「釈迦八相図」にも描かれる（『高僧法顕伝』巻一、『大唐西域記』巻四「劫比他国」、『今昔物語集』巻二・二等々）。ここでは、聖なる三道の宝階を通じて、悟達の境地に至ることにあこがれる意味か。

(14) 道……底本は「導」に作り、見せ消ちにして「道」と傍書するが、諸本によって「導」に改めた。

(15) 大覚寺……古代インドの僧訶羅国王によって造られた寺。那蘭陀寺と「七駅」ぐらいの距離がある。「金剛座大覚寺即僧訶羅国王所造、師子洲僧旧住于此。大覚寺東北行七駅許、至那爛陀寺」（『求法高僧伝』巻上）。

(16) 錫を掛け……錫杖を掛けるという意味。修行僧は行脚時に持つ錫杖を、逗留するのを許された時、あるいは自らの意志で勤行のために止宿する時、錫杖を壁の鈎に掛ける。転じて道場で勤行のため止住することそのものを意味する。「後訪道尋師、靡憚夷険、抵望湖山翠微巌下古院掛錫」（『宋高僧伝』巻一〇「恒月」）。

(17) 詳らかに経論を撿校し……経・論を詳しく研究・検討すること。「得聴未聞之法、還観不覩之

例。随訳随受、詳検通滞」（『求法高僧伝』巻下）。

（18）備に方俗を省る……旅に出る時に行く先の風俗習慣をよく知っていることを意味する。ここではインドの風俗習慣をよく知っていること。

（19）法化を敷き宣ぶ……仏法を広める、人を教化することとか。「代仏祖宣化、発言行事、苟無誠信、則湖海衲子孰相従焉（黄龍宝録）」（『禅林宝訓』巻三）。

（20）巍々……高く大きなさま。威徳や仏堂の広大さや人の功績などを形容するのによく使われる。「禅師身長八尺、厖眉秀目、威徳巍巍、王覇之器也」（『宋高僧伝』巻八「唐荊州当陽山度門寺神秀」）。

（21）この上の数人……本書に見えるインド留学僧の阿離耶跋摩から玄大までの九人をさすか。

（22）青徼……東方の塞。「青羌」に同じ。ここでは朝鮮半島をさす。『文選』三五に「丹冥投烽、青徼釈警」とあり、李善の注によると、「青徼、東方也。呂氏春秋曰、禹東至青羌之野、南至交阯、丹粟。范曄後漢書、遼東徼外貊人寇右北平。張揖漢書注曰、徼、塞也。以木柵水中、為夷狄之界也」とある。

（23）径に中華に入り……「径」は、止まらずに直接の意。止まらず直接、中国に入ること。本書「曇始」にも、「有白足道人、従官門径入」と見える。

（24）法顕……中国東晋時代の僧（三三七—四二二）。『梁高僧伝』巻三、『続高僧伝』巻二六などに伝がある。隆安三年（三九九）長安からインドに渡って王舎城などの仏跡を巡り、義熙九年（四一三）に帰国、享年八十六歳で荊州の辛寺で没した（『梁高僧伝』巻三「法顕」）。法顕がインドから持ち帰って訳出した『大般涅槃経』は涅槃宗成立の基となり、著書の『高僧法顕伝』は当時の中央アジアやインドに関して書かれた貴重な史料として伝えられている。

(25) 玄奘……中国唐代の僧（六〇二―六六四）。鳩摩羅什とともに二大訳聖、あるいは真諦と不空金剛を含めて四大訳経家とも呼ばれる。太宗の貞観三年（六二九）にインドに向かい、巡礼や仏教研究を行って貞観十九年（六四五）に経典六五七部や仏像などを持って帰国。以後、翻訳作業で従来の誤りを正し、法相宗の開祖となり、高宗に進言して永徽三年（六五二）に慈恩寺大塔を建立した。その後、玉華宮に居を移して『大般若経』の漢訳を完成させて後、麟徳元年（六六四）に没した。著書『大唐西域記』は、前項の『高僧法顕伝』とともにインド求法巡礼の代表的な地誌として伝えられている。

(26) 絶域に堨来するも……「堨来」は来るの意。「絶域」は遠く離れた土地、人跡未踏の地、外国、絶境の意。ここでは、インドに行く道のこと。

(27) 張騫……中国前漢代の漢中郡（今の陝西省成固市）出身の人。武帝の命によって匈奴討伐のための連盟を請う親書を持って大月氏国に派遣され、後に漢に西域の情報をもたらした。『後漢書』巻八八・七八「西域伝」によると、張騫は大月氏国に向かう途中、匈奴に捕えられ、十余年間抑留され、その間、匈奴の女を娶って子供を儲けたが、漢への帰還を諦めなかったため、ついに帰郷を果たし、武帝は張騫から西域の情報を得て開拓の意志を強め、これを契機として西域との交易が活性化したという。

(28) 蘇武……前漢時代の杜陵（今の陝西省西安市）出身の人。『漢書』巻五四・列伝二四「李広蘇建伝」によると、武帝の命によって匈奴に遣わされたが、抑留され、北海の地で十九年間を羊の放牧を強いられるも漢への忠誠を貫き、後に漢と匈奴とが和親するに及んで、ついに漢に帰国することができたという。前項の張騫とともに他国で抑留による苦難の末、ついに帰国を果たした人物として知られる。

解説

本伝は、新羅の高僧・玄大法師の唐―インド―唐という旅の一生の様子を簡単に記述し、さらに賛で、前漢の張騫や蘇武のような公の使いにも肩を並べられると説いている。

本伝の記述は、『求法高僧伝』と重なる部分が多く見られ、本伝の典拠であることが分かるが、一方では、かなり異なる部分もある。たとえば、本伝において、インドへ行く際に、「如師子遊行、不求伴侶」、つまり一人で旅立つ決意の固さ、伴侶を求めない強い気持ちが描写され、実際誰とも出会わなかったのに対して、『求法高僧伝』では、思いがけず道で道希法師に出会い、同行したことになっている。さらに、玄大法師の結末については、『求法高僧伝』では「後帰唐国、莫知所終」とあり、『三国遺事』「帰竺諸師」の「唯玄泰師克返帰唐、亦莫知所終」もほとんど『求法高僧伝』と一致しているが、本伝には「後還震旦」としか記述されていない。玄大の最期について語らない代わりに、「玄績乃著、巍巍乎、其有成功矣」と惜しみない讃辞が贈られている。さらに、玄大一人ではなく、巻二に列挙した人々に対して賛が付されている。玄奘・法顕の名と同時に、張騫・蘇武といった中国故事で名高い人物と対比するところに覚訓の中国に対する自土の指向がうかがえる。

出典・同類話・関連資料

出典　『求法高僧伝』巻上「玄太」

関連資料　『三国遺事』巻四・義解五「帰竺諸師」参照

『求法高僧伝』巻上「玄太」

玄太法師者新羅人也。梵名薩婆真若提婆。唐云一切智天。永徽年内取吐蕃道経泥波羅到中印度。礼菩提樹詳検経論旋踵東土。行至土峪渾逢道希師履相引致還向大覚寺。後帰唐国莫知所終矣。

（高　陽）

解説

小峯和明
金　英順

成立と撰者

本書『海東高僧伝』は高麗王国の高宗二年（一二一五）、王命によって編纂された一大僧伝集成である。高句麗、百済、新羅など朝鮮半島の古代の僧侶の伝記を通した仏法史ともなっている。成立年代は中国でいえば、南宋の寧宗、日本でいえば鎌倉初期の後鳥羽院時代に当たり、いずれも東アジア仏教文化の栄えた時代である。現存本は最初の巻一、二を合わせた二巻分で、続巻があったはずだが残存せず、全体の総量については明らかではない。十四世紀前半の『法華霊験伝』下巻「頴比丘尼身」に「出海東高僧伝第五」とあり、本書巻五の逸文と考えられるから、巻五までは確実にあったと想定でき、今後も逸文が見つかる可能性があろう。巻一、二は古代三国時代にほぼ充当し、順道から玄大までの二〇名に及ぶ（一段で連名の場合もあるので、正確には二六名）。

撰者は高麗の都開京《かいきょう》(現在の開城《ケソン》)、霊通寺の僧覚訓《かくくん》である。本書巻頭に「京北五冠山霊通寺住持、教学賜紫沙門臣　覚訓奉宣撰」とあるように、覚訓は開京の北郊、五冠山麓の霊通寺に在住し、王から紫衣を賜った高徳の学僧であった。ちなみに「賜紫沙門」の称号は、唐の『弘《ぐ》賛《さん》法華伝』巻一〇「書写」八に高麗の高僧で睿宗《えいそう》の王師となった徳縁にその名称が見られる(『高麗史』巻一四・睿宗十二年)。

覚訓の出自、経歴などは詳らかではないが、高麗中期の著名な文臣、李奎報《りけいほう》(一一六八―一二四一)の詩文集『東国李相国集』巻一六・古律詩に「次韻文禅師哭覚月首座」「師嘗著詩評不示予」「早修僧伝僅終編」「師曾修高僧伝」とあり、『高僧伝』の撰者すなわち覚訓が「覚月首座」と称され、『高僧伝』の編纂が話題になっていたことが知られる。また、李仁老《りじんろう》(一一五二―一二二〇)の詩文集『西河集』巻二・古律詩六三「贈月師并序」に「興王寺月上人者頗聡恵而喜文章」とあり(李仁老は『破閑集』の著でも知られる)、さらに崔滋《さいじ》(一一八八―一二六〇)の文集『補閑集』下に「華厳月首座、余事亦深於文章、有草集伝士林、嘗撰海東高僧伝」「自号高陽酔髡」とあることから、「華厳月首座」「月師」「月上人」と呼ばれ(自称「高陽酔《すい》禿《とく》」)、文臣貴族との文芸をめぐる交流が深かったことが知られる。覚訓の詩文の草集が高麗の士林に伝わっていたとされるが現存せず、具体的な詩作については未詳である。「首座」は最高の法階「僧統」に次ぐ地位であり、王師に相当すると見なせる。

霊通寺は、黄海北道開城市月古里(現、北朝鮮)にあった華厳宗の大寺院で、高麗の顕宗十八年（一〇二七）に創建され、朝鮮王朝が清朝の侵略を受けた丙子胡乱《へいしこらん》（一六三六）の際に焼失したとされる（二〇〇五年に韓国天台宗団体の援助によって再建）。縁起や寺暦は必ずしも明確ではないが、十一世紀後半から末期にかけて活躍した名高い大覚国師義天（一〇五五―一一〇一）の住持した華厳寺院として知られる。また、先引の興王寺も文宗二十一年（一〇六七）に創建され、初代の住持も義天であり、教蔵都監を設置、一〇九六年に『続蔵経』を刊行している。覚訓も「興王寺月上人」と称されるように、興王寺と霊通寺の双方を拠点としていたから、ほぼ百年もの時差があるが、おのずと義天の薫育を受け、その文草や収集典籍類にふれていたことが考えられる。後述するように、義天は『海東僧伝』なる本を読んでおり、これを覚訓も見ていたことが充分想定できる（『大覚国師文集』巻一六「祭金山寺寂法師文」）。残念ながら、この『海東僧伝』は今に伝わらず、全容を知ることはできないが、覚訓の撰述に何らかの影を投げかけていることは間違いないと思われる。

いずれにしても、覚訓が高僧伝をまとめうる立場や環境にあったことは、これらの事例からかいま見ることができるであろう。

成立年代は序段の末尾の部分に、「仏滅より今、乙亥に至るまで二千一百六十四年」とあることから逆算して、乙亥一二一五年になる。この起算法は日本でも影響力を持った、仏滅二千年説にもとづく入末法一〇五二年説に対応している。

また、後述する一二七〇年代から八〇年代にかけての『三国遺事』に、本書を批判する記載があり、『三国遺事』の編者が本書成立から六十数年後に本書を見ていたことは確実で、享受史上の早い例になる。

本書の成立した一二一五年前後は、高麗の武臣政権が確立した時代で、崔忠献が実権を握り、都房という日本の幕府と似たような権力構造ができていたが、各地で反乱も絶えなかった。すでに韓国の研究にあるように、王権や門閥貴族と華厳教団が一体化して武臣に抵抗する動きと本書の形成も深く連関するであろう。先引の覚訓の文臣との交流の深さからも推測できよう。やがてモンゴルが勃興し、一二〇六年にチンギス・ハーンが強大なモンゴル帝国を樹立、本書成立の三年後に高麗はモンゴルと同盟を結び、やがてその制圧下に置かれる苦渋の歴史を歩むことになる。モンゴルに対抗するために国策として大蔵経が制作されたことは周知のことであるが、本書の成立もそのような対外的な危機感と無縁ではなく、半島の文化を見直す機運が醸成され、その一環として編纂された面もあるのではないだろうか。『三国遺事』はモンゴル制圧下での編纂で、状況はより深刻であったが、本書も随所に強い対中国意識をうかがわせ、これに似た環境を思わせる。モンゴルではなく、唐宋代につらなる独自の文化創造の試みとしてあったろう。

自己と国家のアイデンティティの拠り所を仏法に求め、その根源である仏法伝来の道筋を、人物の往還による確かな足跡として刻印しようとしたのが本書であり、その営為は高麗の王権護持とも深く関わっていたはずである。本書「順道」伝の賛に、覚訓自ら文を書く志はあったが機会がなかったのを、分不相応にも「景命」を受けて述作することになったと記している。

伝本と底本

本書は、『三国遺事』(一然《いちねん》編、十三世紀後半)や『法華霊験伝』(了円編、十四世紀前半)などに引用されているが、朝鮮王朝以後に埋もれて忘れ去られ、現存本が発見されたのは十九世紀末で、二巻一冊の端本であった。一九一〇年代に紹介されてようやく世に広まる。以下に諸本の一覧を便宜、写本と活字本に分けて掲げておく。

(1) 写本

① 朝鮮光文会本

海印寺の住職李晦光《かいこう》(一八四〇—一九一一)が慶尚道星州のある寺で写本を発見。一九一〇年に崔南善(一八八〇—一九五七)が設立した朝鮮光文会に寄贈。現在は所在不明。崔南善による翻刻あり(⑨)。

② 浅見倫太郎本

原本は未見だが電子版によれば、一冊写本で末尾に朱書で以下の識語がある。

大正三年四月二十五日于翰南書林白斗鏞獲之

大正六年二月十五日借覧渡辺彰所蔵古鈔本対校了

浅見倫太郎蔵本

浅見倫太郎が大正三年（一九一四）に当時のソウルの古書肆で知られた翰南書林で本書を購入し、三年後の一九一七年に渡辺彰所蔵の古鈔本を借りて対校した写本である。朱印に、「園林人白子鏡学古斎林原尚□敬東林□疏之章」。現在、アメリカのカリフォルニア大学バークレー校・東アジア図書館所蔵。章輝玉『海東高僧伝——現代的解釈と注釈』（民族社、一九九一年）に影印収録。高麗大学海外韓国学資料センターのネットで電子版閲覧可能。現今の活字本の多くは当本にもとづく。本注解書の底本である。

③　渡辺彰所蔵本

②の浅見倫太郎が写本を入手した三年後に借り出して対校に用いた写本。所在不明。浅見本の識語に「渡辺彰所蔵古鈔本」を借覧して対校したとあるのみで詳細は不明。①の転写本か。

④　ソウル大学奎章閣本

写本一冊・袋綴。請求番号RF5167。外題・海東高僧伝。題簽なし。表紙・黄土色、卍繫ぎ文。料紙・楮紙。寸法・29.3×20.6cm。全三一丁。一面十行。遊紙なし。「朝鮮総督府図書之印」（朱方印）。乙酉文庫161（一九七五年）、章輝玉『海東高僧伝——現代的解釈と注釈』に影印収録。

⑤　高麗大学漢籍室本A

写本一冊・袋綴。請求番号B12　A254。外題・海東高僧伝。題簽なし。内題・海東高僧伝。表紙・黄檗地、刷毛目、卍繫ぎ型押し文。料紙・楮紙。寸法・31.1×20.7cm。全三一丁。遊

一面一〇行。遊紙・表裏各一丁。全丁に裏打ち補修。本文に朱点、朱の校合あり。「新修大蔵経ニヨル」（4丁オ）、「赤字ハ大正新修大蔵経トノ互校」（4丁ウ・欄外）などの注記あり。随所に大正蔵本との校合注記あり。

⑥　高麗大学漢籍室本B

写本一冊・袋綴。請求番号B12　A254A。外題・海東高僧伝。題簽なし。内題・海東高僧伝。表紙・薄茶地、卍繋ぎ型押し文。料紙・楮紙。寸法・31.7×19.9cm。全三四丁。一面九行。遊紙・なし。晩松金完変文庫の印。左上角破れ。帙・濃紺表紙。

（2）　活字本

⑦　李能和本

李能和（一八六九―一九四三）がその著『朝鮮仏教通史』（新文館、一九一八年）で部分的に翻刻。序、順道、義淵、曇始、摩羅難陀、阿道、黒胡子、法空、異次頓、法雲以下、安弘までを収録、以後の亡名から玄大梵までは省略される。写本どおりの配列ではなく、高句麗、百済、新羅の三国に即して個別に配される。『海東高僧伝』巻二後半の『求法高僧伝』に依拠した往天竺僧の各伝を省いたと見なせる。写本では順道伝に見る黒胡子、法空伝に見る異次頓を、それぞれ特立して収録している。

⑧　大日本仏教全書本

②の浅見本を浅見自身が転写して黒板勝美に寄贈。黒板がこれをもとに翻刻、『大日本仏教

全書』第一一四巻「遊方伝叢書」巻二に収録（一九一七年）。後に、『大正新修大蔵経』第五〇巻「史伝部」（一九三二年）に、さらに後者に拠る『韓国仏教全書』第六巻（一九八四年）にも収録される。

⑨　崔南善本

崔南善による①朝鮮光文会本の翻刻。『仏教』（三七号、一九二七年）に収録。章輝玉『海東高僧伝――現代的解釈と注釈』に転載。

⑩　東国大学付属図書館本

⑨による油印本（謄写版）一冊、袋綴。一九五六年刊の同一本二点あり。請求番号・D218.092 97、C.8およびD218.092、34、V.1。外題・蔵外襍録、第一輯（題簽）。内題・海東高僧伝。表紙・黄土地、無文。料紙・楮紙。寸法・25.0×17.4cm。匡郭・複19.8×13.4cm。全四〇丁。一面一三行。遊紙・なし。末尾・崔南善の解題あり（『韓国仏教叢書』一九七二年、宝蓮閣刊行の解題も同じ）。奥付貼付・檀紀四二八九年五月一日、東国大学校仏教史学研究室趙明基（非売品）。

⑪　東洋文庫本

浅見本のペン書き写本。末尾に「海東高僧伝ハ朝鮮逸書ノ一ナリ。黒板勝美氏、遊鮮ノ次、浅見倫太郎ヨリ氏ニ贈リタル写本ヲ原本トシ用キタリ」とある。歴史学者の黒板勝美が浅見倫太郎からもらった写本の転写である。

⑫　英訳本
Peter H. Lee, 1969, *Lives of Eminent Korean Monks* (The Headong Kosung Chon), Harvard University Press. ⑧の大日本仏教全書本をもとに全訳。英文で注解を施している。

以上だが、章輝玉『海東高僧伝——現代的解釈と注釈』によれば、①光文会本にもとづく④⑤⑥⑦⑨⑩系統と②の浅見本以下の⑧⑪⑫系統の二系統に区分しているが、②浅見本および③渡辺本の親本に関しては不明である。いずれにしても、①の朝鮮光文会本がいわゆる「天下の孤本」であり、これが起点となって一九一〇年代に紹介され、短い期間のうちに転写ないし翻刻され、黒板勝美の仏教全書本と李能和の『朝鮮仏教通史』が一年違いで刊行されるように、あいついで世に出てきた経緯が浮かび上がる。典型的な「遅れてきた古典」であった。

構成と内容

本書の現存本は、巻一「流通一之一」と巻二「流通一之二」を残すのみ。序文に相当する序段は、仏の威徳から説き起こし、仏伝、涅槃後の仏法の流布、中国への伝来、そして三国時代から高麗への広まりを説く。続く僧伝は、巻一が順道、亡名、義淵、曇始、摩羅難陀、阿道(黒胡子、元表)、玄彰、法空、法雲、巻二が覚徳、明観、智明、曇育、円光、円安、安含(胡僧二人、漢僧三人、曇和)、安弘、阿離耶跋摩、恵業、恵輪、玄恪、玄照、亡名、玄遊、僧哲、玄大の二〇条二六名を数える。

巻一の僧は順道、阿道ら出自、経歴不明の神話・伝説的存在に始まり、曇始、摩羅難陀のごとく中国渡来の僧たちで、順を追って高句麗、百済、新羅にそれぞれ伝法を果たす展開をたどる。実在が確認できなかったり、伝法の年代に矛盾が生じたりで、創造された仏法伝来史の場合が少なくない。巻一最後の法空と法雲は新羅の法興王、真興王であり、王権と仏法が深く関わることを示している。

一方、巻二では、覚徳以下、安含、安弘に至るまで新羅から中国に赴いた留学僧が中心である。中でも中国の高僧伝にも載る円光が名高い。ついで阿離耶跋摩以下、最後の玄大までは天竺に赴いた僧たちで、高句麗の玄遊以外はすべて新羅僧である。大半は義浄の『大唐西域求法高僧伝』をもとにしている。

序段によれば、仏法の広まりは人によるのであり、それ故、「流通篇」をまとめた。中国の梁・唐・宋代三種の『高僧伝』には「訳経篇」があるが、高麗では翻訳事業はなかったので、「訳経篇」はないという。したがって、本書は「流通篇」のみの構成で、巻一・二「流通一之一、二」に対して、巻三以降、「流通二」が続いた可能性が高い。「流通」の篇目は中国の三高僧伝には見られない。

一三三一年の了円撰『法華霊験伝』下巻「顕比丘尼身」は、新羅の憬興《けいこう》国師の病を十一面観音の化身の尼が芸能で治す霊験譚で、「出海東高僧伝第五」と出典が明記される。これはまぎれもなく本書の逸文であり、しかも本書が巻五にまで及び、比丘尼も含んでいたことを示す貴重な例といえる。おそらく比丘尼伝は末尾に配された可能性が高いであろう。

現存する本書の僧伝は、おおむね四世紀から七世紀半ば頃までの古代三国時代に集中しており、巻三以降が七世紀後半から九世紀末期の統一新羅、および十世紀前半の後三国を経て高麗に至る歴史の流れに即した編成になっていたと想定される。

中国の高僧伝類に収載される新羅僧は、本書に見る円光伝（『続高僧伝』巻一三）に加え、本書の法雲伝に「語は慈蔵の伝に在り」とある慈蔵伝（『続高僧伝』巻二四）以下、順璟（『宋高僧伝』巻四）、義湘《ぎしょう》（同）、元暁（同）、真表（巻一四、百済）、無漏（同・巻二一）、元表（同・巻三〇）、恵超《えちょう》（著『往五天竺国伝』）、悟真（『大唐青龍寺三朝供奉大徳行状』）等々である。これらの僧伝が本書巻三以降に収録されていたであろう。本書より六十年以上後の『三国遺事』によれば、本書をかなり意識しており、巻五・感通七「広徳厳荘」には、本書に元暁伝があったことがふまえられている。

また、『三国遺事』に載って本書に見ない、良志、恵宿、恵空、蛇福、勝詮、心地、大賢（以上、巻四「義解」五）、恵通、明朗（巻五「神呪」六）等々の諸伝も、本書に収録されていた可能性があるだろう。

典拠と影響

本書が最も意識していたのは、言うまでもなく中国の梁、唐、宋の三種に及ぶ『梁高僧伝』である。序段の末尾で、中国の三高僧伝の訳経篇に対する流通篇を強調するが、各僧伝の本文中にも、「古の梁唐宋高僧伝」(序)、「梁の僧伝」(曇始)、「宋の僧伝」(摩羅難陀)、「続高僧伝」(円光)等々と引かれる。また、海上航路から天竺に赴き、膨大な仏典の訳経に従事し、『南海寄帰内法伝』を著した有名な義浄(六三五―七一三年)の撰『求法高僧伝』にもかなり依拠している。本書巻二の後半の阿離耶跋摩、恵業、恵輪、玄恪、玄照、玄遊、僧哲、玄大等々の伝が該当する。本文には、「伝」(恵業)、「義浄三蔵の求法高僧伝」(恵輪)、「求法高僧伝」(玄遊)とある。

他にも本文に引用された書名を列挙しておくと、

列子、霍去病《かくきょへい》伝(序)、古文、古記、易(順道)、弁正論(義淵)、古記、耆老《きろう》記、宝蔵経、(摩羅難陀)、古記、高得相の詩史、朴寅亮《ぼくいんりょう》の殊異伝(阿道)、古史および古諸伝、阿道碑、国史および殊異伝(法空)、慈蔵伝、金大問の世記、崔致遠《さいちえん》の鸞郎碑序、唐令狐澄の新羅国記、班固(『漢書』をさす)(法雲)、荘老(円安)、崔致遠の義湘伝、新羅本紀、讖書《しんしょ》一巻(安弘)、年譜(阿離耶跋摩)

等々を見る。ことに「朴寅亮の殊異伝」(阿道)、「殊異伝」(法空)という『新羅殊異伝』や新羅の著名な文人である崔致遠の「鸞郎碑序」(法雲)、「義湘伝」(安弘)をはじめ、「高得相の詩史」（阿道）、「金大問の世記」「唐令狐澄の新羅国記」（法雲）などの朝鮮古代の文芸や漢籍以外の引用が目を引く。

法雲伝に見る金大問は七世紀末から八世紀初めの新羅の文人で、『三国史記』巻四六・列伝六「金大問」に「作伝記若干巻、其高僧伝、花郎世記、楽本、漢山記、猶存」とあり、ここに『高僧伝』があるのが注目される。この金大問の『高僧伝』もまた佚書《いっしょ》であり、覚訓も目にしていたかどうか不明である。あるいは、先にふれた義天が読んでいた『海東僧伝』（「余曾読海東僧伝、備見法師之道之行之願」『大覚国師文集』巻一六「祭金山寺寂法師文」）と、この金大問の『高僧伝』とは関係がないであろうか。

『三国遺事』では、巻三「興法」三「阿道基羅」に「本碑及諸伝記、殊異、高僧伝云、西竺人或云従呉来」という注記があり、「云」以下の本文が合致するので、おそらく本書をさすと思われる。しかし、『三国遺事』巻五「避隠」八「信忠掛冠」に見る「李俊」につく「高僧伝作李純」の注記の「高僧伝」は、『海東高僧伝』ではなく、何をさすか分からない。

さらに、本書にも収録される円光伝に関して、『三国遺事』巻四「義解」五「円光西学」に「後撰海東僧伝者、承誤而録之。故時人多惑之」とあり、次の「宝壌梨木」にも、「又作海東僧伝者、従而潤文。使宝壌無伝。而疑誤後人、誣妄幾何」とある。要するに、「海東僧伝」が、本来は宝壌に関する内容記事だったのを円光一人にまとめてしまった、だからあえて宝壌の伝記を特立したのだ、とするのが『三国遺事』の論理で、「海東僧伝」に消された僧伝を甦生させたのが『三国遺事』だということになる。

また、『三国遺事』巻五「感通」七「広徳厳荘」では、元暁の行った「錚観法」について、「暁本伝」と「海東僧伝」とに語られている、という。「暁本伝」は中国の『宋高僧伝』にほかならない。一方、ここで『三国遺事』のいう「海東僧伝」は、はたして覚訓の本書なのであろうか。義天が読んだ『海東僧伝』の可能性はないだろうか。あるいは金大問の『高僧伝』とは無縁であろうか。現存の本書に元暁伝はないが、元暁伝を欠いた朝鮮半島作の〈高僧伝〉は考えにくいので、本書の巻三以降にあったと見るのが穏当であり、元暁伝の有無は決め手の根拠にはならない。覚訓の本書以外は佚書なので真相は闇の中だが、高麗時代の〈高僧伝〉の広がりを再認識させられるだろう。

先にふれた『法華霊験伝』下巻「顕比丘尼身」は、「海東高僧伝第五」とある、他に例を見ない貴重な逸文で、『三国遺事』につぐ本書の享受の痕跡を示す点で見のがせない。

表現と思想

本書の表現の特性については、第一に漢文特有の対句の修辞があり、第二に賛などで自らの感懐や批評を多く見せることが挙げられる。

第一の隔句対の修辞例として、曇始伝の賛にいう（以下、詳細は各伝参照。対句の体裁が分かりやすいように原文で挙げる）。

贊曰、火炎崑岡、玉石倶焚。
　霜厳草野、蕭蘭共悴。
師之艱難険阻、誠曰殆哉。雖伐樹削跡、不足比也。
　然、随時隠現、若青山白雲之開遮。
　　遇害虧盈、如碧潭明月之撈漉。
　　捐軀済溺。道之以興、菩薩法護、正当如此。

崑崙山の火が玉も石も焼いてしまい、霜が草野に降りて蕭《しゃく》も蘭も枯れてしまうように、師の遭遇した険難は危ういもので、迫害で大樹を引き抜かれた孔子の故事も及ばない。時によって身を隠したり現したりするのは、青山を白雲が遮ったり開いて見えるようにしたりするようで、危難に遭う機会の多少は、碧潭《へきたん》から名月をすくい取るようなもので、師は身を捨てて衆生を救ったのだ、菩薩が仏法を護持するのはまさにこのことを言うのだ、というもの。

本書の贊のすべてがこのような修辞を凝らしているわけではないが、最も文飾の勝った着目すべき例である。

ついで安含伝に以下の対句を見る、

於是、華山仙掌十駅之程、即日午行廻、誰聞夕鼓。
　秦嶺帝宮千里之地、即星馳陟降、豈待晨鍾。

これも華山仙掌—秦嶺帝宮、十駅—千里、日午—星馳、夕鼓—晨鍾《しんしょう》という対比の形の整った隔句対である。いずれも覚訓以前の共通する対句や修辞は見当たらない。

安含伝でさらに注目されるのは、「毅然[A]淵懿之量、莫窮涯畛。嘗[B]浪志遊方、観風弘化」の部分が『梁高僧伝』巻一「訳経」上「僧伽跋澄」の表現をそのまま引用していることである。

僧伽跋澄。此云衆現。罽賓人。毅然有[A]淵懿之量。歴尋名師、備習三蔵。博覧衆典、特善数経。闇誦阿毘曇毘婆沙貫其妙旨。常[B]浪志遊方、観風弘化。

別人の伝記で使われる表現をそのまま用いていることが知られ、この種の例は決して少なくない。

玄遊伝では、出典の『求法高僧伝』に拠りつつも、また別の伝の表現を用いている箇所がある。たとえば、玄遊伝の「叶性虚融、稟質温雅。意存二利、志重詢求」は、同じ『求法高僧伝』巻下「無行禅師」の「叶性虚融、稟質温雅、意存仁徳、志重烟霞」に拠り、「嘉爾幼年、慕法情堅。既虔誠於東夏、復請益於西天。重指神洲、為物淹留。伝十法而弘法、竟千秋而不秋」の部分は、巻下「大津師」の賛にほぼ依拠している。違いは「淹留」が「淹流」に、「十法而」が「十法之」になるくらいである。

また、

[C]慧炬夙明、禅枝早茂。[D]窮涯盈量、虚往実帰。誠仏家之棟梁、実僧徒之領袖。[E]既而舟壑潜移、悼陵谷之遷貿。居諸易晩、惻人世之難常。薪尽火滅、復何可追。

の部分は、『続高僧伝』巻三「釈慧浄」に見る、C「而慧炬夙明、禅枝早茂。臨閲川而軫慮」

の箇所と、続く以下のD・E部分に依拠していることが明らかである。

[D]窮涯盈量、虚往実帰。誠仏法之棟梁、実僧徒之領袖者也。余昔遊京輦、得申景慕。（中略）文雅鬱興、於茲為盛。余雖不敏、窃有志焉。[E]既而舟壑潜移、悼陵谷而遷貿。居諸易晩、惻人世之難常。

このように、本書は先行する『高僧伝』類の表現を換骨奪胎してあらたな僧伝を紡ぎ出しており、随所に見られる漢文表現の修辞にとどまらず、高麗の文人との交流があった覚訓の詩嚢をかいま見ることができる。

それとともに、中国の故事先例との対比のあり方に本書の思想的本源がうかがえるであろう。とりわけ、巻一最後の法空と法雲はそれぞれ法興王と、法雲の甥の真興王で、いずれも歴代新羅王の僧名である。新羅仏教と国家との関わりの深さを示すばかりでなく、高麗においても同様であったはずで、覚訓にとって重要な意味を持っていたと思われる（詳細は各伝・解説参照）。それを端的に示すのが賛であり、しばしば自己の感想や意見を述べている。法空伝の賛では、その仏法への信仰篤きことを賛嘆し、「王と比丘とは同体だ」とまで言い、梁の武帝が寺の奴僕となった例とは全く異なる、とする。

法雲伝でも同様で、新羅文化で名高い花郎に関して、漢の哀帝の好色をめぐって班固が女色だけでなく男色も同じだと批判する例を出し、これと同日に語ることはできない、とする。いずれも中国の故事と対比させて、新羅ひいては高麗の優位性や正統性を説くもので、王権と仏法との相即を強調する。

右の法空伝の末尾で、覚訓は物語の舞台ともいうべき慶州の金剛山を訪れたことにふれる。語り手が登場する自己言及の記述として注目される。王を補佐して仏教政策を進めるが反発を受けて処刑された舎人厭髑《えんどく》（異次頓《いじとん》）の首が飛んで白い乳が吹き出し、妙花が舞い大地震動したという金剛山を訪れ、舎人の命日に土地の人が今も供養しているのを知り、懐旧にひたる（ちなみに、厭髑の首が飛ぶさまを刻んだ石碑が慶州博物館に展示されている）。

賛の結びには、「迷雲を掃い、性空の恵日を放つ、これを挟みて飛ぶ」のは厭髑の力であろうか、という。智慧の光を放って飛ぶ仏力と首が飛ぶ奇蹟と関わらせた文飾で、まさに覚訓の筆力が躍如とするくだりである。そうして金剛山訪問の結びにいう、
去ることますます久しく、思うことますます深し。

この覚訓の感慨は本書『海東高僧伝』全体を貫く思いでもあったろう。

本書が典拠と仰いだ三高僧伝をはじめ、確たる僧伝ジャンルのあった中国や、平安期から江戸期に至るまで、僧伝が陸続と編纂された日本と比べて、朝鮮半島では僧伝の編纂はきわめて限られており、ジャンル化されることがなかったようだ。高麗を倒した朝鮮王朝が儒教政策を重んじ、表面的には仏教に否定的であったことが積極的な僧伝集成をもたらさなかった要因であろうか。明代の『釈氏源流』の影響を受けた『西域中華海東仏祖源流』に曹渓宗の僧の血脈

集成が見られる程度である。しかし、高麗時代には少なくとも複数の『高僧伝』が存在しており、本書もまたその延長線上にあり、『三国遺事』に批判的に継承されるが、今日まとまった形で残存するほとんど唯一といってよい僧伝である。

本書は朝鮮王朝時代に埋もれてしまい、十九世紀末期にとある寺から奇跡的に発見される。まさに甦った古典であり、東アジアから朝鮮半島の仏教文化を究明する上で欠くことのできない貴重な書籍である。

（以上、小峯和明）

研究史

本書は一九一八年に初めて学界に紹介され、李能和編著『朝鮮仏教通史』には、本書を出典とする三国の仏教伝来の僧伝や中国留学の僧伝などが収録された（李能和、一九一八年）。また、史学の学術誌『史林』には、本書全体の体系、内容などを概略した解題が発表された（今西龍、一九一八年）。その後、英訳本（Peter H. Lee 訳、一九六九年）、日本語訳本（野村輝昌訳、一九七〇年）、韓国語訳本（金達鎮訳、一九七二年）などの翻訳書が次々出版され、一九七〇年代からは研究も活発に行われるようになった。まず本書の成立と撰者の覚訓について探ることから始まり、現存最古の僧伝として僧史研究における意義が究明された（黄浿江、一九七六年）。また、三国時代の古代史研究において『三国史記』『三国遺事』に並ぶ重要な史料として注目され、歴史学の観点からの研究の必要性が提起された（金相鉉、一九八四年）。

歴史学では史料引用に見る覚訓の叙述態度と歴史認識などが主な論点となった。本書は梁・唐・宋の『高僧伝』をはじめ、『求法高僧伝』『新羅殊異伝』『三国史記』等々多数の史料に依拠して叙述されているが、覚訓は引用の典拠を明記した上、注を附して自分の見解を客観的に示し、賛を設けて高僧の業績を評価するなど歴史家としての叙述姿勢を見せているとされた（金相鉉、一九八四年）。これに対し、覚訓は史料を批判、考証することなく、転写しており、史料の伝達者の立場であって歴史家として本書を叙述したのではないという批判もされている（章輝玉、一九九四年）。また、覚訓が三国の仏教伝来・流通に貢献した高僧たちを中国の人物と比較して、その業績を評価しているのは、覚訓が三国の仏教史を中国と対等ないしは優越な立場で認識していたからだともされる（金煐泰、一九八七年。章輝玉、一九九四年）。

仏教学での研究では、覚訓の三国仏教史における中国意識、本書に見る華厳思想と新羅の国家仏教、インド留学僧の求法活動などに関する論考がある。覚訓が華厳宗の優越性と新羅の国家仏教を強調しているのは、本書の成立時代の武臣政権下で弾圧の対象となっていた門閥貴族と華厳宗の宗教勢力との結束が正当であることを主張するためであったという指摘もある（金烔佑、一九八四年。崔光植、一九九一年。章輝玉、一九九四年）。そして、覚訓は新羅の「恵業」「恵輪」等のインド留学僧が梵語を習得して『倶舎論』『摂大乗論』などの仏教論書を学び、写経していた求法活動を伝えるように、新羅の教学が高い水準にあったと評価している（辛鐘遠、一九九二年。郭丞勲、二〇一一年）。

文学の研究では、本書は高僧の行跡を記録した僧伝史としての性格が強いため、文学性が乏しいという歴史・仏教学からの見解に対し、本書の比喩による文学的な表現、資料引用に見る加筆・潤色、積極的な説話の受容などについて究明し、本書を韓国文学史における僧伝文学として位置づけている（金承鎬、一九八七年。朴英鎬、一九八八年。金福順、二〇〇六年）。一方、説話の研究では、『新羅殊異伝』『三国史記』『三国遺事』などに見える仏教説話との比較対象として検討されるのがほとんどである（金昌鎬、二〇〇一年。高栄燮、二〇一四年）。本書を中心にした仏教文化の特性や意義に関する総合的な研究が必要とされるだろう。

（金　英順）

参考文献

《研究文献》

李能和『朝鮮仏教通史』（新文館、一九一八年）
今西龍『新羅史研究』（近沢書店、一九三三年）
三品彰英『新羅花郎の研究』（三省堂、一九四三年）
末松保和『新羅史の諸問題』（東洋文庫、一九五四年）
趙明基編『蔵外襍録』第一輯（東国大学校仏教史学研究室、一九五六年）
崔南善『韓国仏教叢書』（宝蓮閣、一九七二年）
中吉功『海東の仏教』（国書刊行会、一九七三年）
平川彰『インド仏教史』（春秋社、一九七四年）
塚本善隆『魏書釈老子の研究』（大東出版社、一九七四年）
黄浿江『新羅仏教説話研究』（一志社、一九七六年）
洪潤植『韓国仏教儀礼の研究』（隆文館、一九七六年）
蔡印幻『新羅仏教戒律思想研究』（国書刊行会、一九七七年）
中村元他編『東アジア諸地域の仏教〈漢字文化圏の国々〉』（佼成出版社、一九八二年）

李基白『新羅思想史研究』（一潮閣、一九八六年）
東潮・田中俊明編『韓国の古代遺跡1 新羅篇（慶州）』（中央公論社、一九八七年）
鎌田茂雄『新羅仏教史序説』（大蔵出版、一九八八年）、『朝鮮仏教史』（東京大学出版会、一九八七年）、『中国仏教史』（東京大学出版会、一九九四年）
高翊晋『韓国古代仏教思想史』（東国大学出版、一九八九年）
金承鎬『韓国僧伝文学の研究』（民族社、一九九二年）
章輝玉『海東高僧伝——現代的解釈と注釈』（民族社、一九九一年）
中井真孝『朝鮮と日本の古代仏教』（東方出版、一九九四年）
黄有福・陳景富編『海東入華求法高僧伝』（中国社会科学出版社、一九九四年）
石井公成『漢字文化圏への広がり』（新アジア仏教史10 朝鮮・ベトナム、佼成出版社、二〇一〇年）、『華厳思想の研究』（春秋社、一九九六年）
李能和輯述、李鍾殷訳注『朝鮮道教史』（普成文化社、一九九七年）
京都光華女子大学真宗文化研究所編『仏教思想の奔流——インドから中国・東南アジアへ』（自照社出版、二〇〇七年）
何方耀『晋唐時期南海求法僧群体研究』（宗教文化出版社、二〇〇八年）
紀贇『慧皎《高僧伝》研究』（文史哲研究叢刊、上海古籍出版社、二〇〇九年）
門田誠一『高句麗壁画古墳と東アジア』（思文閣出版、二〇一一年）
崔完秀『新羅の仏教受容』（大原社、二〇一一年）、『高句麗の仏教伝来の背景』（大原社、二〇一一年）
李玥龍『《続高僧伝》詞彙研究』（中国社会科学出版社、二〇一四年）

《論文》

今西龍「『海東高僧伝』に就きて」(史学研究会『史林』三・三号、一九一八年)
前間恭作「新羅王の世次とその名について」(『東洋学報』一五・二号、一九二五年)
崔南善「『海東高僧伝』解題」(『仏教』三七号、一九二七年)
朴奉石「青丘僧伝宝覧」(『仏教』三一号、一九四一年)
二宮啓任「朝鮮における仁王会の開設」(『朝鮮学報』一四号、一九五九年)
金東華「百済時代の仏教思想」(高麗大学『アジア研究』五・一号、一九六二年)
中井真孝「新羅における仏教統制機関について――特にその初期に関して」(旗田巍・井上秀雄編『古代の朝鮮』所収、学生社、一九七四年)
大内文雄「歴代三宝紀と続高僧伝――訳経者の伝記について」(『印度学仏教学研究』五六号、一九八〇年)
木村宣彰「曇始と高句麗仏教」(『仏教学セミナー』三一号、一九八〇年)
金相鉉「『海東高僧伝』の史学史的性格」(『藍史鄭在覚博士古希記念東洋学論叢』所収、高麗苑、一九八四年)、「覚訓」(『韓国史市民講座』一三号、一九九三年)、「中国文献所載の高句麗仏教史記録の検討」(『高句麗の思想と文化』高句麗研究財団、二〇〇五年)
里道徳雄「『海東高僧伝』僧名索引考」(東洋大学『東洋学研究』一五号、一九八〇年)
鎌田茂雄「真諦三蔵の翻訳活動」(『中国仏教史』第二巻、東京大学出版会、一九八三年)
金炯佑「「『海東高僧伝』の再検討」(『南都泳博士華甲記念史学論叢』所収、太学社、一九八四年)

都珖淳「八関会と風流道」（『立正史学』五六号、一九八四年）
鎌田茂雄「高句麗仏教の開教者白足和尚曇始」（『韓国文化と円仏教思想：文山金三龍博士華甲紀念』、一九八五年）
朴英鎬「『海東高僧伝』考察」（『東方漢文学』四号、一九八八年）
高翊晋『韓国古代仏教思想史』（東国大学出版、一九八九年）
金煐泰「新羅仏教初伝者考」（『東国大学論文集』一七号、一九七八年）、「高句麗仏教伝来の諸問題」（『仏教学報』二三号、一九八六年）、「新羅仏教受容――国家的理念」（『新羅仏教思想研究』所収、民族文化社、一九八七年）、「三国遺事興法篇の三国伝法一考」（『仏教学報』二九号、一九九二年）、「我道和尚の新旧碑文について」（『仏教美術』一六号、二〇〇〇年）
金承鎬「僧伝の叙事体制と文学性の検討――海東高僧伝を中心に」（東国大学『韓国文学研究』一〇号、一九八七年）
福士慈稔「円光の世俗の五戒と花郎集団について」（『印度学仏教学研究』三七・二号、一九八九年）、「新羅円光法師伝再考：円光の生没年代について」（『印度学仏教学研究』四二・二号、一九九四年）
中島志郎「新羅円光「世俗五戒」の思想的背景」（『禅文化研究所紀要』一六号、一九九〇年）、「円光「世俗五戒」と孝思想」（『印度学仏教学研究』四〇・一号、一九九一年）
崔光植「新羅の仏教伝来――受容及び公認」（東国大学『新羅文化祭学術論文集』一二号、一九九一年）
李基白「百済仏教受容の年代の検討」（『震檀学報』七一号、一九九一年）
辛鐘遠「安弘と新羅仏国土説」（『新羅初期仏教史研究』所収、民族社、一九九二年）

文暻鉉「新羅仏教肇行攷」（東国大学『新羅文化祭学術論文集』一四号、一九九三年）
三品彰英遺撰『三国遺事考証』（塙書房、一九九五年）
서《ソ》용규《ヨンギュ》「阿道伝の研究」（『大邱古文論叢』一三号、一九九五年）
林泉「高句麗における仏教受容と平壌——肖門・伊弗蘭寺の位置をめぐって」（『駿台史学』九六号、一九九六年）
鄭柄朝「円光法師」（『韓国仏教人物思想史』所収、民族社、一九九七年）
木村宣彰「仏教を中心としたインド・中国僧の文化交流に関する研究——入竺求法僧の実態解明」（文部省科学研究費補助金研究成果報告書、一九九七年）
松田愼也「歯木について——古代インド仏教における歯磨規定とその背景」（『上越教育大学研究紀要』一七・二号、一九九八年）
洪在成「三階教の影響——円光・神炳と道昭の考察」（『印度学仏教学研究』四七・二号、一九九九年）
金相鉉「七世紀の新羅西域求法僧考」（『東国史学』三六号、二〇〇一年）、「中国文献所載の高句麗仏教史記録の検討」（『高句麗の思想と文化』高句麗研究財団研究叢書四、二〇〇五年）
金昌鎬「『三国遺事』に載る「我道本碑」の作成時期」（『慶州史学』二〇号、二〇〇一年）
田中純男（量海）「インドの仏教信仰——中国人求法僧の記録より」（『智山学報』五三、二〇〇四年）
박윤선《パクユンソン》「高句麗の仏教受容」（『韓国古代史研究』三五号、二〇〇四年）
金相鉉「中国文献所載の高句麗仏教史記録の検討」（『高句麗の思想と文化』高句麗研究財団研究叢書四、二〇〇五年）
韓基汶「新羅仏教伝来様相と我道」（『安東史学』九号、二〇〇五年）

辛鐘遠「三国の仏教初伝者と初期仏教の性格」(『韓国古代史研究』四四号、二〇〇六年)

金福順「円光法師の行跡に関する総合的な考察」(東国大学『新羅文化』二八号、二〇〇六年)

斎藤忠「西域の仏跡」(『求法僧の仏跡の研究――中国・インド・アフガニスタン等を訪れて』所収、第一書房、二〇〇六年)

李正勲「『三国史記』『海東高僧伝』流通一と『三国遺事』「興法」比較」(『国語文学』四一号、二〇〇六年)

何方耀『晋唐時期南海求法僧群体研究』(宗教文化出版社(中国)、二〇〇八年)

鄭亮「漢唐時代、中原からの西向求法が西域文化に与えた影響」(『研究論集(河合文化研究所)』二〇〇九年)

김선숙《キムソンスク》「史学:『三国遺事』「阿道基羅」条の女僧史氏に関する一考」(『東方学』一六号、二〇〇九年)

福士慈稔「仏教受容と民間信仰」(石井公成編『新アジア仏教史 第十巻 朝鮮半島・ベトナム:漢字文化圏への広がり』所収、佼成出版社、二〇一〇年)

백미선《ベクミソン》「『海東高僧伝』にみる覚訓の高句麗仏教史の認識」(『韓国史学史学報』二三号、二〇一一年)

郭丞勲「『海東高僧伝』留学僧伝記研究」(『韓国古代史探究』八号、二〇一一年八月)、「『海東高僧伝』覚徳・智明伝研究」(国民大学『韓国学論叢』三四号、二〇一〇年)、「『海東高僧伝』安含伝研究」(『韓国古代史探究』一七号、二〇一四年)、「高麗時代の雲門寺創建縁起の変遷と歴史的な意義」(『韓国史学史学報』三〇号、二〇一四年)

황인규《ファンインギュ》「高僧伝と高僧文集の集成――韓国高僧集の集成及び刊行のための試攷」(『仏教学研究』三二号、二〇一二年)

増尾伸一郎「『三国遺事』にみる道教と花郎国仙——李能和『朝鮮道教史』を手がかりとして」(『アジア遊学』一六九号、勉誠出版、二〇一三年)
袴田光康「『三国遺事』における神仏の習合——帝釈信仰と護国思想」(『アジア遊学』一六九号、勉誠出版、二〇一三年)
윤《ユン》세《セ》원《ウォン》「仏教の政治思想と法興王」(『東洋政治思想史』一二号、二〇一三年)
高栄燮「『三国遺事』興法「阿道基羅」考察」(東国大学『新羅文化祭学術論文集』三五号、二〇一四年)

あとがき

小峯和明

本書は二〇〇三年から継続している「朝鮮漢文を読む会」による『新羅殊異伝』（平凡社東洋文庫、二〇一一年）に続く第二の成果である。最初の『新羅殊異伝』の時は、逸書で十数段の逸文しかなく、十人足らずの会で始めたが、次の二〇一〇年から『海東高僧伝』になると、メンバーも次第に増えて総勢二十三人にもなり、会の活動も様変わりした。特に中国や韓国から日本に留学中の院生や研究員、客員教授として日本に滞在中の日本古典研究者たちがさまざまな機縁から会に加わり、文字どおり東アジアメンバーの陣容で臨むことになった。人数が増えて読解作業が充実した反面、原稿のとりまとめには難渋したが、金英順氏の大車輪の力技で何とか形が整った。

韓国における古典といえば、まずは『三国史記』と『三国遺事』の名があげられるが、そのカノン化を相対化するためにもさまざまな古典の注解つきの紹介が急務で、本書もそうした試みの一環としてある。『新羅殊異伝』に続く対象として、新羅時代につぐ高麗時代に特化し、メンバーの専門分野を勘案すると、おのずと『海東高僧伝』に標準が定まった。ちょうど韓国の章耀玉編になる、浅見本他の影印つきで簡便な注解本が出ていたのでこれをもとに読み始めた。写本の奎章閣本や高麗大学本、東国大学の謄写本などを調査することもできたが、バークレーにある底本の浅見本は影印と電子版の利用に止まり、原本調査を行っていない。

『海東高僧伝』を読み進めていくうちに、朝鮮半島への仏法伝来をめぐる虚実あわせた壮大な史的言説の空間がひろがり、編者覚訓の熱き思いが「賛」などからじかに伝わってきた。首を斬られて白い血が吹き出た異次頓の慶州金剛山や三韓の中心とも目される月岳山、円光ゆかりの雲門寺など、本書の舞台である地をいくつか踏査することもできた。

高僧伝は中国や日本ではジャンル化しているが、韓国では『海東高僧伝』が現存する唯一といえる述作であり、その史的意義はきわめて高い。もとより仏教界では周知の作で研究も積み上げられているが、日本ではまだそれほど一般化しておらず、東アジアの仏教文学・文化の観点から多角的な解読が期待できるといえよう。本書を契機に研究が多方面にひろがることを夢想している。

この六年の間にさまざまなことがあった。最大のショックは、二〇一四年七月、中心メンバーだった増尾伸一郎氏の急逝である。すでに追悼文を書いたように（『リポート笠間』五七号）、数日前まで韓国の旅を共に楽しんでいたし、しかも亡くなったのは海東高僧伝の会の当日であった。北京から来ていた李銘敬氏の担当発表にもかかわらず何の連絡もないまま欠席したのでさすがに心配になっていたのだが、翌日の立教大学でのシンポジウムの劈頭に訃報が届き、会場は瞬時に愁嘆場と化してしまったことが忘れられない。何より今後の研究会が維持できるか、心もとない限りであったが、折しも北京の対外経済貿易大学の馬駿氏が東京経済大学に滞在中だったため、急遽、増尾氏担当分をお願いすることができた。また、『新羅殊異伝』からのメンバーだった立教の院生の権香淑氏が出産により休会、早稲田大学に留学中の人民大学の院生胡照汀氏が代役を担当してくれた。それぞれの段の担当が連名になっているのはそのためである。増尾氏喪失の傷手はいまだに癒えないが、何とか本書をあの世の彼にも届けることができるので、喜んでくれることであろう。満面に笑みをたたえて本書の頁を繰る彼の姿が見えるようである。

私的には二〇一三年三月に立教大学を定年退職し、二〇一四年秋から早稲田大学の客員研究員を担当することになり、その縁で翌二〇一五年度から会場を早稲田の共同利用研究室に移している。これを機に「朝鮮漢文を読む会」も陣容をあらたにし、今年度より朝鮮時代の野談ジャンルの嚆矢『於于野談』の注解を始めたところである。

もとより韓国の古典を日本語で読み替えていく、おおけない試みではあるが、和漢比較の名のもとに日中の一対一対応に終始して、間の朝鮮半島を飛ばしてきた偏頗な研究情勢を少しでも打開するための方策であり、それとともに朝鮮古典を東アジアの視界からよりひろげて解読しようとする試行の一環でもある。そのような試みを可能にするのは、まさに漢文訓読という技芸《わざ》にほかならない。訓読は東アジア文学圏の探究を可能にする必須の手立てであり、とりわけ仏教文学は東アジア共有の土壌の精華としてある。高僧伝はその一翼を担う枢要に位置する。『海東高僧伝』にはひたすら求法と伝法に生きた僧たちの熱き心とそれを追体験しようとする編者覚訓の熱情（彼の玄遊伝の言でいえば、「志深く向慕」）が脈打っている。本書によって中国や日本、ベトナムなどの高僧伝と重ね合わせる読みの地平がさらに拓けることを願ってやまない。大方のご批正を頂ければ幸いである。

末筆になったが、高麗大学本、奎章閣本の調査に関して、各別にお世話頂いた高麗大学の沈慶昊教授、ソウル大学の鄭炳説教授に深く感謝申し上げたい。

また、当初の担当で種々ご支援頂いた関正則前編集長、細部にわたり周到にご配慮頂いた直井祐二編集長に篤く御礼申し上げる。

岩崎和子（いわさき・かずこ）
1949年生れ。東京成徳大学非常勤講師。専攻は高麗仏像。論文に「広隆寺宝冠弥勒に関する二、三の考察」（『半跏思惟像の研究』所収、吉川弘文館）、「韓国灌燭寺石造菩薩立像の特色に関する二、三の考察」（『密教図像』24号）、「観音像に見られる女性像」（『歴史評論』708号）など。

松本真輔（まつもと・しんすけ）
1969年生れ。長崎外国語大学外国語学部准教授。専攻は日本中世文学。著書に『聖徳太子伝と合戦譚』（勉誠出版）、訳書に『『鄭鑑録』——朝鮮王朝を揺るがす予言の書』（勉誠出版）など。

佐伯真一（さえき・しんいち）
1953年生れ。青山学院大学文学部教授。専攻は日本中世文学、軍記物語。著書に『平家物語遡源』（若草書房）、『戦場の精神史』（NHKブックス）、『建礼門院という悲劇』（角川学芸出版）、『平家物語大事典』（共編、東京書籍）など。

宇野瑞木（うの・みずき）
1979年生れ。日本学術振興会特別研究員（RPD）、専修大学非常勤講師。専攻は東アジアの孝子説話、思想、図像。著書に『孝の風景——説話表象文化論序説』（勉誠出版）。論文に「蓑笠姿の孟宗——五山僧による二十四孝受容とその絵画化をめぐって」（『東方学』122輯）など。

李銘敬（り・めいけい）
1965年生れ。中国人民大学教授。専攻は日本中古中世説話文学、中日仏教文学。著書に『日本仏教説話集の源流』（勉誠出版）。論文に、「日本古典文芸にみる玄奘三蔵の渡天説話」（『アジア遊学』182号）、「『三国伝記』における『三宝感応要略録』の出典研究をめぐって」（『アジア遊学』197号）など。

高陽（こう・よう）
1981年生れ。中国清華大学外文系専任講師。専攻は日本説話文学。論文に「日本中世の孔子説話——『今昔物語集』を中心に」（『知性と創造——日中学者の思考』5号）、「『大唐西域記』と金沢文庫保管の説草『西域記伝抄』」（『アジア遊学』197号）など。

と文化。著書に『万葉歌人と中国思想』『日本古代の典籍と宗教文化』（以上、吉川弘文館）、『アジア諸地域と道教』（共編、雄山閣）、『植民地朝鮮と帝国日本』（共編、勉誠出版）、『新羅殊異伝』（共編訳、平凡社東洋文庫）など。

馬駿（ま・しゅん）
1960年生れ。中国対外経済貿易大学教授。専攻は日本上代文学。著書に『万葉集「和習」問題研究』（知識産権出版社）、『日本上代文学「和習」問題研究』（国家哲学社会科学成果文庫、北京大学出版社）のほか、日本語教育関連の編著などがある。

河野貴美子（こうの・きみこ）
1964年生れ。早稲田大学文学学術院教授。専攻は和漢比較文学、和漢古文献研究。著書に『日本霊異記と中国の伝承』（勉誠社）、『「文」の環境――「文学」以前』（日本「文」学史第一冊、共編、勉誠出版）。論文に「『捜神記』と中国古代の伝説をめぐる一考察」（『説話文学研究』41号）など。

琴栄辰（グム・ヨンジン）
1969年生れ。韓国外国語大学校非常勤講師。専攻は日本近世文学、東アジア比較笑話。著書に『東アジア笑話比較研究』（勉誠出版）。論文に「日本近世笑話と朝鮮漢文笑話」（『アジア遊学』163号）など。

有富由紀子（ありとみ・ゆきこ）
1963年生れ。東京女子大学非常勤講師。専攻は日本古代史。論文に「聖武天皇宸翰『雑集』巻末の三言四句――聖武天皇と天台宗第二祖慧思の思想の接点」（『聖武天皇宸翰『雑集』「釈霊実集」研究』所収、汲古書院）、「金光明四天王護国之寺と法華滅罪之寺」（『季刊考古学』129号）など。

杉山和也（すぎやま・かずや）
1983年生れ。青山学院大学大学院博士後期課程在学。専攻は説話学、近代説話学形成史。論文に「日本に於ける鰐（ワニ）の認識」（『説話文学研究』46号）、「変貌するヌエ」（『妖怪・憑依・擬人化の文化史』所収、笠間書院）など。

佐野愛子（さの・あいこ）
1987年生れ。明治大学大学院博士後期課程在学。専攻は東アジアの漢文説話。論文に「『粤甸幽霊集録』における神――モンゴルの侵略を通して」（『立教大学日本学研究所年報』13号）など。

崔静仁（チェ・ジョンイン）
1979年生れ。東京大学大学院博士後期課程在学。専攻は日本中世文学、日韓比較説話。論文に「『今昔物語集』本朝部における悪の意識」（東京大学修士論文）、「『今昔物語集』本朝部にみる悪業譚――巻十九・二十を中心に」（『日語日文学』97号掲載予定）など。

趙倩倩（ちょう・せいせい）
1983年生れ。早稲田大学教育・総合科学学術院助手。専攻は動物説話文学。論文に「聖徳太子の黒駒説話について――中国説話の受容とその構想」（『早稲田大学大学院教育学研究科紀要』別冊21-2）など。

訳者

小峯和明（こみね・かずあき）
1947年生れ。中国人民大学講座教授、立教大学名誉教授。専攻は日本中世文学、東アジアの比較説話。著書に『中世日本の予言書』（岩波新書）、『『野馬台詩』の謎』（岩波書店）、『説話の森』（岩波現代文庫）、『説話の声』（新曜社）、『中世法会文芸論』（笠間書院）、『説話の言説』（森話社）、『新羅殊異伝』（共編訳、平凡社東洋文庫）など。

鈴木治子（すずき・はるこ）
1957年生れ。大正大学非常勤講師。専攻は仏教文学。著書に『歌謡文学を学ぶ人のために』（共著、世界思想社）。論文に「『梁塵秘抄』法文歌における仏伝の受容」（『中世文学の展開と仏教』所収、おうふう）、「仏伝の異端的展開――釈迦檀特山修行譚をめぐって」（『国文学踏査』26号）など。

金広植（キム・カンシキ）
1974年生れ。日本学術振興会特別研究員（ＰＤ）。専攻は口承文芸、民俗学史。博士（東京学芸大学）。著書に『植民地期における日本語朝鮮説話集の研究――帝国日本の「学知」と朝鮮民俗学』（勉誠出版）、『植民地朝鮮と近代説話』（民俗苑、ソウル）など。

金英珠（キム・ヨンジュ）
1977年生れ。韓国外国語大学校非常勤講師。専攻は日本神話。論文に「絵巻『かみよ物語』の成立をめぐって――謡曲『玉井』との影響関係を中心に」（『説話文学研究』48号）、「『武家繁昌』の神話言説――国譲り神話を中心に」（『立教大学日本文学』111号）など。

龍野沙代（たつの・さよ）
1980年生れ。早稲田大学非常勤講師。専攻は朝鮮半島の古典文学。論文に「『金剛山楡岾寺事蹟記』にあらわれた元干渉期の護国思想」（『朝鮮学報』208輯）、「閔漬と金剛山」（『昭和女子大学文化史研究』13号）、「皆骨山から金剛山へ」（『聖地と聖人の東西』所収、勉誠出版）など。

権香淑（ごん・こうしゅく）
1978年生れ。立教大学大学院博士後期課程在学。専攻はお伽草子。論文に「お伽草子『梵天国』に関する一考察――物語の享受と再生」（『立教大学日本文学』107号）など。

胡照汀（こ・しょうてい）
1985年生れ。中国人民大学外国語学院博士後期課程在学。専攻は日本中世五山文学、中日仏教文学。論文に「『元亨釈書・資治表』に見える春秋学の受容」（『和漢比較文学』57号）、「虎関師錬の十宗観」（『国際協力と日本学研究』所収）など。

金英順（キム・ヨンスン）
1966年生れ。立教大学兼任講師。専攻は日本中世文学、東アジアの孝子説話。論文に「東アジア孝子説話にみる生贄譚」（『説話文学研究』45号）、「東アジアの孝子説話にみる自己犠牲の〈孝〉」（『仏教文学』32号）、「東アジアの入唐説話にみる対中国意識」（『アジア遊学』197号）など。

増尾伸一郎（ますお・しんいちろう）
1956年生れ。2014年7月25日死去。元東京成徳大学人文学部教授。専攻は東アジアの思想

海東高僧伝　東洋文庫875

2016年9月16日　初版第1刷発行

編訳者　小峯和明
　　　　金英順

発行者　西田裕一

印刷　藤原印刷株式会社
製本　大口製本印刷株式会社

発行所　電話編集 03-3230-6579　〒101-0051
　　　　営業 03-3230-6573　東京都千代田区神田神保町3-29
　　　　振替 00180-0-29639　株式会社 平凡社

平凡社ホームページ http://www.heibonsha.co.jp/

ISBN 978-4-582-80875-9
NDC 分類番号182.21 全書判（17.5 cm） 総ページ394

《東洋文庫の関連書》

174 東学史 〈朝鮮民衆運動の記録〉 呉知泳著 梶村秀樹訳注

193 朝鮮歳時記 洪錫謨他著 姜在彦訳注

222 朝鮮の悲劇 F・A・マッケンジー著 渡部学訳注

234 白凡逸志《ベクボムイルジ》 〈金九自叙伝〉 梶村秀樹訳注

252 海游録 〈朝鮮通信使の日本紀行〉 申維翰著 姜在彦訳注

270 朝鮮小説史 金台俊著 安宇植訳注

325 328 熱河日記 全二巻 〈朝鮮知識人の中国紀行〉 朴趾源著 今村与志雄訳

357 懲毖録《ちょうひろく》 柳成竜著 朴鐘鳴訳注

372 425 454 492 三国史記 全四巻 金富軾著 井上秀雄訳注

409 パンソリ 〈春香歌・沈睛歌他〉 申在孝作 姜漢永 田中明訳注

416 朝鮮の料理書 鄭大聲編訳

440 看羊録 〈朝鮮儒者の日本抑留記〉 姜沆著 朴鐘鳴訳注

547 朝鮮旅行記 ゲ・デ・チャガイ編 井上紘一訳

572 573 朝鮮奥地紀行 全二巻 イサベラ・バード著 朴尚得訳

662 日東壮遊歌《にっとうそうゆうか》 〈ハングルでつづる朝鮮通信使の記録〉 金仁謙著 高島淑郎訳注

670 青邱野談《せいきゅうやだん》 〈李朝世俗譚〉 野崎充彦編訳注

678 682 685 乱中日記 全三巻 〈壬辰倭乱の記録〉 李舜臣著 北島万次訳注

714 金笠《キムサッカ》 詩選 崔碩義編訳注

751 択里志 〈近世朝鮮の地理書〉 李重煥著 平木實訳

796 洪吉童《ホンギルトン》伝 許筠著 野崎充彦訳注

800 訓民正音 趙義成訳注

809 新羅殊異伝 〈散逸した朝鮮説話集〉 小峯和明 増尾伸一郎編訳